# 本土神話：
# 全球化年代的論述生產

朱耀偉著

臺灣 學生書局 印行

# 本土神話：
# 全球化年代的論述生產

# 目　錄

## 下編 ⋯⋯本土神話

# 自 序

　　自 1996 年起便沒有在臺灣出版作品（不算與冼偉文合著的《以法之名》），期間主要將研究重點放在香港流行曲之上。除了將一些有關後殖民理論的「零敲碎打」入集，在香港出版了《他性機器？》外，先後完成了《香港流行歌詞研究》和《光輝歲月：香港流行樂隊組合研究》兩冊小書，算是完了塡補香港流行曲研究的匱乏的心願。研究的轉向的最大原因除了對流行曲的興趣之外，主要乃在於認爲在理論探討的同時，也有必要做一些實在的本土文化研究。雖然那被視爲不務正業，結果又往往吃力不討好，但在過程中也學到不少寶貴的經驗，尤其在對「本土」的考量方面有了新的想法。原想關注本土文化該是從事文化研究的人的當然責任，沒料到也會被視作旁門左道，坊間的流行文化工作者又將之目爲學院中人沽名釣譽的勾當。系科區分僵化，學院內外存著鴻溝，明的跨越疆界口號叫得非常動聽，暗的地盤畛域卻叫人寸步難行。本土原來從不純正，論述生產的權力機制早就無處不在，文化生產權力場中是一場場你死我活的零和遊戲。2000 年，香港政府涉嫌干預民意調查的聆訊完畢，聆訊期間有人稱之爲香港學術界的悲劇，當事人作供那天更被說成香港學術界「最黑暗的一天」。學者受政治壓力固然是政府對學術自由的粗暴干預，但其他千絲萬縷的機制壓力其實早就存在（如中文論文常被輕視），外來因素主導學術本已是公開的

秘密。香港大學制度的日漸公司化和市場化更是顯例：學者變成經紀，教授化身公關，學位淪為商品，研究計畫只重包裝、成功申請和虛耗經費，成果如何根本無人過問，知識分子為而不有竟不如知識販子有而不為。全球資本主義只重成本效益和投資回報的精神已成為今日大學之道。（據陳奕麟的看法，臺灣大學制度的壓力則主要來自政治方面；詳參 Allen Chun, "The Institutional Unconscious; or, The Prison House of Academia," *Boundary 2* 27:1 (Spring 2000): pp. 51-74。）與其說上述的學術自由事件是悲劇，倒不如說是一場在學術森林上演的鬧劇；與其說那是「最黑暗的一天」，倒不如說是一直在黑暗中的人終於承認自己看不見光明。當然，學術森林的爭逐不會因此落幕，也許因為人們早已愛上了黑暗。

收錄於此的文章曾分別於中港臺的學刊或研討會上發表，內容兼攝理論、電影、音樂、文學等不同範疇，當中貫穿著有關全球和本土的中心議題。這些文章既是有關全球化年代的論述生產，本身也是全球化年代的論述生產的產品，這種吊詭的情況也許正是全球化年代的知識分子所要面對的挑戰。最後要感謝龔鵬程校長、黎活仁博士、危令敦博士、陳清僑博士、葉月瑜博士和黃達偉先生在不同場合對書中個別文章所提供的寶貴意見，唯因筆者才學所限，未能作出全面修改，文中錯誤全屬筆者個人之責。除了指正拙文之外，龔校長還曾多番作出幫忙，實在感激不盡，謹此再致謝忱。在有如薛西弗斯推石上山的寫作過程中，家人的體諒與關懷一直是身後的動力，並叫我感受到一種難得的幸福。謹以此書獻給內子和小兒。

朱耀偉

2001 年深秋識於香港

# 前　言

　　本書恝略分上下兩編，上編主要在於探析全球化年代的論述生產，以及中國（包括香港）在新論述格局所呈現的圖象，亦旁及「國族」及「本土」在全球化論述的位置。下編則著重解讀不同的本土神話，藉此窺探反霸權、本土性、身分認同等課題在全球化年代的複雜意涵。首先，〈全球化論述生產年代的中國圖象〉針對近年美國人文社會科學權威學術刊物（如《新文學史》、《第二界》、《公共文化》和《社會文本》）有關後學和「中國」文化研究的專輯，從中勾勒出「中國」在全球化論述生產年代的新位勢。這些專輯的作者包括中國大陸、港臺、海外華人學者以至西方漢學家，「中國」在他們的論述中有不同的顯現，而當中亦蘊涵了不同的文化政治。通過爬梳不同學者的論點，此文可以拼湊出全球化年代的中國圖象，讓「中國性」的問題自我顯現，亦可爲中國文化批評論述的發展提供另一角度的反思。

　　從後殖民到全球化批評，抗衡論述都是核心課題，而國族和本土則常被視爲抗衡論述的理論據點。八十年代後殖民論述在歐美學院發展蓬勃，九十年代全球化論述逐漸興起，兩者之關係相當微妙。論者對此持不同看法，有人視後殖民論述爲有利全球化的論述工具，亦有人以後殖民論述爲抗衡全球化的本土論述的主要理論架構。自《中國可以說不》推出並引起了激烈迴響以後，近年中國大

陸興起了一陣反西方的國族主義潮流，而論者對此的看法分歧頗大。〈全球化年代的國族主義：從（後）國族意識到中國論述〉將這個課題置於全球化的脈絡來作理論性的思考，展現出全球化論述生產格局下的中國論述的基本視域。文中先從後殖民和全球化文化批評有關國族主義的論述著手，通過爬梳不同理論家有關（後）國族意識的論點，凸顯國族主義所隱含的問題。文章後半部再把問題導向策略性本質主義和學術分工，並以中國批評家和對中國素有研究的西方批評家的論點為例，指向處理全球化年代的國族／本土論述的不同可能性。〈全球化年代的後殖民論述〉則重新解讀後殖民論述中的重要觀念（如混雜），藉此帶出後殖民論述在全球化年代的文化意涵。比方，「混雜」被認為可指向新世界公民主義，但到底如此的世界公民主義與全球化的關係如何？「國族」、「混雜」等觀念在新世界秩序的論述中又佔甚麼位置？

上述三章瞄準全球化年代的批評論述，以之作為全書的理論架構，接下來的三章再從不同角度以實例分析書中論點。全球化對如香港和上海等大都會帶來巨大的衝擊，這些大都會城市在全球資本主義的波濤中鼓浪前進，發展速度驚人，一夕數變，卻又日趨一體化和同質化。假使我們同意身分認同可能深植於場所意識之中，就有必要細究都市空間設計是否變成了日常生活實踐的桎梏。籠統而言，傳統城市空間論者多持兩種看法，一方面視城市空間乃被資本主義運作邏輯主宰，人們受困於被動的消費模式之中，另一方面則著重從日常生活實踐作主動創造，強調借生活情趣瓦解主導壓迫的可能性。〈全球化年代的虛擬城市：香港文化空間的省思〉以香港這個大都會近年的城市空間發展為例，揭示全球化年代的新城市空

間秩序與日常生活的糾結，再進而衡估生活實踐的功效。近年香港先後出現主題餐廳、主題商場以至主題社區，香港本身已儼如一個「主題城市」。這些主題表面上可以將「全球」與「本土」共冶一爐，實則只是將「本土」化約為虛擬空間，不外滿足如 Arif Dirlik 所言的 global localism 將「本土」商品化的邏輯。全球化的虛擬空間看來會使香港變成一個抹除了人文地形的「沒有社會的城市」。再者，近日互聯網建構了一個虛擬國度，而這個「比特之城」（city of bits）更可能不再是從屬於真實世界，而是會反過來使城市觀念出現根本的劇變。總的來說，文中分析以後現代虛擬理論、日常生活實踐、全球化城市、「比特之城」等理論為框架，嘗試引出香港城市空間的省思。

　　九十年代，在香港這個全球化大都會城市，不同媒體都出現了重要轉型，而當中亦體現了全球化年代的本土流行文化和身分認同的複雜性。接下來的兩章分別按電影和流行曲剖析這個問題。〈我是誰？全球資本主義年代的後殖民香港電影文化〉論述跨國電影工業的新格局對香港電影及其所隱含的身分認同的影響。當周潤發、成龍、吳宇森等人成功打入荷里活電影工業之時，他們的「跨國」身分亦無可避免帶來有關中國和香港身分認同的問題。本文以從《我是誰？》、《血仍未冷》等「國際」電影為例，再輔以如《行運一條龍》的「本土」製作，希望揭櫫全球化年代的身分認同的微妙組構。除了電影之外，流行曲是香港文化另一重要種類，流行曲在九十年代的轉變亦體現了全球化對香港文化的衝擊。香港粵語流行曲自七十年代中期勃興以來，一直是香港流行樂壇的主導歌曲類型。粵語流行曲在七十年代中後期高速發展，至八十年代更是眾聲

對唱，人材輩出，可說是粵語流行曲大放異彩的光輝歲月。踏入九十年代以後，香港流行樂壇進入黃霑所言的「滔滔兩岸潮」的時代，粵語流行曲在全球化年代本應有更大的發展空間，但卻事與願違，粵語流行曲自九十年中期開始有如江河日下，不但市場萎縮，曲詞水準在樂評人眼中也是每況愈下。樂壇中人一般都把矛頭指向翻版唱片，但單單以此爲藉口卻是難以叫人信服。〈全球資本主義年代的香港粵語流行曲——兼論香港流行音樂的抗衡空間〉嘗試從全球化的角度診斷粵語流行曲的病因，梳理近年唱片工業在全球資本主義的文化模式之下的轉型，以及如電視臺、電臺等媒體機制對文化生產的不同影響，藉此洞察香港粵語流行曲以至香港文化在全球化的新格局中所要面對的問題。

在上編展示了全球化年代的論述轉型之後，下編將問題導向「本土神話」。自九十年代初全球化變成文化研究的顯學之後，「本土」常被認爲是抗衡全球資本主義的支配的重要據點。然而，論者也一再指出，「本土」並非未經污染和純正的，而且其中也有剝削壓迫和權力關係。〈小城大說：後殖民敘事與香港城市〉先從城市的角度介入「本土」的課題。「城市」是近年香港小說的熱門題材，在 1997 前後更變得日益重要。「城市」論述彷彿可以爲無根的香港文化提供「在家」的感覺，並可以作爲本土論述的據點。本文將「城市」置於後殖民論述的脈絡，藉此揭示後殖民敘事在再現／虛擬香港城市時所呈現的文化政治。文中以九十年代的香港小說爲主要例子，審視本土城市空間與後現代／後殖民敘事的微妙關係，再引申到城市論述作爲本土敘事的運作邏輯，爲香港城市小說／大話提供另一角度的反思。〈香港流行歌詞中的「香港」本土意

識〉則針對後過渡期的香港文化研究的重要課題——尋找本土意識和身分認同。論者一再以香港公共文化爲例,探析「香港」本土意識在回歸前的嬗變。本文審視七十年代至九十年代香港粵語流行歌詞中的「香港」圖象,並借此帶出晚近後殖民和跨國資本主義論述有關本土身分的問題。香港流行曲中的「本土」意識可能只是由政治和經濟因素啓動的一場論述遊戲。

〈全球化城市的本土神話:《玻璃之城》的香港圖象〉和〈(不)眞實香港:後殖民香港電影的「全球/本土」文化身分〉是有關九七前後的香港電影所呈現的「本土」意識的前後兩編。正如上述,「城市」是近年香港文化的熱門題材,在一九九七前後更變得日益重要。〈全球化城市的本土神話:《玻璃之城》的香港圖象〉將這種趨勢置於後殖民論述的脈絡,並審視後殖民敘事在再現/虛擬城市時所呈現的文化政治。文中以跨文類敘事體《玻璃之城》爲例,解開本土城市空間與後現代社會的符號消費的密切關係,再引申到本土身分和城市論述作爲符號消費的運作邏輯,就香港城市敘事的小說/大話再作省思。〈(不)眞實香港:後殖民香港電影的「全球/本土」文化身分〉按此角度繼續深入全球化年代的身分認同的課題。除了香港導演和演員成功打入荷里活所引起的跨國性身分反思以外,香港本土電影也對香港歷史作出不同考量。近年香港有不少以再現香港的(後)殖民歷史爲題的電影,但奇怪的是在個別十分重視本土香港的電影的歷史時空中,外來演員變成了眞實的本土香港想像的組成部分。本文無意鼓吹實質主義式的本土性,反而希望按全球/本土的論述脈絡重新詮釋「本土」,爲既存的香港以至中國身分問題帶出新視點。

　　〈誰的「中國性」？九十年代兩岸三地的後殖民研究〉一章既可作爲全書的總結，亦可呼應首三章所瞄準的理論課題。後殖民研究八十年代在歐美學院迅速冒起，這股後殖民旋風在九十年代席捲兩岸三地，赫然成爲一門顯學。因爲社會歷史情況各異，三地的後殖民論述重點亦有不同。此章集中討論九十年代後殖民論述在兩岸三地所引發的論爭，審視反霸權、本土性、身分認同等後殖民課題。中國大陸的「新保守主義」、臺灣的「本土性」和香港的「邊緣性」論爭都可連繫到闡釋「中國」的問題之上，本文將這些由後殖民論述引發的論爭導向「中國性」的重要觀念，藉此管窺全球化年代的中國論述的生產場域，在「本土」中鬆動出新論述空間，並帶出有關「靈活認同」的省思。（附錄〈同途殊歸：八十年代香港的中西比較文學〉則可以作爲〈誰的「中國性」〉的前言。此文從知識生產場域理論整理八十年代香港中西比較文學的重點，也借「正統／異端」的觀念闡釋八十年代香港的中西比較文學的隱憂——香港的中西比較文學一直在英文系的邊緣發展，擺脫不了英文性的陰影，亦因而未能對八十年代國際比較文學的重要課題作出回應，並因此無法在九十年代的全球化後殖民脈絡中固本應變，最後還內部分裂，未能成爲健全的系科。）

　　總的來說，書中文章可說是筆者近年有關全球和本土文化的學思紀錄。近年西方學界已出版了不少全球化論著，本書的出版或可填補中文論述在這方面的不足。收錄於此的文章曾分別於中港臺的學刊或研討會上發表，現按全書脈絡有所修訂，組成有整體理論架構的專書，但爲使每章獨立成文，故各章之間雖偶有重疊之處，書中也沒作大幅改動。以下爲各篇論文的出處：

〈全球化論述生產年代的中國圖象〉，《清華學報》（新竹：清華
　　大學）新 29 卷第 3 期（1999 年 9 月），頁 233-260。

〈全球化年代的國族論述：從後國族意識到中國論述〉，《思與
　　言》（臺北：思與言雜誌社）第 38 卷 1 期（2000 年 3 月），
　　頁 185-218。

〈全球化年代的後殖民論述〉，刊於《社會理論學報》（香港：香
　　港理工大學）第 5 卷春季號（2002 年 4 月），頁 153-175。

〈全球化年代的虛擬城市：香港文化空間的省思〉，曾於首屆上海
　　香港都市文化比較研討會（2000 年 4 月）發表。

〈我是誰？全球資本主義年代的後殖民香港文化〉，原題
　　"Postcolonial Hong Kong Culture in the Age of Global
　　Capitalism," 曾於香港浸會大學林思齊東西學術交流研究所
　　1998 年 11 月舉辦的 International Conference on "Asian Cultures
　　at the Crossroad: An East-West Dialogue in the New World Order"
　　發表。

〈全球資本主義年代的香港粵語流行曲——兼論香港流行音樂的抗
　　衡空間〉，曾於香港理工大學通識教育學部 1999 年 10 月舉辦
　　的第一屆香港文化研討會上發表。

〈小城大說：後殖民敘事與香港城市〉，龔鵬程、黎活仁等編：
　　《方法論與中國小說研究》（香港：香港大學亞洲研究中心，
　　2000），頁 403-424。

〈香港流行歌詞中的「香港」本土意識〉，龔鵬程、黎活仁主編：
　　《香港新詩的「大敘事」精神》（嘉義：佛光大學出版社，
　　1999），頁 275-304。

〈全球化城市的本土神話：《玻璃之城》的香港圖象〉，《中外文學》（臺北：臺灣大學外文系），2000 年 4 月，頁 50-63。

〈（不）眞實香港：後殖民香港電影中的全球／本土身分〉，原題 "(In) Authentic Hong Kong: The (G) Local Identity in Postcolonial Hong Kong Cinema," 曾於香港浸會大學電影電視系 2000 年 4 月舉辦的 International Conference on "Year 2000 and Beyond: History, Technology and Future of Transnational Chinese Film and TV"發表，英文修訂本刊於 Post Script (Vol.20:2 Winter 2000-2001, pp.147-158.)，中文修訂本刊於《中外文學》（臺北：臺灣大學外文系），2001 年 3 月，頁 6-18。

〈誰的「中國性」？九十年代兩岸三地的後殖民研究〉，《香港社會科學學報》（香港：香港城市大學）第 19 期（2001 年 8 月），頁 135-158。

〈同途殊歸：八十年代香港的中西比較文學〉，龔鵬程、黎活仁等編：《香港八十年代文學現象（一）》（臺北：學生書局，2000），頁 273-300。

# 全球化論述生產年代的中國圖象[*]

## 前言：「後九七」論述場景

1997 香港回歸中國，「一國兩制」的歷史創舉使兩制之下的中國和香港都受到舉世注視。[❶]在無數有關香港回歸中國的各式各樣研討會以外，不少頂尖的美國人文社會科學學刊也紛紛以中國及／或香港爲主題，先後推出了不同的專輯。比方，《新文學史》(*New Literary History*)與《第二界》(*Boundary 2*)分別於 1997 年推出了有關「中國」的特刊：「文化研究：中國與西方」("Cultural Studies: China and the West")和「後現代主義與中國」("Postmodernism and China")；前者除了伊格頓（Terry Eagleton）的文章、亞拉克（Jonathan Arac）的總論和周蕾的後話外，作者都是中國大陸和海外華人，後者則在中國大陸和海外華人作者外，還

---

[*]　《清華學報》匿名評審先生就本文提出了不少寶貴意見，既有助釐清文中的「中國圖象」在所謂「全球化論述生產年代」的脈絡（如後天安門消費文化和美國的對華政策），亦使筆者進一步申明一些原來發揮得不足的論點，以及重新思考有關中國性及「中國」以外的論述群體、邊緣協商的論述位置等問題，特此誌謝。

[❶]　有關「一國兩制」的背景和意涵，可參陳方正：〈從「一國兩制」看二十一世紀〉，劉青峰、關小春編：《轉化中的香港：身分與秩序的再尋求》（香港：中文大學出版社，1998 年），頁 57-70。

包括臺灣作者和西方漢學家，且同樣有由亞拉克撰寫的總論。《社會文本》（*Social Text*）亦在 1998 年出版以「中國」爲主題的特輯「後天安門中國的學術政治」（"Intellectual Politics in Post-Tiananmen China"），其中除了周蕾的文章是關於香港，其他都是有關中國大陸的。此外，《公共文化》（*Public Culture*）亦於 1997 年推出了以香港爲題的特刊：「香港 1997：地方與公式」（"Hong Kong 1997: The Place and the Formula"），作者以在香港任教的外籍學者爲主。《第二界》又於 1998 年繼其中國專輯後再推出由周蕾編輯的「理論年代的現代中國文學與文化研究：重新想像一個場域」（"Modern Chinese Literary and Cultural Studies in the Age of Theory: Reimagining a Field"），作者包括西方漢學家、海外華人和香港人，內容的重點在於再解讀「中國性」、「中國」、「香港」以至其他華人社會的複雜意涵。在美國學院的文化研究、批評論述各方面，中國學者在九十年代以前少有發聲的機會，而有關「中國」的專輯在美國學院的不同人文社會科學學術刊物推出就更具獨特意味了。（如上所述，這些專輯的作者以中國大陸和從中國大陸移民到美國的海外華人學者爲主，同時也有臺灣、香港學者和西方漢學家。）除了顯示出有關「中國」的論述生產日漸全球化（除海外華人和漢學家外，中港臺學者也有發聲）之外，不同的「中國」專輯在 1997 前後紛紛推出就更叫人感到背後的意識形態已是呼之欲出：在「一國兩制」的新時代來臨之際，重新審視、解讀並定義「中國」。

　　本文嘗試在這些有關「中國」的眾聲喧嘩之中，尋找隱藏在文本之間的不同聲音，希望可以探析「中國」在後九七時期的新形塑，在全球化論述生產年代中拼貼出「中國」的新圖象。就中國論

述來說，本文所言的「全球化論述生產年代的中國圖象」與後天安門之華人消費文化和柯林頓（Bill Clinton）政府之對華政策有很大關連。自七十年代後期鄧小平的改革開放政策以後，中國大陸進入了市場經濟的「新時期」。就一些文化理論家以至歷史學家看來，1989 又標誌著另一重要的分水嶺，在 1989 之後，中國已經進入了所謂「後新時期」。以魯曉鵬的話來說，「後新時期」有兩種主要特徵：一、流行文化在新的消費氛圍中迅速興起；二、知識分子在社會的地位和影響力日漸低落。❷如是觀之，後新時期已經變成了一個商品和知識有著微妙糾結的年代。劉康亦嘗言，後新時期的中國批評家成功地生產出一種「作為可以全球地流通的商品的中國後現代性」。❸同時，因本文所論的論文都出自美國學術機制中的期刊，美國對中國大陸的看法對文中的「中國圖象」的理解亦有重要影響。美國的現代中國研究常被視作以反共和冷戰的意識形態為主旋律，❹但到了柯林頓年代，對華政策有所改變，更強調商業和政治脫鉤。在這個以商業為主旋律的場景中，中國文化的「後現代化」和消費主義、商品化正好提供了美國審視中國大陸的新論述空間，亦令「中國」進入全球論述生產機制之中，不再是單純的中西

---

❷ Sheldon Hsiao-peng Lu, "Postmodernity, Popular Culture, and the Intellectual: A Report on Post-Tiananmen China," *Boundary 2* 23 (Summer 1996), p.140. 有關後新時期的分期和文化特徵，詳參謝冕、張頤武：《大轉型：後新時期文化研究》（哈爾濱：黑龍江大學出版社，1995 年）。

❸ Liu Kang, "Is There an Alternative to (Capitalist) Globalization? The Debate about Modernity in China," *Boundary 2* 23 (Fall 1996), p.212.

❹ 參李希光、劉康等著：《妖魔化中國的背後》（北京：中國社會科學出版社，1996 年），頁 152-168。

二元對立局面。

　　若以 1997 作為中國進入「一國兩制」（社會主義和資本主義市場經濟）的新年代而言，這未嘗不可以看作另一轉型的重要時期。全球資本開始在中國大陸的兩制之下變成一國的組成部分，而在後新時期看來仍像外在於中國的市場化和消費主義已無可避免的變成一國兩制中的內在組構。隨著資本的全球化流動，學術知識的生產亦跨越了從前的疆界，愈來愈多國際化的論述空間出現，亦有愈來愈多不同背景的批評家在這些空間中發聲，使論述生產變得日漸全球化。在這個日益全球化的論述生產格局中，上述於 1997 前後爭相推出的「中國」專輯可以讓我們梳理出一種新的「中國」論述的運作秩序，或可藉此為全球化論述生產的問題提供另一角度的反思。筆者得在此表明本文所論有關「中國」的作品並不包覽無遺，文中主要集中探析個別期刊專輯所呈現出的「中國」在全球化論述機制中的形象和當中隱含的問題。❺

# 後現代「中國」市場

　　在上述有關中國和香港的專輯之中，除了「中國」以外，「後現代」和「文化研究」可以說是兩大「特徵」，而「文化研究」其實又以指向後現代和後殖民論述為主。正如亞拉克在《新文學史》

---

❺　本文只集中討論九七前後推出的美國人文社會科學學術刊物的「中國」專輯，因此文中並沒論及其他如 *Modern China* 1993 年第一期般的相關期刊。筆者對這期 *Modern China* 所隱含的問題有另文探討，詳參〈全球化年代的國族論述：從後國族意識到中國論述〉一章。

「文化研究：中國與西方」專輯的總論所言，無論是身處中國大陸或海外的華人學者都是以後現代或後殖民為主題，跟一般歐美學者眼中的「文化研究」似有出入。❻《第二界》的專題就更乾脆稱為「後現代主義與中國」，其中的「後現代」亦泛指後現代、後結構、後殖民等「後學」，可見「後新時期」的中國文化研究是以廣義的「後現代主義」為主要論述框架。「後現代主義」論述龐雜，中國批評家也有嘗試作出不同的全面引介。比方，王岳川《後現代主義文化研究》便從葛特瑪（Hans-Georg Gadamer）的詮釋學、德希達（Jacques Derrida）的解構、李歐塔（Jean-François Lyotard）的後現代知識理論論起，旁及哈巴馬斯（Jürgen Habermas）、羅逖（Richard Rorty）等理論家，可見中國批評家對「後現代」文化論述早有全面而充分的掌握。❼然而，叫人意外的是在《第二界》及《新文學史》有關中國的後現代主義的論文中，正如亞拉克所言，最常為人引用的批評家始終是詹明信（Fredric Jameson），而最令人關心的題目則是文化商品化、市場化的現象。當然，無可否認，後新時期的中國日漸開放，市場經濟逐漸成型，而在這時期的最大特徵可說是中國文學/文化在市場經濟下的轉型。❽劉康更直言文化

---

❻　Jonathan Arac, "Postmodernism and Postmodernity in China: An Agenda for Inquiry," *New Literary History* 28 (Winter 1997), p.135.

❼　詳參王岳川：《後現代主義文化研究》（北京：北京大學出版社，1992年）。

❽　大眾及消費文化在這期間日漸受到重視，這方面的著作不斷推出，其中可參謝晃、張頤武：《大轉型：後新時期文化研究》第三編、祁述裕：《市場經濟下的中國文學藝術》（北京：北京大學出版社，1998年）等。

研究也變得「商品化」，而「商品化」甚至可說取代了革命。❾換言之，市場經濟帶來的「全球化」現象可以說是全球的「後現代化」，而「後現代化」則主要是指商品化、市場化的問題。可是，在中國文化研究日益商品化之際，我們有否注意到「後現代」文化論述所可能蘊涵的其他向度？反中心、反霸權、反整體性、「堂皇敘事」（grand narrative）的瓦解以至「開拓空間的姿態」（space-clearing gesture）？市場化、全球後現代化是否只是另一種整體性的呈現？比方，中國大陸後學的主要寫手之一張頤武便曾被批評為「買櫝還珠」：

> 他的「後現代」論述恰恰抽掉了詹明信等人所強調的文化批評的核心，即豁免了對當下社會和文化中複雜的權力關係的審視和批評。❿

其實這種情況並不限於張頤武，在上述的《新文學史》、《第二界》等中國專輯也有具體呈現，可說是後現代中國文化論述的一種普遍特徵。就更廣泛的知識分子的討論而言，汪暉也有類似的見解：在全球資本主義進入中國之際，人口爆炸、環境污染、不平均的社會資源分配、貪污及其他相關的政治問題都是十分重要的課題，但「叫人難以置信的事實是中國知識分子竟然逃避討論這些課

---

❾ Liu Kang, "Hegemony and Cultural Revolution," *New Literary History* 28 (Winter 1997), p.69.

❿ 參見陳建華：〈曖昧與隨機：對中國「新民族主義」論和「後現代」話語的文學讀解策略〉，《當代》第121期（1997年9月），頁44。

題」；在處理流行文化這個後現代主義的主要課題時，論者也沒有
嘗試批判地探討消費和商業主義底下的意識形態。⑪到底爲何這類
中國論述一直強調後現代的商業向度，而忽略了批判性地探討其底
下的意識形態呢？正如上述，後天安門的中國消費主義和柯林頓的
對華政策使市場和知識產生微妙的共謀，而在美國的凝視之下，後
新時期的中國是全球最具潛力的龐大商業市場，有關中國的後現代
商品化文化的論述生產便正好配合這種凝視。在如此潮流當中，後
現代的市場化中國文化理所當然會受到美國論述機制的重視，而中
國大陸本土和有中國大陸經驗的海外華人批評家的後現代論述又正
好將凝視下的「中國」形象具體化。

當然，《新文學史》、《第二界》等中國專輯的作者決不是沒
有考慮「對當下社會和文化中複雜的權力關係的審視和批評」的問
題。謝少波便曾提到「文化」是抗衡霸權的唯一有效工具：

> 後殖民「文本革命」……不能奢望使多國資本停止侵略從前
> 的第三世界國家，也不能制止美國對拉丁美州和波斯灣的政
> 治、軍事和經濟干預，但長遠而言，它能推倒過去及現在的
> 文化作品底下的歐洲中心主義。⑫

這個說法叫人十分信服，但「後殖民文本革命」在這些論文中卻少

⑪ Wang Hui, "Contemporary Chinese Thought and the Question of Modernity," *Social Text* 55 (Summer 1998), p.12, p.28.

⑫ Shaobo Xie, "Rethinking the Problem of Postcolonialism," *New Literary History* 28 (Winter 1997), p.16.

被提及，在謝氏自己的文章也只是點到即止，反而商品化則始終是
最多人討論的課題。其實我們必須進入後殖民式文本革命的隙縫，
才可揭示文化與霸權同樣可以有著某程度的共謀關係。上述的「中
國」的後現代消費主義和市場化特徵除了能夠滿足美國的凝視之
外，也可以迎合中國大陸政府的需要，如劉康所言：

> 藉著准許並鼓勵中國本土發行的文化產品（如國家贊助的音樂影
> 帶、卡拉 OK 音樂會、電視肥皂劇、功夫小說等），使之蓬勃發展，
> 並與西方商業流行文化競爭，政府有效地消滅了日益增多的
> 大眾需求和意識形態控制之間的張力和衝突。⓭

簡言之，「文化」顯然是一把兩刃刀，順或逆霸權只是同一把刀的
不同刃。在面對如此問題之時，最理想的答案自然是以哈巴馬斯式
的公共領域中的理性溝通來達到有效的共識，⓮但如此的公共空間
實際上又是否可能呢？本文並不著眼於中國政府如何利用流行文化
來消減社會矛盾和張力，而是希望集中討論為何中國文化在西方批
評機制中的「市場化」、「商品化」形象被一再凸顯出來，以及可
能隱含當中有關「中國性」的問題。王逢振論定中國在 80 年代是
借用西方理論，而到了 90 年代，中國則已經能夠對西方理論帶有

---

⓭ Liu Kang, "Popular Culture and the Culture of the Masses in Contemporary China," *Boundary 2* 24 (Fall 1997), pp.104-105.

⓮ Ersu Ding, "Philosophical Discourse of Postmodernity in the Chinese Context," *New Literary History* 28 (Winter 1997), p.28.

批判性的眼光，⓮到底這又是否實情？

　　「模子陷阱」已是比較文化論述的老生常談，但卻仍然困擾著不少中國批評家。這幾乎可以說是一個不得不刻意進入模子陷阱的年代了。《第二界》及《新文學史》的中國專輯其實都是美國學術機制的「凝視」之下的論述生產（不計客席編輯和無法得知的匿名評審，兩者的常任編委名單中都沒有華人），正如亞拉克在《第二界》的「後現代主義與中國」的後話中表白，由他來寫後話其實並不適當：「其他作者都是中國專家，而我卻不是」，而且「我所要討論的作品要遠遠比我自己的作品更加全球化」；更重要的是，亞拉克承認「全球」其實是指「在西方人眼中」。⓰一次或許可說是偶然，兩次顯然是事生有因了：《新文學史》的總論也是由亞拉克來寫的。要言之，無論在看西方理論時是否帶有批判的眼光也好，這些中國文化論述的發聲仍是在西方的「凝視」之下進行的。因此，凝視和形象之間的問題在個別論文中仍反覆出現。王寧在〈描畫中國後現代性〉（"The Mapping of Chinese Postmodernity"）一文中，便聲稱他的首要任務是釐清中國與西方的後現代主義的異同。⓱他在文中提出的六種中國後現代性全都是以西方為指標的。比方，在談到前衛小說的實驗時，他便指出余華和格非等作家便承認受到波

---

⓮　Wang Fengzhen, "Third-World Writers in the Era of Postmodernism," *New Literary History* 28 (Winter 1997), p.53.

⓰　Jonathan Arac, "Chinese Postmodernism: Toward a Global Context," *Boundary 2* 24 (Fall 1997), p.261.

⓱　Wang Ning, "The Mapping of Chinese Postmodernity," *Boundary 2* 24 (Fall 1997), p.21.

赫斯（Borges）和馬奎斯（Garcia Marquez）的影響；此外，他所言的第二種後現代性則是「新寫實派」的出現，而這又無法不使人想起西方後現代主義所帶出的「平民意識」。⓲我並不欲在此詳細析論這些中國後現代性，更不是要說明這些作家不受西方影響，王寧提出的正是眞實的情況。然而，更重要的可能是去分析這些「影響」、「移植」背後的合法化條件。王寧顯然仍停留在凸顯異同的次第，而其論點變成了用來示範中國的「他性」如何可以補足西方的他者論述，故此他在結論時指出：

> 事實上，中國仍然是第三世界國家，不同元素混雜其中：前現代、現代、後現代以至原始的。在如此一個常要受制於偶發性和不均衡發展的社會中，甚麼都可能隨時發生；後現代主義自不例外……⓳

作者在按西方凝視形塑中國的後現代性之後，又以中國的「前現代」、「原始」來凸顯其異他之身分，可見是要製造一種具「中國」特色的他性。在如此論述中，除了市場化和商品化等逐漸融入全球經濟文化體系的因素外，「中國」還有其獨有的異他性，彷彿在全球化的論述脈絡中還保有本土的政治文化意涵，惟這卻又會重新鞏固西方凝視和中國形象的論述等次。

再看拉遜（Wendy Larson）在分析中國女性論述之後所作的結

---

⓲　Wang Ning, "The Mapping of Chinese Postmodernity," p.29, p.31.

⓳　Wang Ning, "The Mapping of Chinese Postmodernity," p.38.

論，我們更無法否認「中國」的書寫是以「西方」爲標準的。拉遜在分析大陸女作家陳染的作品之後，認爲傳統中國男性是由革命意識來決定的，而女性則有所不同，是浮動的，拒絕讓現在被過去的意義象徵性地限定。❷無疑拉遜的目的是要擺脫「革命意識」這個現當代中國文學的必然特徵，希望標示出中國文學/文化的不同可能性，但她以中國女性作爲形象則似乎未有擺脫克利絲蒂娃（Julia Kristeva）《關於中國女性》（*About Chinese Women*）從第一世界女性的位置凝視第三世界女性，複製了男性凝視女性的暴力的弊病。❷無論是中國男批評家凸顯中國的異他性，或是白人女性批評家凸顯中國女性的雙重異他性，都叫人聯想到第三世界女性批評所一再提出的問題：第三世界女性只是雙重他者。在這些論述之中，無論是「中國」或「女性」都是以作爲西方凝視下的形象來被形塑的。當然，正如王逢振所言，有些論者對西方論述也是帶有批判眼光的。比方，王寧在〈東方主義對西方主義？〉（"Orientalism versus Occidentalism?"）一文中便有批評薩依德因能夠處理西方人不熟悉的他者而感到驕傲自滿，而薩依德批評西方帝國是因爲他爲

---

❷ Wendy Larson, "Women and the Discourse of Desire in Postrevolutionary China: The Awkward Postmodernism of Chen Ran," *Boundary 2* 24 (Fall 1997), p.223.

❷ 可參 Gayatri Spivak, "French Feminism in the International Frame," *In Other Worlds: Essays on Cultural Politics* (New York and London: Routledge, 1988), pp.136-141; Rey Chow, "Where Have All the Natives Gone?" *Writing Diaspora: Tactics of Intervention in Contemporary Cultural Studies* (Indianapolis and Bloomington: Indiana University Press, 1993), pp.30-36.

了曾經強大的東方已經消失而感到沮喪。㉒就算這些空洞的批評可以站得住腳，意圖上的批判跟其他論者對中西跨文化論述和中國後現代文化轉型的分析顯然屬於不同論述層次（即不是理論層面的論辯，而是訴諸粗淺的意圖臆測）。再者，王寧針對的竟然是薩依德只集中析論英文文本的問題，㉓這種視中西比較論述必然爲兩種語文系統的比較的保守視野與其分析中國文學和後現代、後殖民論述時所一直強調的先鋒性可說大相逕庭。無疑王寧所要彰顯的是中國批評家接受西方理論時的「批判」眼光，但那種「批判」卻是徇物遺神，使後殖民論述的義界被化約爲浮薄的表面抗衡。其實王寧也不是對西方凝視沒有自覺的反思，他便曾鼓吹解構由相對於東方主義的西方主義所引出的二分化策略。㉔他也曾語帶反諷的指出：「要在西方成功，非西方人首先要拋開自己的國族文化身分，視自己爲西方人。」㉕這個論點在《第二界》和《新文學史》的文章中的確隱約可見。然而，其表面的批判使其無法洞察更重要的是「要在西方成功」不一定限於在西方教學和研究的學者，也可以是任何在西方批評體制中爲他者發聲的人，問題的癥結在於爲何某種「中國」聲音會在西方成功。以上我以王寧爲例的目的是帶出中國批評家在

---

㉒ Wang Ning, "Orientalism versus Occidentalism," *New Literary History* 28 (Winter 1997), p.59.

㉓ Wang Ning, "Orientalism versus Occidentalism," p.61.

㉔ Wang Ning, "Orientalism versus Occidentalism," p.64.

㉕ Wang Ning, "Orientalism versus Occidentalism," p.65.此外，王寧在另一篇文章〈全球化語境下的後現代和後殖民研究〉中也有討論這個問題，參見王寧、薛曉源編：《全球化與後殖民批評》（北京：中央編譯出版社，1998 年），頁 107-136。

西方論述機制發聲時所要面對的困窘。在他者論述的層次上，「後現代」、「市場化」、「商品化」可以突出一個具備「中國後現代性」的發展中古老國家的異他性，而「中國」也就變成了全球論述生產機制的新興「後現代」市場，但在引入後現代論述時卻是買櫝還珠，後現代所蘊涵的批判精神幾乎可說是付諸闕如。這又可以連繫到西方論述批判的凝視權力之上。雖然以上有關中國的論述都傾向後現代化和市場化的形塑，但未嘗不可以體現出中國批評家在日漸全球化的論述生產機制中的邊緣協商。他們各自在身處的論述位置上發聲，面對一方面訴說自己要說的話，另一方面又要身處西方凝視之中的兩難。在如斯情況下，最重要的問題並非將這些論述架空出來作出批判，而是如何進入上述的兩難之中，從內鬆動出邊緣性的論述空間。謝少波嘗問：「爲何我們不可以反凝視？」㉖這是一個不能不一再提出的問題，但在本文的論述脈絡中，與其提出正面的解答（就算那是可能的話），倒不如嘗試在「爲何」之中引申更多相關的問題，從而探析中國論述的不同可能性。

## 全球／本土論述生產：
## 「中國」職業表演？

在這個日漸全球化的論述生產機制中，中心與邊緣已是互爲關鎖，可能只係一事。我們甚至愈來愈難以辨認凝視與形象，令「反凝視」難尋對象，甚至可能變成按原來的凝視來凝視自己的形象。

---

㉖　Shaobo Xie, "Rethinking the Problem of Postcolonialism," p.14.

謝少波便在其〈後殖民主義問題再思〉（"Rethinking the Problem of Postcolonialism"）一文中提出了類似鄭明河（Trinh T. Minh-ha）「在每個第一世界都有第三世界，反之亦然」[27]的說法：

> 事實上，基於愈來愈多移民到了西方國家，多國資本又入侵前第三世界國家，我們可以同時見到第一世界的本土第三世界化和第三世界的本土第一世界化。[28]

這個說法與晚近所謂"glocalism"與"lobalism"頗有異曲同工之處，展示了全球化之下「全球本土化」和「本土全球化」的新局勢，表面像解除了全球與本土的二元對立，但實際上卻未有強調鄭明河說法所暗指的排他政治和暴力。謝氏還進一步提出殷模汗默德（Abdul JanMohamed）「支配性帝國主義」（dominant imperialism）與「霸權性帝國主義」（hegemonic imperialism）的不同，並重申「跨國資本和非西方人非批判性地接受西方文化時的共謀會使霸權性新殖民主義再產歐洲中心意識形態。」[29]「非批判性」一詞彷彿暗示在西方理論的霸權性凝視之下還可能「批判性」地覓到論述空間，但實際上「非批判性地接受西方文化」跟「接受西方文化」已是再難分辨。誠如鄭明河在提出「在每個第一世界都有第三世界，反之亦然」的說法時所言，「霸權極難應付，因為我們無一倖免」，而霸

---

[27] Trinh T. Minh-ha, *When the Moon Waxes Red: Representation, Gender and Cultural Politics* (London: Routledge, 1991), p.148.

[28] Shaobo Xie, "Rethinking the Problem of Postcolonialism," p.11.

[29] Shaobo Xie, "Rethinking the Problem of Postcolonialism," p.12.

權已發展到如此程度：「統治者的世界觀也是被統治者的世界觀。」❸「全球本土化」和「本土全球化」其實可以說是這個情況的最新版本。雖然謝氏觸及了第一世界的第三世界化和第三世界的第一世界化的重要問題，他的論點卻未有像鄭明河般能夠直透論述生產的權力意涵。我不知道在謝氏眼中，上述《第二界》和《新文學史》專輯中的文章有多少是「批判性」地接受西方文化，又有多少不是。最重要的是無論批判性與否，其運作邏輯都必然要符合論述生產機制的成規（「統治者的世界觀也是被統治者的世界觀」）。從這個角度看，上一節所論的中國批評論述並非刻意迎合美國或西方凝視的霸權，而是論述霸權本身操控了學術生產的合法化條件，可以將對象化約爲凝視中的形象。中國大陸本土和有中國經驗的海外華人批評家所生產的後現代論述能夠滿足對「中國」的需求，而這些論述實踐又會被挪用爲西方論述中的合法「中國」論述的範例。簡言之，「中國」在不同論述脈絡中可以被幻化爲不同形象，但又無法突破論述生產機制的既存成規。

這種情況在「王安憶」被不同批評家以不同方式挪用的例子便可見一斑。亞拉克在《第二界》「後現代主義與中國」專輯中的洞見正好突出了問題的所在：

> 在張頤武而言，王安憶是與「國族寓言」書寫再無任何關係的新書寫狀況的例證；在拉遜而言，王安憶是身陷「欲望論述」的作家；在唐小兵而言，王安憶的書寫中的憂鬱比欲望

---

❸　　Trinh T. Minh-ha, *When the Moon Waxes Red*, p.148.

　　來得更重要，而其個人的「傷心故事」也是「歷史反思」的
行為。**㉛**

　　從亞拉克的論點可見，王安憶在不同論述中被幻化爲不同形象，其
論述價值乃按不同需要而衡定。張頤武一向關心「闡釋中國」的問
題，自然會將其導向其一再批評的「國族寓言」（national
allegory）；拉遜以中國女性論述爲題，則又會將問題集中在欲望
論述之上；唐小兵則對歷史書寫和文化反思最感興趣，其論點自然
亦朝向這一方面。從此可見，不同批評家在不同定位（中國本土批評
家、西方女性漢學家和海外華人批評家）上據不同位置發聲，因而「王
安憶」便被挪用爲不同例證。難怪自認不熟悉中國文化的亞拉克會
摸不著頭腦，因爲在看完這些論文之後，他可能只會對其已經十分
熟悉的理論論述多添了一個「中國」版本，但對中國文本中的「王
安憶」卻依然了無頭緒。易言之，那不外是西方理論的中國化，而
中國文本則仍是寂靜無聲。

　　同理，「後殖民」在不同情景中也會幻化爲不同論述策略。劉
康便曾指出：「今日的左翼文學與文化研究的『革命性』已被磨
平，理論已變成爲了學術研究服務，而與革命傳統完全無關。」**㉜**
趙毅衡更指出「後學」被引入中國之後，被轉化爲一種「新保守主
義」，變成了抗衡「民主」和「人權」的政治工具。**㉝**姑勿論趙毅

---

**㉛**　Jonathan Arac, "Chinese Postmodernism: Toward a Global Context," p.263.

**㉜**　Liu Kang, "Hegemony and Cultural Revolution," p.71.

**㉝**　Henry Y. H. Zhao, "Post-Isms and Chinese New Conservatism," *New Literary History* 28 (Winter 1997), pp.31-44. 有關後學與中國論述的論爭可參

衡的講法是否成立，他無疑已點出了「後學」的抗衡性質可以被磨平，甚至被轉化爲淡化抗衡的工具。然而，隨著中國文化在後新時期的日漸商品化，文化研究、文化生產的商品化和市場化也漸漸變得合理——至少在中國論述的脈絡如是。比方，後殖民主義因有「學術市場」❸，又能迎合中國的反西方論述，便很容易被挪用來作爲代替革命論述的反西方工具，❺問題是其批判精神已是蕩然無存。再者，也如張旭東所言，中國大陸的知識分子在身陷急遽的市場化、私有化、貧富懸殊、通貨膨脹和商品化洪流之時，不像西方知識分子般可以有一個完全體制化的專業世界讓他們容身。❺故此，魯曉鵬在不同場合一再強調的論點十分重要：中國知識分子變得專門化，「知識分子」也再不是爲「人性」發言，而只是平常普通的學者；再者，現在「專業人士」已比「知識分子」多。❺劉康也引述了陶東風的說法，指出中國批評家是在「爭奪論述權力」，

---

Michelle Yeh, "International Theory and the Transnational Critic: China in the Age of Multiculturalism," *Boundary 2* 25 (Fall 1998), pp.201-212.

❸ Shaobo Xie, "Rethinking the Problem of Postcolonialism," p.7.

❺ Liu Kang, "Hegemony and Cultural Revolution," p.71.

❺ Zhang Xudong, "Nationalism, Mass Culture, and Intellectual Strategies in Post-Tiananmen China," *Social Text* 55 (Summer 1998), p.136.

❺ Sheldon Hsiao-peng Lu, "Global POSTmodernIZATION: The Intellectual, the Artist, and China's Condition," *Boundary 2* 24 (Fall 1997), pp.68-70; "Art, Culture, and Criticism in Post-new China," *New Literary History* 28 (Winter 1997), p.129.甘陽也曾指出九十年代的中國知識分子變得保守和失去動力，由從前的自豪變成了現在的自憐，可說是「集體走進死胡同」；參閱 Gan Yang, "A Critique of Chinese Conservatism in the 1990s," *Social Text* 55 (Summer 1998), p.47.

在權力鬥爭中累積「象徵資本」（symbolic capital）。❸這說法用來闡釋趙毅衡的〈「後學」與新保守主義〉在《二十一世紀》所引起的論爭倒是十分合適。❸甘陽曾就這場論爭作出了以下的總結：「『我們』不是人人可以攫取的。」❹也許正因爲此，亞拉克會有此疑問：魯曉鵬文中所提到的後新時期的前衛藝術的對象是誰？❹西方觀眾？海外華人收藏家？香港、臺灣？最現實的問題是這些後現代專家以「大眾」爲論述中國後現代性的一大特徵之時，這些作品卻顯然不是以大眾爲對象，「大眾」只不過是爭取學術資本的籌碼。回到甘陽的論點之上，中國研究中的「我們」顯然是限定於這群「專業人士」（借用魯曉鵬的説法）。亞拉克再問：魯曉鵬所講的「新流行毛主席」（new Pop-Mao）是被製造爲「公眾消費」的客體，但爲何中國人卻不能看到或購買它？❹亞拉克的問題自然可以

---

❸ Liu Kang, "Popular Culture and the Culture of the Masses in Contemporary China," p.107. 陶東風「象徵資本」的説法應是來自布岱爾（Pierre Bourdieu），據布氏的説法，「象徵資本」是「一種信用，一種由機制授予在機制中獲得足夠確認的人去確認他人的權力」，而「象徵權力」（symbolic power）則是用文字創造事物的權力」；詳參 Pierre Bourdieu, "Social Space and Symbolic Power," *In Other Words: Essays towards a Reflexive Sociology* (Stanford: Stanford University Press, 1990), p.138.

❸ 可參朱耀偉：《他性機器？後殖民香港文化論集》（香港：青文，1998年），頁 133-144。

❹ 甘陽：〈誰是中國研究中的「我們」？〉《二十一世紀》第 32 期（1995 年 12 月），頁 21。同時可參 Gan Yang, "A Critique of Chinese Conservatism in the 1990s," pp.45-66.

❹ Arac, "Postmodernism and Postmoderntiy in China," p.138.

❹ Arac, "Postmodernism and Postmoderntiy in China," p.138.

理解爲對中國箝制藝術自由的一種反問，但也同時可以勾勒出另一基本視域：這些藝術不外是爲了配合西方理論凝視而製造的「大眾」、「本土」、「中國」商品。這些元素都被混成在這件「藝術品」中再生產出來，而一切都是以「學術市場價值」爲主要目標，儼然成爲了全球論述生產機制的其中一條副生產線。

　　以上的說法絕無貶義，要是不能進入學術機制，就根本不能改變遊戲規則，這是後現代以降的他者論述所認同的「內爆」（implosion）。正如筆者在第二節所提出，重要的是批評家如何在機制之中按其邊緣位置與主導論述協商互動，以及能否在當中鬆動出具邊緣性的論述空間。本文的論點是：如不能照顧這些作品的「中國性」如何一方面與「大眾」、「本土」混成形塑爲文化商品，而另一方面又被西方理論凝視定位爲純粹的「中國」，而如「香港」、「臺灣」的群體卻如亞拉克所言只能是商業掛帥的買家，只能染指「中國性」的「商品」、「市場」部分，而對所謂「眞純」的「中國性」則無緣問津的話，有關「中國」的文化批評論述不但有如治絲益棻，更未能洞察跨國資本主義年代的論述生產新場景，更大的問題是在自己的論述中複製了敵人的運作邏輯，堵塞了邊緣協商的論述空間。

　　雖然汪暉在其〈當代中國思想和現代性的問題〉（"Contemporary Chinese Thought and the Question of Modernity"）的結論曾經提出，我們有必要打破中國／西方、傳統／現代性的二分，將中國現代性的問題置於全球化的脈絡來作省思，❹但在上述的專輯論文

---

❹　Wang Hui, "Contemporary Chinese Thought and the Question of Modernity," p.37.

中，這種二分卻仍然縈繞很多中國知識分子，使上文所述的邊緣協商困於二元迷思之中，無法順利開展。正如上述，中國新興的文化場域的混雜性質很多時被簡化為本土／中國 vs.全球／市場化的二分邏輯。在《新文學史》和《第二界》的專輯中，真正論及亞太區的新文化的混雜（hybridized）特色的只有臺灣學者廖炳惠。在〈臺灣的後現代文學論述與當代公共文化〉（"Postmodern Literary Discourse and Contemporary Public Culture in Taiwan"）一文中，廖炳惠反覆提及臺灣那種作為自我反義詞（oxymoron）的混雜特徵：「大傳統、小島嶼；保守的國家、急劇的轉變；文化帝國主義、全情的民族主義；本土主義式情緒、世界主義式老練。」❹廖氏又曾在另一場合提出，臺灣可以作為亞太地區的獨特歷史文化和政治地理的例子，並為後殖民和全球化的問題帶來新的啟示。❺可惜，在《第二界》的專輯中，這個論點卻顯然欠缺其他迴響，未有足夠論述空間發揮。在「中國」的單元再現之下，「臺灣」或其他混雜的亞太文化想像變成了形構點綴多於論述組構。

回頭再想，對市場經濟化的「後現代」中國來說，這些形容詞其實也是適用的。比方，魯曉鵬所舉的例子便有此成分：毛澤東畫

---

❹ Ping-hui Liao, "Postmodern Literary Discourse and Contemporary Public Culture in Taiwan," *Boundary 2* 24 (Fall 1997), p.45.

❺ 廖炳惠：〈後殖民研究的問題及前景：幾個亞太地區的啟示〉，《當代》第 122 期（1997 年 9 月），頁 66-73。有關臺灣作為去殖民文化研究的獨特例子，同時可參陳光興：〈去殖民的文化研究〉，《臺灣社會科學季刊》第 21 期（1996 年 1 月），頁 110-125。

像加消費文化、電子遊戲加革命意識等藝術品都顯出這種特色。㊻
魯氏進一步指出「後新時期」的中國藝術已經甩脫了後五四的主流
批判傳統，變成了一種「含混」的態度。㊼魯氏在闡述中國藝術的
含混性之後，卻又鼓吹將混雜當中的商品化和消費主義排除於「中
國」之外：

> 在跨國資本、媒介、市場，以及國家平衡地滲透並佔據整個
> 公共空間的歷史時刻，中國知識分子的角色更形重要。向商
> 品化和消費主義的潮流明確地宣示抗衡的實踐，在本土與全
> 球之間、批判與公共之間、政治與思想之間尋找中介的方
> 法，對當代中國知識分子來說是最重要的任務。㊽

假如魯氏所指的「抗衡」是指向跨國資本機器的剝削策略，當無人
異議。然而，為何混雜往往被排除到臺灣、香港等全球資本社會文
化之中，而這裡的「抗衡」又似乎無可避免會將香港、臺灣等「商
品化和消費主義」的混雜本質也視作要排除於純正的「中國性」之
外，這便大有問題了。這一方面會重新鞏固單元的「中國」再現，
同時也會繼續將臺灣、香港等全球資本社會文化想像圈定於「商品
化和消費主義」的有限空間，並再製出一個本土／「中國」vs.全
球／商品化的二分迷思，使「中國」的多元呈現受限於二元的框限

---

㊻　Lu, "Art, Culture, and Criticism in Post-new China," pp.116-125.

㊼　Lu, "Art, Culture, and Criticism in Post-new China," p.130.

㊽　Lu, "Art, Culture, and Criticism in Post-new China," p.131.

之中。假使我們將《第二界》這期「後現代主義與中國」跟《新文學史》的專輯並列，兩者又會呈現出一種微妙的相互文本。正如上述，中國的市場化特色被一再凸顯，而同時個別中國批評家又鼓吹抗衡商品化消費主義和強調中國大陸本土的異他性，這裡的臺灣的混雜論述（從另一角度看，以上那些「自我反義」除了「民族主義」、「國家」在香港不大適用以外，也可以輕易應用到香港文化之上）因而會被導向一個亞太區的全球化混雜文化想像，與「中國」又形成了另一個本土與全球的二分迷思。

我無法亦無意推測作者的意圖，但《新文學史》和《第二界》的專輯顯然只是對「中國」感興趣。「臺灣」在「後現代主義與中國」專輯中只佔兩篇論文，「香港」以至其他華人地區更是完全缺席。我不知亞拉克是真心的為了專輯中沒有了「香港」而在後話中表示遺憾，❹還只是以女媧補天式的後話來填補這無法解釋的匱缺。此外，就是在個別「中國」批評家眼中，「香港」、「臺灣」也是不在場的。比方，劉康在談到卡拉 OK 進入中國大眾文化的例子時，只強調那是從日本進口的，對有別於日本卡拉 OK 的臺灣、香港流行曲的獨特文化及其對中國大陸的影響卻是噤若寒蟬。❺在專輯名稱「後現代主義與中國」中，「香港」、「臺灣」大概只能在「後現代主義」中出現，不但不屬於「中國」，更連「與」的部分也彷彿不能參與。「西方理論與中國現實」（「中國」獨指中國大

---

❹　Arac, "Chinese Postmodernism," p.262.

❺　Liu Kang, "Popular Culture and the Culture of the Masses in Contemporary China," p.109.

陸）的二分還是陰魂不散。❺正如周蕾所說，伊格頓是在《新文學史》的專輯中唯一直接討論到文化和文化主義的問題的人。❺那是否說明了中國批評家仍是只能背負著「中國」才能發聲，而伊格頓就能討論「普遍」的文化問題呢？周蕾又卓有見地指出：「種族性」在《新文學史》的專輯中是缺席的，❺而在《第二界》的專輯中那也顯然不是重點所在。原因看來是西方批評機制需要的只是一個「市場化」而又帶點異他性的「中國」，並不涉「種族性」的成分。

可幸的是，周蕾在題爲〈可否對中國說不？〉（"Can One Say No to China?"）的後話中爲在《新文學史》以至《第二界》的論文加添了奇特的餘味。在周蕾眼中，「中國」的中心主義有必要受到質疑，中國與其他在政治文化上被認爲附屬於中國的大中原文化的地方（如香港、臺灣、西藏）的身分認同及有效性在「中國」眼中全無價值。❺在周蕾而言，「中國」的論述內容應該包含中國大陸與這些地方的關係在內，但在《新文學史》、《第二界》以至《社會文本》等專輯中少有提及（《社會文本》中只有周蕾自己的文章有提及香港，臺灣則缺席。）周蕾提醒我們除了注視「中國」論述在全球化機制中的政治文化意涵外，也要進一步解構「中國性」的單一呈現。

---

❺　「西方理論與中國現實」借自 Zhang Longxi, "Western Theory and Chinese Reality," *Critical Inquiry* 19 (Autumn 1992), pp.105-130.

❺　Rey Chow, "Can One Say No to China?" *New Literary History* 28 (Winter 1997), p.148.

❺　Chow, "Can One Say No to China?" p.151.

❺　Chow, "Can One Say No to China?" p.151.

在後話的有限篇幅中，周蕾自然未能全面解構「中國」的中心性，她的後話的言外之意要在《第二界》的另一期專輯才具體呈現出來。

# 從「中國性」到「諸中國性」
## （Chinesenesses）

周蕾在其主編的《第二界》「理論年代的現代中國文學與文化研究：重新想像一個場域」專輯中將《新文學史》的後話的說法作進一步實踐。她在導論中再一次將「中國」疑問化，認爲「中國性」只屬一種「種族添補」（ethnic supplement），不外用來修飾普遍的理論課題（如現代性、現代主義、女性論述等）。❺❺周蕾明確的揭穿「中國」的單元、同質的僞裝，重新構思如霍爾(Stuart Hall)所言的「邊緣、邊陲的種族性的正面觀念。」❺❻在香港成長的周蕾從文學和語言兩方面帶出在「普通話」以外的中國語言並非白人眼中的「中文」，也使非「普通話」使用者（如說粵語的香港人）變成「不純正」和「缺少」的「中國」人。❺❼在文學方面，中國的「非模倣」性質常被凸顯爲「中國」的種族外衣，就算是現代海外華文文學如何多元，它們都被簡化爲西方眼中的「中國」：「無論流徙書寫如何富非模倣性、實驗性、顛覆性或前衛性，在西方也是被視

---

❺❺ Rey Chow, "On Chineseness as a Theoretical Problem," *Boundary 2* 25 (Fall 1998), p.3.同時可參 Chow, *Writing Diaspora*, pp.6-9.

❺❻ Chow, "On Chineseness as a Theoretical Problem," p.8.

❺❼ Chow, "On Chineseness as a Theoretical Problem," p.12.

作「中國」來歸類、推廣及接收……」❺❽周蕾從她所身處的雙重邊緣化論述位置（在美國學院任教的華人，卻又不被視作純正的「中國」人）出發，主張破除「中國性」的迷思，疏通單一同質化的謬誤，並提出「諸中國性」（Chinesenesses）、「諸中國身分」（Chinese identites）的重要性。在這一期專輯中，我們隱約可見周蕾這個召喚在不同範疇中以不同形式落實，但卻又同時帶出了不同問題。這期專輯的作者包括海外華人、西方漢學家和香港批評家，我們且從西方漢學家眼中的「中國」說起。

這些西方漢學家的論文的最主要特徵是他們眼中的「中國」有別於從前的漢學家眼中那種典型的神秘、難以理解卻又是同質單元的「中國」。比方，羅年（Charles A. Laughlin）以中國報告文學為例，論證丁玲的《多事之秋》不被重視的原因是它不符合現代中國文學的主導文藝美學，❺❾而他的目的則是嘗試在報告文學尋找「中國」社會空間的不同可能性。貝利（Chris Berry）則解析「中國」電影，一方面指出「中國」隱含多元特質，另一方面以《悲情城市》為例，肯定片中的不同方言和個人歷史的重要性，希望彰顯在「同一文化傳統」中的「異質化」。❻❿艾比（Stanley Abe）以徐冰的《天書》為例，說明《天書》中虛構出來的中文字變成了意義

---

❺❽ Chow, "On Chineseness as a Theoretical Problem," p.22.

❺❾ Charles A. Laughlin, "Narrative Subjectivity and the Production of Social Space in Chinese Reportage," *Boundary 2* 25 (Fall 1998), p.27.

❻❿ Chris Berry, "If China Can Say No, Can China Make Movies? Or, Do Movies Make China? Rethinking National Cinema and National Agency," *Boundary 2* 25 (Fall 1998), p.150.

陷阱，可以被按不同方式形塑「中國」藝術的「中國性」（如與中國哲學有關），體現了「中國」的多元素質。⑥魯比克（Christopher Lupke）則分析王文興的《家變》，強調「家」的穩定性及「變」的不穩定性，並引申到中國與臺灣之間的「分裂」的問題之上，指出假使擺脫「中國」作為一個單一的文化傳統的觀念的話，「中國」在文中便不會被視作「失去」，局限了現代中國的文化想像。⑥一言以蔽之，以上的論文都從不同方向拆解「中國」的單元性質，使之不再作為西方凝視之下的某個特定形象。要是我們將以上論文與同屬《第二界》專輯的「後現代主義與中國」比較一下，便可發現「中國」在此是一個充滿疑問的觀念；若後者是一個同質的「中國」（不計臺灣作者的文章），前者則可說是「不是『中國』」。然而，我們得明白這些論述除了在運用理論觀念時由「中國」轉換成「不是『中國』」外，西方理論凝視的主導性和理論論述的合法條件可能並無根本的改變。若「中國」和「不是『中國』」停留在表面的拆解「中國」的單元性質，那仍是受困於「是或不是」的抑或（either-or）辯證之中，只屬同一象徵次第，仍然無法甩脫西方的凝視。這又會否正如周蕾在討論法西斯主義時所提到的「皇帝的新衣」，分別只在於由從前的「雖然皇帝沒有穿衣，人們卻看到了衣服」變成現在的「正因皇帝沒有穿衣，人們便以自己的視野填補那

---

⑥ Stanley K. Abe, "No Questions, No Answers: China and *A Book from the Sky*," *Boundary 2* 25 (Fall 1998), pp.182-183.

⑥ Christopher Lupke, "Wang Wenxing and the "Loss" of China," *Boundary 2* 25 (Fall 1998), p.127.

個匱缺」？⑥要言之，「不是『中國』」必須指向在西方凝視以外的其他群體（如西藏、蒙古及其他華人社群等）的政治歷史文化現實，才可甩脫上述的抑或辯證，令單一的中國性自我瓦解。⑥

　　除了周蕾的「導論」和洪怡恩（Ien Ang）那篇可以作爲總結的〈可否對中國性說不？〉（"Can One Say 'No' to Chineseness?"）之外，奚密題爲〈國際理論與跨國批評家：多元文化主義年代的中國〉（"International Theory and Transnational Critic: China in the Age of Multiculturalism"）的文章是唯一直接闡釋「中國」理論論述的文章。奚密詳盡分析了以《二十一世紀》爲中心的「中國」與「後學」的論爭，指出中國本土與「被邊緣化」的知識分子之間的論爭是這個世紀以來反覆爭議的舊課題；她作出了以下的結論：「矛盾地，理解中國性就是理解西方被如何『翻譯』到中文，反之亦然。」⑥奚密繼而指出「中國」和「西方」其實同樣並不純淨，即「中國」可以包含中國大陸、臺灣、香港、海外華人等，論調可說與杜維明著名的「文化中國」一脈相承，而在對「中國」的質疑上

---

⑥　詳參 Rey Chow, "The Fascist Longing in Our Midst," in her *Ethics after Idealism: Theory-Culture-Ethnicity-Reading* (Bloomington and Indianapolis: Indiana University Press, 1998), p.29. 重點乃原作者所加。

⑥　因筆者才學所限，沒有能力在本文深入探討這些群體。文中主要集中析解中西二元的思考模式，乃因感到所論的期刊專號呈現出這種二元迷思，故將之突出並再藉如「香港」的發聲位置將之拆解。筆者相信若不同論者針對單一的中國性，在不同論述位置開展不同的論述，將可組成具介入力量的實踐平面（plane of praxis），使中國性更爲多元開放。

⑥　Yeh, "International Theory and the Transnational Critic: China in the Age of Multiculturalism," p.213.

亦貫徹了周蕾在導論所提出的觀點。在奚密眼中，港臺文化十分重要，但一直被排除於「中國」文學與文化研究的邊緣(甚至以外)，而她認為今日的比較文學及文化論述需要的是一種「跨國」、「跨科際」的身分：

> 我所指出的知識分子的跨國身分並非按國家、種族文化根源或地理位置來定義，如此身分認同是由跨越這些界限的比較視點所給予的。唯有如此，那才是真正的多元化。⑥⑥

奚密的論點叫人十分信服，但只停留在描述的層面，未有考慮「文化中國」和「中國性」所可能隱含的問題。⑥⑦

從另一個角度看，奚密這篇文章跟另外兩篇有關「香港」的文章又形成了一種奇妙的相互文本。首先，同是紮根香港的批評家，梁秉鈞和羅貴祥理應也會針對奚密所言的「跨國界」身分，但從學術機制的地理政治角度來看，梁羅兩位卻有別於專輯的其他作者。

---

⑥⑥　Yeh, "International Theory and the Transnational Critic: China in the Age of Multiculturalism," p.222.

⑥⑦　有關「文化中國」和「中國性」所可能隱含的問題，可參 Allen Chun, "Fuck Chineseness: On the Ambiguities of Ethnicity as Culture as Identity," *Boundary 2* 23 (Summer 1996), pp.111-138. 此外，對「跨越界限」的實踐要在王德威的〈三個饑餓的女人〉（"Three Hungry Women"）中才具體的呈現出來。王德威的文章可說是按「中國性」到「香港」到「臺灣」到「海外華人」的脈絡來探討流徙的中國女性的命運，描畫了現代華人女性發聲的歷史過程。David Der-wei Wang, "Three Hungry Women," *Boundary 2* 25 (Fall 1998), pp.47-76.

除了他們兩人外，專輯中的其他作者都是任職於北美和澳洲學院
的。梁羅兩位則在香港任教，在這本專輯中大概是擔當著「香港」
代表的論述任務。香港論述本應也有著「跨越界限」的潛質，對族
裔散居的問題也有切身的體會，但他們的論述看來有別於同是來自
香港，現在身在美國任教的周蕾的理論探討，而是以「香港」作為
「中國性」的多元特色多於如奚密所言的以「跨國身分」為基點。
作為專輯中的香港代表，兩人分別從文學和流行文化的角度審視香
港文化的特質。梁秉鈞以黃谷柳的《蝦球傳》為例，說明當時中國
官方批判殖民主義時所帶來的中西二分，而在這種二分中又隱含了
另一種以民族主義為名的權力機制。❻再者，張愛玲的作品則提醒
我們，「民族主義不一定是可供我們迎擊殖民主義的範圍」❻，故
此我們有必要對「中國性」的民族主義意涵作出質疑。嚴格而言，
梁秉鈞的「香港」與羅貴祥的「香港」又有不同之處。羅貴祥集中
審視回歸時期的香港，以「字幕」和「棟篤笑」兩種香港流行文化
來解讀香港人的身分認同。在羅氏眼中，近年香港電視上日益普及
的中文字幕是一種以「理性」的書寫來支配聲音的做法，而聲音的
「根本含混」因此會被消解，不能「對由書寫所拓立的秩序產生威
脅」。❼（香港的電視節目以粵語為主，粵語不是日常採用的書寫語言。）
據羅貴祥的論點，最大的危機是香港人「能聽見自己說話，卻不能

---

❻ Leung Ping-kwan, "Two Discourses on Colonialism: Huang Guliu and Eileen
Cheung on Hong Kong of the Forties," *Boundary 2* 25 (Fall 1998), p.86.

❻ Leung, "Two Discourses on Colonialism," p.96.

❼ Kwai-cheung Lo, "Look Who's Talking: The Politics of Orality in Transitional
Hong Kong Mass Culture," *Boundary 2* 25 (Fall 1998), p.157.

聽見自己理性思考，因為其聲音不能符合書寫中文字視覺所提供的
意義和思想的不同邏輯。」**❼**香港人因而會被納入單一的身分形象
之中。另一方面，近年一度十分流行的「棟篤笑」的獨特表演形式
則以小人物的口頭笑話，在插科打諢中批判機制：

> 抑是普通人沒有自己的位置和聲音，所以他（黃子華）為他們
> 說話，或是普通人因為太分散混亂而不能被再現，所以要從
> 精英主義的學術觀點，藉腹語的形式表達……**❼**

香港人的身分就如「棟篤笑」的表演者一樣：「在知悉所經驗的問
題無法解決時，對自己作為被支配的客體的自我作出嘲笑。」**❼**一
言以蔽之，「中國」身分的主導是難以逆轉的趨勢，但在「香港」
的自嘲式抗衡的零敲碎打中，「中國」身分認同不會被單一化。單
獨而言，羅氏的文章見解精到，論點令人十分信服，但在其他有關
香港的論述（如下文所言的《公共文化》的香港專輯）中卻得不到迴
響。也許更重要的是我們要記住「字幕」的「規範化」其實也在學
院中發生，有關香港的論述未必能像黃子華般以「棟篤笑」的方
式，自由的作插科打諢或零敲碎打，開拓「諸中國性」和「諸香港
性」。「香港」的眾聲喧嘩往往要按「中國」來規範化的地形塑自
己，而就算香港人的身分認同能突破「中國」的單一再現，也受制

---

❼ Lo, "Look Who's Talking," p.159.

❼ Lo, "Look Who's Talking," p.164.

❼ Lo, "Look Who's Talking," p.166.

於主導理論論述之中。

《公共文化》的「香港 1997：位置與公式」的專輯正是一大明證。在《第二界》「理論年代的現代中國文學與文化研究：重新想像一個場域」專輯中找到論述空間的「香港」在《公共文化》中又被以另一形式圈定在特定的空間之中。「香港」在這期專輯中其實是按「中國」和「西方」來形塑的，而「香港」的最大特點便是香港文化的缺席。比方，亞巴斯（Ackbar Abbas）便認為香港文化是一種「質詢香港的本質，發掘其再定義的不同可能性的文化」，並且可說是一種「負」空間的文化。❼❹胡洪則借天安門廣場上香港回歸中國的倒數計時器為例，論證香港的身分只能夠是「外在的殖民地」或「社會主義母體組成部分」。❼❺祁勒（David Clarke）也認為「香港性」有別於其他身分認同的敘述體，因為後兩者都為「中國性」所支配。❼❻要言之，香港是失聲的。這並不限於理論家的觀點，在最後一任港督彭定康的訪問中也可見一斑。譚柏寧（Jeremy Tambling）在訪問彭定康後指出，彭定康極少提及香港，而很多香港政客在跟彭定康討論香港後亦有此同感。❼❼在這期《公共文化》的「香港」專輯中，香港並無自己的身分，有關香港的

---

❼❹ Ackbar Abbas, "Hong Kong: Other Histories, Other Politics," *Public Culture* 9 (Spring 1997), p.304.

❼❺ Wu Hung, "The Hong Kong Clock: Public Time-Telling and Political Time/Space," *Public Culture* 9 (Spring 1997), p.354.

❼❻ David Clarke, "Varieties of Cultural Hybridity: Hong Kong Art in the Late Colonial Era," *Public Culture* 9 (Spring 1997), p.414.

❼❼ Jeremy Tambling, "The History Man: The Last Governor of Hong Kong," *Public Culture* 9 (Spring 1997), p.373.

「公式」看來不外是以香港作為在全球新政治秩序中，身處中西之間的本土沉默他者，完全滿足西方論述機制的凝視。[78]這種本土他者不能發聲的形塑不但抹掉了香港華人獨特而又複雜的身分認同，[79]也會指向一種很有問題的本土主義心態，即香港本土文化被實質化為缺席的負文化空間。戴力克（Arif Dirlik）在分析全球化年代的第三世界批評時，曾提醒我們本土主義並不足取，我們必須對它持批判態度，而它的功用只在於「因為它與今時今日的其他政治運動有著同樣的問題，也需要同樣的行動來解決那些問題。」[80]反諷的是「香港」必須以同質的「無身分」（non-identity）形象出現，作用只是迎合全球化知識生產年代的中國圖象中那個邊緣的無聲他者的形象（沒有政治、文化，只有經濟），而不是以其邊緣性質疑身分認同的穩定性，引出戴力克所言的問題。在上述的香港例子中，巴里巴（Etienne Balibar）所言的「虛構的種族性」[81]彷彿化身為「虛構的無種族性」，而兩者都不外是某一種被視為主導凝視之下的特

---

[78] 比方，周蕾在討論西方媒體有關香港回歸中國的報導時，便曾指出 1997 主權移交和「一國兩制」之下的香港（以至中國）就有如西方人眼中的奇觀；詳參 Rey Chow, "King Kong in Hong Kong: Watching the 'Handover' from the U.S.A.," *Social Text* 55 (Summer 1998), pp.93-108.

[79] 有關香港人的身分認同，可參劉兆佳：〈「香港人」或「中國人」：香港華人的身分認同 1985-1995〉，劉青峰、關小春編：《轉化中的香港：身分與秩序的再尋求》，頁 3-30。

[80] Arif Dirlik, *The Postcolonial Aura: Third World Criticism in the Age of Global Capitalism* (Boulder: Westview Press, 1997), p.238.

[81] Immanuel Wallerstein and Etienne Balibar eds., *Race, Nation, Class: Ambiguous Identities* (London: Verso, 1991), p.104.

定種族性的再現。易言之，香港的「無權力性」（powerlessness）
一方面變成某些香港代言人在主導論述機制攫取論述權力的來源，
❸另一方面又滿足了主導論述的凝視。

　　以上以香港為例說明在全球化的論述機制中，「香港」雖然彷
彿在場，卻往往只被形塑為無文化身分的經濟主義社會。這個說法
很容易會給人以下的錯覺：上文在拆解單一的中國性之時，會給人
一種我們要建構本質／本土／本位主義的「香港」的印象。筆者得
在此申明，行文時凸顯「香港」或「臺灣」乃因為要因應單一的中
國性而作出相關的批判。假如那隱含任何本質主義的迷思，那應被
看作是一種如施碧娃（Gayatri Spivak）一再提出的策略性的本質主
義（strategic essentialism）。❸這種策略性的本質主義目的在於引
出學術場域的組織原則、知識生產的條件和既存機制中的論述權力
的爭奪等問題。❸以上所論的專輯論文顯示出不同批評家在不同位
置訴說自己所要說的話，有滿足西方學術機制的凝視，有重新鞏固
中國／本土 vs.商品化／全球的二元迷思，有將無身分轉化為自己
的發言權力，也有指向多元的中國性。這些不同的論述位置在今日

❸　有關「無權力性」如何可以變成權力，詳參 Rey Chow, *Writing Diaspora:
　　Tactics of Intervention in Contemporary Cultural Studies* (Indianapolis and
　　Bloomington: Indiana University Press, 1993), pp.10-15.

❸　Gayatri Spivak, *Outside in the Teaching Machine* (New York and London:
　　Routledge, 1993), p.5; *The Post-colonial Critic: Interview, Strategies,
　　Dialogues*, Sarah Harasym ed. (London: Routledge, 1990), p.11.

❸　這與注❸提到的象徵資本和權力有密切關係；詳參 Pierre Bourdieu, "The
　　Intellectual Field: A World Apart," *In Other Words: Essays towards a
　　Reflexive Sociology*, pp.140-149.

同時並存於全球化的論述機制中，體現了有關學術場域和論述生產的問題。本文的目的是借此機會，在重新述說這些「中國」論述之際，如羅貴祥所言的「棟篤笑」表演者一樣，「藉腹語的形式」引出「諸中國性」的重要性。這種「諸中國性」應開放地指向在西方凝視以外的其他華人群體的政治歷史文化現實，而不是按穩定的中國性來增補相關論述的副生產線。

# 後　話

我們要記住，正如施錫克（Slavoj Žižek）所提醒我們的，今日的真正對立不是全球化與不同形式的原教旨主義(fundamentalism)或個別主義（particularism），而是一種「普遍」（universal）的「全球不公義」（global injustice）。⑧施錫克嘗言：「多元主義的開放性與一種新的原教旨主義的對立只是一種虛假的兩難，它們不外是今日的後政治世界的兩個面向」，而全球化的威脅並不是在於個人的私人生活方式（如本土文化），而是上述的「全球不公義」的普遍性。⑧從這個角度看，全球知識生產機器的威脅不單會消滅個別的本土，且也同時播散了一種有關知識生產的「普遍」暴力（如單一的「中國性」）。因此，洪怡恩說得好：「若我無可避免的在血緣上是個中國人，我只有在某些情況之下才同意自己是中國人。」

---

⑧　Slavoj Žižek, "A Leftist Plea for Eurocentrism," *Critical Inquiry* 24 (Summer 1998), p.1007.

⑧　Žižek, "A Leftist Plea for 'Eurocentrism'," p.1008.

⑧同理，臺灣／香港人也應該「只有在某些情況之下才同意自己是臺灣／香港人。」我們要知道「諸中國性」不是按既定的「中國性」而來作邊緣的添補點綴（如借同質化、單一化的「香港性」、「臺灣性」來自我定位）。假使如此，按既有的「中國性」形塑的「諸中國性」只會複製了「中國性」的暴力運作邏輯，而不是指向「不是『中國』」的多元華人群體。要是我們以爲「臺灣性」、「香港性」一定要如此發聲，以爲單一化的「臺灣性」、「香港性」可以補足「中國性」而毋視當中的霸權，無論出發點如何正當（正如周蕾提醒我們的，法西斯式暴行往往源自正面和正當的目的⑧），最終都可能只是重新鞏固了敵人的象徵權力。借羅蘭巴特（Roland Barthes）的話來說，「法西斯主義不是人們被禁制說話，而是被逼一定要說某些話。」⑧也許在全球化知識生產的無孔不入新秩序中，抗衡已是難尋據點。⑨無可避免要作爲全球化知識生產機器的產物，我們

---

⑧ Ien Ang, "Can One Say No to Chineseness? Pushing the Limits of the Diasporic Paradigm," *Boundary 2* 25 (Fall 1998), p.242.中譯引自 Ien Ang 著、施以明譯：〈不會說中國話：論散居族裔之身分認同與後現代之種族性〉，《中外文學》第 21 卷第 7 期（1992 年 12 月），頁 64。

⑧ Rey Chow, "The Fascist Longing in Our Midst," p.17.

⑧ Roland Barthes, *Leçon* (Paris: Seuil, 1977), p.14.轉引自 Rey Chow, "The Fascist Longing in Our Midst," p.14.

⑨ 三好將夫認爲大學是其中一個可以抗衡全球資本主義的據點，但我們也不能忘記今日的大學體制已是跟政治社會經濟息息相關；以香港爲例，大學體制日漸公司化，運作方式儼如一般唯利是圖的私營機構。因此，三好的說法雖然合理，但實踐時仍需留心大學體制與全球資本機器的共謀。參閱 Masao Miyoshi, "Sites of Resistance in the Global Economy," *Boundary 2* 22 (Spring 1995), pp.77-83.

的最大敵人可能就是自己的影子。本文希望能通過重新述說
(rearticulate)有關「中國」的論述，從內拆解單一的「中國性」。
在這種入室操戈的論述中，敵人與自己的影子是被視作難以分辨
的，故與自己的影子起舞也可以是一種抗衡策略，雖然不能打倒敵
人，卻未嘗不可以另一種方式「打到」敵人。

　　最後，且讓我以《新文學史》和《第二界》的論文安排來作
結。《新文學史》以不同的「中國」文化研究作論述內容，排除了
「中國」以外的其他「中國性」，而周蕾的後話則以「可否對中國
說不」來解構專輯中那種排他的霸權式「中國性」，直指「諸中國
性」。到了周蕾自己編輯的《第二界》「理論年代的現代中國文學
及文化研究」專輯中，「諸中國性」被一再強調，但「香港性」被
凝在有限空間，「臺灣性」又不在場，可幸洪怡恩又以「可否對
『中國性』說不」來提醒我們，專輯中的「諸中國性」其實也可能
有問題，我們必需只是「有時」同意「中國性」以至「諸中國
性」。他者的聲音可能並不容於專輯的正文之內，而只能靠後話以
言有盡而意有餘的方式直指象外之旨和言外之意，但象外之旨、言
外之意又會被規範化，又必須轉化爲象外象、味外味、景外景，方
可在有限的語言中指向言外，在有限的機制中指向機制外的眞正差
異。

# 全球化年代的國族主義：
# 從（後）國族意識到中國論述

## 前　言

　　在全球化和後殖民論述的脈絡中，「本土」和「國族」一向都被認爲是抗衡殖民以至新殖民文化的據點。雖然近年後殖民論述與全球化的關係已一再爲人闡釋，叫人明白全球和本土有著弔詭的共謀關係，但我們仍可一再看到挾本土／國族之名的論述發聲，其中「中國可以說不」系列可說是最爲人熟悉的例子之一。《中國可以說不》推出之後迅速成爲中國大陸的暢銷書，反應之佳出乎意料之外，繼後還不斷有如《中國還是能說不》、《中國不僅僅說不》等續篇或東施效顰之作，掀起了一陣熱潮。這些作品引起的反應各走極端，一方面獲得認同，被認爲揭露了帝國主義的眞面目，另一方面又被論者批評爲鼓吹狹隘的「國族主義」，❶不外是以掀動反美

---

❶　除有特別含義的地方（如反對國家主義的文化民族主義 "cultural nationalism"），本文一概以「國族主義」來翻譯 "nationalism"；有關「民族主義」和「國族主義」的分別及長短，詳參香港嶺南學院翻譯系文化／社會研究譯叢編委會編：《解殖與民族主義》（香港：牛津大學出版社，1998），頁 265-268。此外，有關民族（nation）和國家（state）的分別，

仇日的情緒來嘩眾取寵。❷本文無意論證這些作品的得失，反而關心史天健在討論《中國可以說不》時所提出的問題：「這本書爲什麼會在這個時候出版並成爲暢銷書？它折射了中國老百姓什麼樣的心態？我看，這兩年中美關係的發展正在引起中國人的一些不滿，這本書正好折射出中國老百姓什麼樣的心態。」❸史天健以中美關係的政治角度析論這本書，固然有其道理。本文則嘗試從全球化論述生產的角度來解答「爲什麼會在這個時候」這個問題，希望能勾勒出更全面的景觀。假若我們將這個問題置於後殖民和全球化的論述脈絡來看，也許可以爲近年有關全球／本土的問題帶出另一方面的反思。中美關係在前蘇聯解體後已經變成由美國帶動的全球化新秩序中的最關鍵問題，中國大陸也往往被視爲美國全球化計畫的最大障礙。然而，中國大陸自七十年代改革開放以後，在九十年代的後冷戰時期又變成跨國資本覬覦的最大潛在市場。在這種雙重位勢之下，中國大陸的本土國族主義式抗衡論述又帶來了什麼啓示呢？以下將先從後殖民和全球化中有關國族論述的爭論出發，再審

---

籠統來說是前者指文化、社會、種族群體，而後者則指政府機制和統治主權；詳參 Hugh Seton-Watson, *Nations and States: An Enquiry into the Origins of Nations and the Politics of Nationalism* (Boulder: Westview, 1977), p.1.同時可參 Lowell Dittmer & Samuel S. Kim, "Whither China's Quest for National Identity?" in Dittmer & Kim eds., *China's Quest for National Identity* (Ithaca and London: Cornell University Press, 1993), pp.241-245.

❷ 有關爭論可參宋強等著：《中國還是能說不》（香港：明報出版社，1996）、賈慶國著：《中國不僅僅說不》（北京：中華工商聯合出版社，1996）等。

❸ 引自宋強等著：《中國還是能說不》，頁367-368。

視中國批評家在面對這個新局勢時所作的反應，從而對全球化年代
的國族論述作出省思。

# 全球化論述年代的國族觀念

　　近年有關全球化的論述在批評論述的範疇大行其道，群言日
出，其中一個最重要的焦點可算是「國族」的觀念是否日漸消滅的
問題。資本的跨國化、後殖民時期的族裔散居、資訊科技的高速發
展，無不使世界逐漸一體化，國界已是日漸模糊。❹戴力克（Arif
Dirlik）一再重申後殖民不外是爲了配合全球資本主義的發展而出
現的一種論述器具，不但會淡化抗衡的力量，更會混淆視聽，掩飾
了全球化的新剝削機制。❺從這個角度看，國族的觀念其實相當有
問題，國族主義、文化民族主義、跨國身分認同等都可能只是「論
述生產年代」的新製品。❻雖然全球資本已跨越國界，打破了從前
的國族區分，但很多人，尤其是第三世界的批評家，卻仍然堅持從
前的中心／邊緣辯證其實從無改變。在日漸全球化的外表之下，中
心與邊緣、西方與非西方的二元神話仍在悄悄運作。阿馬德

---

❹　Masao Miyoshi, "A Borderless World? From Colonialism to Transnationalism
and the Decline of the Nation-State," *Critical Inquiry* 19 (Summer 1993),
pp.726-751.

❺　Arif Dirlik, *The Postcolonial Aura: Third World Criticism in the Age of Global
Capitalism* (Boulder: Westview Press, 1997).

❻　可參 Rey Chow, "Where Have All the Natives Gone?" in *Writing Diaspora:
Tactics of Intervention of Contemporary Cultural Studies* (Indianapolis and
Bloomington: Indiana University Press, 1993), pp.41-47.

（Aijaz Ahmad）便嘗言，國家並不像一般文學後殖民批評家所言的有如江河日下，反而卻是勢力日大，繼續操控著不同的剝削機器。❼阿柏杜萊（Arjun Appadurai）著名的說法，即要超越國界，探析族群地形（ethnoscape）、媒介地形（mediascape）、科技地形（technoscape）、財經地形（finanscape）和意識形態地形（ideoscape）的流動關係，無疑交代了新世界秩序的文化複雜性，❽但在個別批評家的眼中，這些地形之間雖然有著差異（difference）和斷裂（disjuncture），但仍然深受國家機器影響；易言之，最根本的跨國權力架構仍然是以國家為主要坐標。比方，王愛華和朗連尼（Aihwa Ong & Donald Nonini）在討論散居中國人（diasporic Chinese）的跨國身分時便曾指出，亞太區的新資本主義仍舊是由國家操控的，❾而莎辛（Saskia Sassen）有關國際法的研究也嘗言，國際商業法仍然按國家系統來定位和執行。雖然全球化使權力分佈有別從前，國家的權勢亦有變，但「在興起中的跨國

---

❼　Aijaz Ahamd, "The Politics of Literary Postcoloniality," *Race and Class* 36 (1995), pp.1-20.有關阿馬德及其他相關的後殖民理論家就國族所作的論辯，詳參廖炳惠：〈後殖民研究的問題及前景：幾個亞太地區的啓示〉，收於簡瑛瑛主編：《認同‧差異‧主體性：從女性主義到後殖民文化想像》（臺北：立緒文化，1997），頁114-125。

❽　Arjun Appadurai, "Difference and Disjuncture in the Global Cultural Economy," *Modernity At Large: Cultural Dimensions of Globalization* (Minneapolis and London: University of Minnesota Press, 1996), pp.27-47.

❾　Aihwa Ong & Donald Nonini, "Toward a Cultural Politics of Diaspora and Transnationalism," in Ong & Nonini eds., *Ungrounded Empires: The Cultural Politics of Chinese Transnationalism* (New York and London: Routledge, 1997), p.324.

統治系統中，國家仍有多方面的參與」。❿在進一步討論中國在全球化的論述局勢之中的發聲之前，我們有必要先梳理全球化論述中的國族觀念的不同論點。這將有助我們進一步探析中國論述在全球化論述生產中作為國族論述的發聲問題。

在後殖民論述的抗衡脈絡中，「國族」一直被視作有其論述價值。後殖民論述的「源頭」范農（Frantz Fanon）便一再申明國族文化（national culture）的好處。在他來說，國族文化是「人們在某個思想領域創造及肯定自己存在的一種集體努力」，他又認為民族文化可以推動一種「對支配的共有經驗」，使人對剝削有更敏銳的觸覺。⓫國族身分認同（national identity）亦一向被視作使人民認同國家的有效觀念。⓬在全球化的脈絡中，這種國族文化認同的觀念很容易會被引申和轉化為抗衡全球資本的本土／當地主義（localism/indigenism）。在不少非洲批評家眼中，本土主義更是抗衡全球資本剝削的必要理論據點。國族主義這種團結人心的力量一直作為其合法化背後的堂皇敘事，但在順理成章的表面之下其實卻有著不同問題。以下將按國族主義與種族主義的共謀、國族主義與殖民主義的共謀和國族主義本身的內在暴力幾方面探析國族主義

---

❿　Saskia Sassen, *Globalization and Its Discontents* (New York: The New Press, 1998), pp.98-99. 同時可參 Kwame Anthony Appiah 的前言，pp.xi-xv.

⓫　Frantz Fanon, *The Wretched of the Earth*, Constance Farrington trans. (Harmondsworth: Penguin, 1967), p.105.

⓬　國族身分認同的定義可說眾說紛紜，莫衷一是。有關不同說法的特點，可參 Lowell Dittmer & Samuel S. Kim, "In Search of a Theory of National Identity," in Dittmer & Kim eds., *China's Quest for National Identity*, pp.2-23.

所隱含的問題。首先，在一般人眼中，種族主義（racism）是不懷好意的暴力行徑，是我們所應同讎敵愾的，而國族主義則雖有問題，卻是瑕不掩瑜。兩者是否真的可以如此清楚區分？巴里巴（Etienne Balibar）在其著名的〈種族主義與國族主義〉（"Racism and Nationalism"）曾經詳盡分析了兩者的複雜糾結，爲我們提供了寶貴的參考。巴里巴指出一般人的看法，即國族主義爲「正常」而種族主義則爲「過分」的意識形態其實充滿謬妄。他認爲兩者根本就密不可分，實際上種族主義內在於國族主義，乃是其必要的「添補」（supplement）。❸要言之，在國族主義的建構中，種族主義雖然不可使國族主義達成目標，卻是國族主義不可或缺的組成部分，絕不是外在或多餘的，故國族主義與種族主義其實有著複雜的共謀關係。此外，察特基（Partha Chatterjee）在衡定印度的國族主義的得失時也曾揚言：「印度的國族主義在宣揚本土的自我現代化計畫之時，雖有挑戰殖民者的政治支配，卻又同時生產了一種論述，而在其中接受了殖民支配賴以爲本的『現代性』學術先設。」❹換言之，國族主義與殖民主義有時會枹鼓相應，產生微妙的共謀。正如蘭地（Ashis Nandy）所言，印度的「第二次殖民」製造了一種如在「馬戲班中被馴服了的對手（counterplayer），不外是

---

❸ Etienne Balibar, "Racism and Nationalism," in Etienne Balibar and Immanuel Wallerstein eds., *Race, Nation, Class: Ambiguous Identities*, Chris Turner trans. (London and New York: Verso, 1991), pp.37-67.

❹ Partha Chatterjee, *Nationalist Thought and the Colonial World: A Deriative Discourse* (London: Zed Books, 1993), p.30.

在凱撒大帝面前演出一幕幕的競技表演。」⑮薩伊德（Edward Said）《東方主義》（*Orientalism*）常被錯誤引申為要建構反西方的東方據點，他的《文化與帝國主義》（*Culture and Imperialism*）便澄清了這個謬誤，並申明盲目的接受本土主義（nativism），就等如接受帝國主義及由其而來的種族、宗教和政治分化所帶來的惡果。⑯

除了與其他外在的權力機制有著千絲萬縷的關係之外，國族主義本身也有其內在暴力。表面上能夠推進國族認同的建構的國族主義本身有著一種內在的吊詭。按賴恩（Tom Nairn）的說法，國族主義是靠一種「後退」（regression）──靠內向審視本土資源，讓過去的民俗神話及英雄重生──來「推動」社會邁向工業化、繁華、平等的目標。⑰要言之，國族主義既前進又後退，既規範又抗衡，既基進又反動。不單如此，更叫人擔憂的是國族主義表面可以團結人心，但實際上又會因其「堂皇敘事」（grand narrative）的身分而掩飾了其內在的暴力問題。薩伊德曾經指稱，國族主義有時可以作為國家「在不處理經濟不平等、社會不公義等問題時的萬靈藥。」⑱布能（Timothy Brennan）亦曾提醒我們：「國族這個觀念既指今日的"nation-state"，也指向"nation"一字的古老意涵，即

---

⑮ Ashis Nandy, *The Intimate Enemy: Loss and Recovery of Self under Colonialism*. (Delhi: Oxford University Press, 1983), p.14.

⑯ Edward Said, *Culture and Imperialism* (New York: Alfred Knopf, 1993), p.276.

⑰ Tom Nairn, *The Break-up of Britain: Crisis and Neo-Nationalism* (London: New Left Books, 1977), p.348.

⑱ Said, *Culture and Imperialism*, p.262.

"natio"一字的本土社群、家庭、歸屬感的含意。」⑲這個說法使
「國族」很容易構成一種將過去浪漫化的迷思，即周蕾所言的視過
去必然爲美好純潔的「原始情欲」，或同一血緣便無論做什麼也必
須互相支持的「血緣神話」。⑳

# （後）國族意識的省思

「國族」的觀念無疑有著上述的問題，但在全球化的無國界世
界中，卻也有論者堅信不能對其過分輕視。正如上述，阿馬德便對
薩伊德、巴巴（Homi Bhabha）、施碧娃（Gayatri Spivak）等後殖
民批評家的論點作出質疑，認爲他們低估了國族的論述價值。培里
（Benita Parry）更作出以下警告：「我們不能因爲要符合論述上的
激進主義（discursive radicalism）的當代理論成規，便放棄國族的
觀念。」反殖民的逆論述（counter-discourse）始終有其顛覆統治
者的意識形態的戰略價值。㉑以上問題又可連繫到車朋（Pheng

---

⑲　Timothy Brennan, "The National Longing for Form," in Homi Bhabha ed.,
　　*Nation and Narration* (London and New York: 1990), p.45.

⑳　有關「原始情欲」可參 Rey Chow, *Primitive Passions: Visuality, Sexuality,
　　Ethnography, and Contemporary Chinese Cinema* (New York: Columbia
　　University Press, 1995); 有關「血緣神話」可參 Rey Chow, *Writing
　　Diaspora*, pp.22-25.

㉑　Benita Parry, "Resistance Theory/Theorizing Resistance, or Two Cheers for
　　Nativism," in Francis Barker et al eds., *Colonial Discourse/Postcolonial
　　Theory* (Manchester and New York: Manchester University Press, 1994),
　　pp.176-179.

Cheah）在一篇談論後殖民國族論述的文章時所提出的論點：在全球化年代，民族文化往往仍然需要國家（state）觀念的添補，國家就如「幽靈」（specter）般存活在民族身分之中，故此後殖民國族必須被視作是全球資本揮之不去的「幽靈」，一種既是主體又是客體的「雙重屬格」（double genitive）。❷❷

　　循此，我們的著眼點應該放在如何建構一種具批判意識的國族主義。范農早就告誡我們，「唯一可以給予我們國際向度的是國族意識（national consciousness），而不是國族主義」。❷❸這種「國族意識」並不是單一、同質的，而是一種類似蘭地所言的「後國族道德」（postnational ethics）：「要認清第一世界和第二世界也有被壓迫的邊緣他者，而他們在對抗體制化的壓迫時也是[我們的]文明夥伴。」❷❹從這種批判性的跨國族意識引申出去，本土的觀念也應有著類似的看法，其中較重要的論點可數戴力克的批判性本土主義（critical localism）。戴力克深明本土主義也可能會複製全球資本機器的暴力機制，因此這種批判性本土主義「既要以過去的批判性觀點評價現在，也要同時以由現代性引申出來的觀點評價過去」

---

❷❷　Pheng Cheah, "Spectral Nationality: The Living On [*sur-vie*] of the Postcolonial Nation in Neocolonial Globalization," *Boundary 2* 26 (Fall 1999), pp.239-240, 252. 同時可參 Pheng Cheah, "Given Culture: Rethinking Cosmopolitical Freedom in Transnationalism," *Boundary 2* 24 (Summer 1997), pp.157-197.

❷❸　Fanon, *The Wretched of the Earth*, p.199.

❷❹　Ashis Nandy, "Oppression and Human Liberation: Toward a Post-Gandhian Utopia," in Thomas Pantham & Kenneth Deutsch eds., *Political Thought in Modern India* (New Delhi: Sage, 1986), p.348.

㉕，如此才能避免上述的「原始情欲」。此外，批判性本土主義要
防止本土主義將本土浪漫化的謬誤，凸顯本土同樣可能會存在的排
他和剝削機制。戴力克也不忘提醒我們要小心國族本質（national
essence）會有被商品化的危機，也有可能被用來作為將進入全球資
本主義的行為合法化的工具。㉖故此，「第三世界主義要放棄從前
的國族解放的目標，轉而探討國族主義的新法西斯式物化。」㉗他
認定國族文化的物化和商品化不但會使跨國資本的剝削合理化，也
會使跨國資本的法西斯式全球侵略變得更加容易。這個觀點跟施錫
克（Slavoj Zîzêk）的說法可說有不謀而合之處。施錫克聲稱全球和
本土的辯證給人一種錯覺，使人誤以為全球化的最大威脅是個別的
（particular）本土文化的瀕臨泯滅，實際上真正的問題應在於一種
普遍（universal）的不公義。㉘阿柏杜萊亦曾指稱，非西方的本地
人常被「監禁」於其本土空間，被限定作本地的單一呈現，實際上
那「本地」不外是虛構的。㉙周蕾則借用了巴里巴的「虛構的種族

---

㉕　Arif Dirlik, *After the Revolution: Waking to Global Capitalism* (Hanover and London: Welesyan University Press, 1994), p.108.

㉖　Arif Dirlik, *The Postcolonial Aura: Third World Criticism in the Age of Global Capitalism* (Boulder: Westview Press, 1997), p.156. Dittmer & Kim 也嘗言：「國族本質不應固定於過去，而是要不停受到重新詮釋的。」Dittmer & Kim, "In Search of a Theory of National Identity?" p.18.

㉗　Dirlik, *The Postcolonial Aura*, p.157.

㉘　Slavoj Zîzêk, "A Leftist Plea for 'Eurocentrism'," *Critical Inquiry* 24 (Summer 1998), pp.1007-1009.

㉙　Arjun Appadurai, "Putting Hierarchy in Its Place," *Cultural Anthropology* 3 (1988), p.39.

性」來說明類似的虛構本地種族身分如何局限了本地人的發聲空間，❸而歐陽楨亦闡述了全球化的觀念如何泡製出「全球」和「本土」的「虛假的實體化」（entification）。❸

綜上所述，國族在全球本土的論述生產中出現了奇特的轉型，再非從前的中心／邊緣辯證所能涵蓋。我們或許可以在此借用詹明信（Fredric Jameson）討論全球化時所提出的哲學思考角度來概觀國族在全球化脈絡的嬗變。詹明信論及全球化中的認同和差異（Identity and Difference）之時，提出了認同必會製造差異，差異又必會衍生認同，兩者互為關鎖，名為二而實不可離。詹明信以黑格爾式辯證來析論全球化所帶來的同質化和多元化的問題，論定全球化一方面會使邊緣文化變得同質化（美國化），但同時另一方面又會提供空間讓其質疑本土的既存文化，打開更多論述空間。❸資本的跨國化必然會製造同質化的消費模式，使不同國家的文化景觀變得一致，美國商場與香港商場模式雷同，香港商場跟新加坡商場更是如出一轍。同質化的情況在全球化的局面中雖是司空見慣，但全球／本土卻絕非簡單的二分辯證。據詹明信的看法，荷里活電影便不是單向的同質化力量，它同時也會「被挪用來抗衡內在以至外

---

❸ Rey Chow, *Ethics After Idealism: Theory - Culture - Ethnicity - Reading* (Indianapolis and Bloomington: Indiana University Press, 1998), p.227.

❸ 歐陽楨：〈傳統未來的來臨：全球化的想像〉，王寧、薛曉源編：《全球化與後殖民批評》（北京：中央編譯出版社，1998），頁 70。

❸ Fredric Jameson, "Notes on Globalization as a Philosophical Issue," in Fredric Jameson and Masao Miyoshi eds., *The Cultures of Globalization* (Durham & London: Duke University Press, 1998), pp.54-77.

在的霸權。」❸正如劉康所言，「雖然中國的國族主義論述在現時的全球化情勢下，被國家用來作爲官方的論述，但在整個毛澤東時期，國族主義經常都是革命和抗衡的論述，號召全世界支持國族解放。」❹易言之，內在於國族主義論述仍然有抗衡論述的發展空間。全球化和後殖民論述有關國族的討論給我們的最寶貴教訓，也許正在於叫我們明白到最重要的問題不是選擇全球化還是本土化的一種「知解衛生」（epistemic hygiene）❺，而是如何爲詹明信所言對內在與外在霸權的抗衡打通脈搏，使之不再淪爲二分的表面批評：以外在霸權欺瞞內在的問題，又或以內在霸權掩飾外在的暴力。本文嘗試將國族在全球化的問題置於這個內在／外在霸權認同與差異的辯證的境域來看，或能爲近年有關中國論述在全球化處境中所面對的問題帶出一點洞見。

# 中國國族論述：本土化與全球化

從上述有關全球化和國族的理論來看，中國國族主義可能會播散一種「虛構的種族性」。這種「虛構的種族性」一方面會被視爲宣揚狹隘的國族主義，既不外是空洞的濫情口號，也符合了美國在

---

❸　Jameson, "Notes on Globalization as a Philosophical Issue," p.75.

❹　Liu Kang, "Is There an Alternative to (Capitalist) Globalization? The Debate about Modernity in China," in Jameson and Miyoshi eds., *The Cultures of Globalization*, p.169.

❺　此語借自 Henry Louis Gates Jr., "Critical Fanonism," *Critical Inquiry* 17 (Spring 1991), p.470.

新世界秩序中為中國塑造的形象，另一方面又會再製一種內在的排
他機制；比方，周蕾便認為《中國可以說不》般的作品是以「虛構
的種族性」為基礎的文化實質主義式的中國中心主義。❸現在回到
第一節所提出的「為什麼在這個時候出現《中國可以說不》般的作
品」的問題，也許可以有另一個視域。這種情況其實十分類似戴力
克在回應「後殖民何時肇始」的問題時，所提出的「輕浮」答案：
「當第三世界知識分子進入第一世界學院之後。」❸如今第三世界
知識分子早已在第一世界學院紮穩根基，而隨著許多第三世界知識
分子回到自己的本土學院，學術機制亦漸漸變得全球化。我們大可
將為什麼在這個時候出現《中國可以說不》般的作品的問題看作是
第三世界知識分子進入第一世界學院之後的延伸階段。正如戴力克
所言，全球資本主義的發展有賴將邊緣變得「多孔」，從而疏導當
地的抗衡，❸而後殖民論述是達到如此效果的其中一種有效工具。
近年後現代和後殖民理論（泛稱「後學」）在中國大陸風行一時，一
種由反殖民論述引動的仇外情緒亦因而逐漸醞釀。施碧娃近著《後
殖民理性的批判》（*A Critique of Postcolonial Reason*）有此洞見：
在全球化的年代，由於國家愈來愈受財經力量主宰，國家－民族
（nation-state）之間的連接亦漸漸鬆開，原教旨主義式的民族主義

---

❸ Rey Chow, "Introduction: On Chineseness as a Theoretical Problem," *Boundary 2* 25 (Fall 1998), p.6.

❸ Dirlik, *The Postcolonial Aura*, pp.52-53.

❸ Dirlik, *The Postcolonial Aura*, pp.74-75.

（fundamentalist nationalism）便會在其中興起。❸上述那類狹隘的
國族主義所隱含的問題幾乎是人所共知的，但對在中國進入全球資
本主義的市場機制所引起的貧富懸殊等社會問題卻有麻醉作用，可
以讓本土人民宣洩不滿。（也許如此，「中國的官方立場是一種凡是西方
加諸中國身上的事物都要抗拒的條件反射。」❹）最大的問題是這種國族
主義心理會授權予一種欠缺自我批判意識的實質性本土主義，一方
面如戴力克所言的淡化了抗衡的力量，另一方面又使中國受困於既
有的封閉落後的形象。換言之，范農所言的國族意識所應喚起對剝
削的反抗的共有經驗被表面化，同時這種情緒發洩又容易使人忘記
如社會不公義等的內在問題。這種表面的抗衡外在霸權而又毋視內
在問題的論述，對全球資本主義和本土國家機器而言都是無害的實
踐。

　　除了《中國可以說不》般的作品以外，其實近年中國大陸也有
大規模的出版後殖民和全球化理論的譯述和專著。這些後學和全球
化論述曾被批評為與官方合謀的代言人，以抗拒西方人權、民主、
法治等價值觀念為目的。從這個角度看的話，這些理論與《中國可
以說不》般的作品並無二致。可是，我們卻無法否認，這些後學和
全球化論述近年在中國大陸所發展出的論述與空洞的狹隘國族主義
式吶喊不盡相同，並非後學在中國大陸變身為新保守主義的說法可

---

❸　Gayatri Spivak, *A Critique of Postcolonial Reason: Toward a History of the Vanishing Present* (Cambridge: Harvard University Press, 1999), pp.364, 373.

❹　Rey Chow, "King Kong in Hong Kong: Watching the 'Handover' from the U.S.A.," *Social Text* 55 (Summer 1998), p.102.

以概括的。❹以下將嘗試按上一節所清理的理論觀點,按後殖民論述中的國族主義的脈絡膚以討論。

這裡的討論將先從繼《中國可以說不》後的另一暢銷書《妖魔化中國的背後》開始。這本書的作者有旅美學者、留學美國的研究生、傳媒工作者、法學博士等,在書寫中國的反美情緒時比較冷靜。正如作者之一劉康所言:

> 我們現在不應從一個極端走到另一個極端,從十年前對美國的一片熱烈浪漫變成今天的一片忿忿噓聲。我們也不必受美國主流媒體和某些政客反華逆流的影響,因爲你不仁,我就不義,把問題攪得過於情緒化。我們需要的恰好是冷靜和清醒的頭腦和眼光……❷

這本書的作者的基本立場是美國媒體因政治及其他因素而「妖魔化」(demonizing)中國,而這個陰謀又已經喚醒了中國知識分子的抗衡意識。書中劉康所寫的一章提供了一個有趣的例子供我們參考。劉康在文中回應他在《近代中國》(*Modern China*)所發表的

---

❹ 有關「後學」和中國新保守主義的說法,詳參趙毅衡:〈「後學」與中國新保守主義〉,汪暉、余國良編:《90 年代的「後學」論爭》(香港:中文大學出版社,1998),頁 137-156;相關評論可參朱耀偉:〈全球化年代的知識生產〉,《中外文化與文論》(1997 年 12 月),頁 66-81。

❷ 劉康:〈中國人覺醒了(代序)〉,李希光、劉康等著:《妖魔化中國的背後》(北京:中國社會科學出版社,1996),頁 5。

文章所受到的批評，他在《近代中國》的文章指摘美國學界有關中國現代文學的研究「受冷戰和反共意識形態影響太深，而且至今仍缺乏自省和自我批評精神。」❹這個說法引來了中國通林培瑞（Perry Link）的猛烈批評，林培瑞指斥中國批評家無論在批評（如夏志清）或讚美（如劉康）中國大陸時都離不開狹隘的國族意識。劉康對林培瑞尖酸而浮薄的批評大惑不解，難以明白美國的中國通「學者」的論據為何會如此膚淺。顯然，這顯示出如林培瑞的既得利益者無法面對後現代以降的批判意識的衝擊，唯有拼命將所有中國學者的論述納回「中國」的「正」軌，而這正好迎合美國學術市場的需要。❹此外，這也同時顯示出漢學家將中國他者化為狹隘的國族意識的必然代表，從而保有其尊貴的地位的偽善。我無意在此對《妖魔化中國的背後》作詳細的討論，反而希望針對劉康提出的這個問題作另一角度的思考。照常理看，《近代中國》刊載劉康的文章應該是這篇文章有其學術價值，但同時以三篇評論「夾擊」這篇文章，又不讓劉康回應（劉康在《妖魔化中國的背後》中的文章對此有詳細交代），背後的意識形態卻是昭然若揭了。不讓劉康回應可以

---

❹　劉康：〈美國的御用「中國通」〉，《妖魔化中國的背後》，頁 169。劉康的論文題為 "Politics, Critical Paradigms: Reflections on Modern Chinese Literature Studies"，而林培瑞的評論題為 "Ideology and Theory in the Study of Modern Chinese Literature: An Introduction"，同刊於 *Modern China* 19:1 (1993)。

❹　周蕾在闡析「中國性」時便嘗言，中國人的不同的散居書寫，無論怎樣前衛、富實驗性或顛覆性也好，都會被一律撥歸西方市場眼中的「中國」一類。參見 Rey Chow, "Introduction: On Chineseness as a Theoretical Problem," *Boundary 2* 25 (Fall 1998), p.22.

說成是慣常做法，並不希望將期刊變成公共批評空間，但要是如此，將不同評論與劉康的文章並列的做法便不能說是爲了引發批評空間，反而是帶有凝視（gaze）的味道了。整個安排給人的感覺是劉康的文章是被用來示範林培瑞所批評的中國大陸的狹隘國族意識，重新肯定美國凝視之下的中國形象。若按劉康後來所提到的亨廷頓（Samuel Huntington）、夏偉（Orville Schell）和林培瑞紛紛向中國民族主義發炮的情勢來看，劉康的文章是被刻意誤解爲中國民族主義的範例的犧牲品。學者專家從不同方面論證這種膚淺的國族主義其實是站不住腳的，在論述生產中心所支持的學術機制中，學者專家根本沒有可能失敗。當然，這些機制與中國大陸不同之處在於能夠容許不同的聲音，不過會將之劃界定位，再將其形塑爲野蠻不馴的頑固主義者。且讓我再一次援引羅蘭巴特（Roland Barthes）的話：「法西斯主義不是指人們被禁制說話，而是被逼一定要說某些話。」❹⑤

要是《中國可以說不》一類作品是狹隘的國族主義，我們且不要忘記批評這些狹隘的國族主義的論述本身其實同樣可能是另一種狹隘的國族主義。近年的全球化論述更使這個問題深層化了，使被壓迫者無法辨認是敵人還是自己的影子。面對如此困局，全球化理論除了與新殖民剝削的共謀關係外，又能否爲我們帶來什麼啓示呢？除了《中國可以說不》和《妖魔化中國的背後》般的反凝視的逆論述外，也有一些嘗試進入全球化論述的作品可供我們參考。這

---

❹⑤　Roland Barthes, *Lecon* (Paris: Seuil, 1977), p.14.轉引自 Rey Chow, *Ethics After Idealism*, p.14.

裡將以《全球化與後殖民批評》一書爲例，嘗試勾勒出中國論述的
困局。1998 年中國大陸召開了連串有關全球化的會議，廣泛涉及
經濟、政治、社會及文化各方面，就人文研究方面而言，便有「全
球化與人文科學的未來」的研討會。《全球化與後殖民批評》收集
了研討會的部分文章，而編輯之一王寧的「編者的話」呈顯出他對
全球化的看法：

> 當前有兩種危險的傾向值得警惕：以文化全球化來取代本土
> 化只能導致中國文化特徵的喪失；反之，過分強調文化的本
> 土化，一味排斥外來文化的影響，也容易滋長另一種形式的
> 文化民族主義情緒，其結果必然使我們的對外文化學術交流
> 停滯，甚至倒退，進而給我們的和平穩定的外部環境蒙上一
> 層陰影。面對文化全球化的大潮的衝擊，我們的對策應首先
> 是順應它，同時在不損害本民族文化的前提下利用它來擴大
> 中國文化在全世界的影響，通過與國際社會的交流和對話使
> 得中國的文化研究眞正與國際（而不是西方）接軌。我們應採
> 取的策略是既超越狹隘的民族主義的局限，同時不受制於全
> 球化的作用，因此正確的態度是順應國際潮流，與之溝通對
> 話而非對立。**㊻**

我花如此篇幅引錄這番說話的原因，是這裡包含了文化邊陲在面對
全球本土辯證時的典型態度。這又叫人聯想起五四時期的西化與否

---

㊻ 王寧：〈編者的話〉，《全球化與後殖民批評》，頁 3。

的爭論，若以中國和西方取代本土和全球，上面的引文放在五四時代的論辯中大概也不容易辨別出來（因此王寧也要申明是國際而不是西方）。以上的說法因此可以說是顯示出從文化殖民到後殖民到全球化的轉型中，一直縈繞文化邊陲的兩難：不是本土文化的喪失便是狹隘的國族主義。當然，王寧的說法十分合理，但問題在於是否可能「在不損害本民族文化的前提下利用它來擴大中國文化在全世界的影響」，又如何才可「既超越狹隘的民族主義的局限，同時不受制於全球化的作用」。王寧的答案是「溝通對話而非對立」（在他題為〈全球化語境下的後現代和後殖民研究〉的文章他又重覆了同一番話）。從另一層面看，重要性並不在這番堂皇的說話，反而這類研討會的舉辦、這種專著的出版才真的是「溝通對話而非對立」的實踐，唯靠這種實踐才可製造「使得中國的文化研究真正與國際接軌」的論述。我們且進入不同批評家在這方面的論述，循本質主義和論述位置的問題再賡以討論。

除了這些從大方向討論全球化的文章，中國批評家在全球化的問題上的論述，又以王逢振和陶東風的文章最切合本文的主題。首先，王逢振卓有見地的提出民族主義在全球化的跨國資本壟斷年代的位置：

> 從反對世界資本主義制度的觀點出發，民族主義被一些西方學者稱之為「反體制的運動」（antisystemic movement）。雖然它已經走過了反資本的關鍵階段，但仍然在國際舞臺上存在。正如反體制的運動這一提法本身所表明的，民族主義不僅在政治實踐中仍然存在，而且在理論中也存在……當前

　　文化研究中非常有趣的一個現象是，它一方面為民族主義辯
護，同時又對新形式的多國地緣政治組織提出一種批評的理
解，一方面認為民族主義是妨礙全球化社會經濟形成的意識
形態，同時又承認民族主義在反對西方文化政治和經濟的殖
民化鬥爭中具有戰略意義。㊼

因此，他建議我們應採用詹明信《地緣政治美學》(*The Geopolitical
Aesthetics*)所提出的「認知地圖」（cognitive mapping）的方法，處
理第一世界和第三世界的不同論述位勢，回到一種「不是採取排斥
和否定的邏輯，而是戰略性地吸收當前西方科技和文化，使之成為
本土的東西」的「文化民族主義」。㊽這種文化民族主義，按詹明
信的話來說，是「一種衝動而不是計畫，一種反抗的美學而不是它
的具體政治。」㊾陶東風〈全球化後殖民批評與文化認同〉一文看
來則是要駁斥這類帶點本質主義味道的構想。他認為「反本質主義
的後現代主義和後殖民主義在中國最後演變為一種更加陳腐的本質
主義（華夏中心主義）」，因此他反對本質主義的「中華性」，堅決
主張排除民族主義情緒。㊿前一個說法與海外華人批評家趙毅衡

㊼　王逢振：〈全球化文化認同和民族主義〉，《全球化與後殖民批評》，頁
　　98。

㊽　王逢振：〈全球化文化認同和民族主義〉，頁 103-104。

㊾　Fredric Jameson, *The Geopolitical Aesthetics* (Indianapolis and Bloomington:
　　Indiana University Press, 1992), p.208.

㊿　陶東風：〈全球化後殖民批評與文化認同〉，《全球化與後殖民批評》，
　　頁 193-197。

〈「後學」與中國新保守主義〉所持的論點一致，後面的觀點則與
陳奕麟（Allen Chun）、周蕾等人反對中國性的觀點遙相呼應。❺
陶東風按後現代身分認同觀反對本質主義及因其而來的中國性，主
張一種流動性的文化身分的說法十分有理，但從另一角度看，他所
持的立場又未免過分樂觀。他認為中國人在到麥當奴用餐時，並不
把它單純看作快餐，而是「拖家帶口或三五成群地在那兒邊吃邊
聊」，因此「這種帶有獨特的中國文化特徵的用餐方式，必然使得
麥當奴這種起源於西方的快餐中國化」，最後得出一種跨文化的
「混雜」（hybridity）。❺這種後國族式的混雜未免帶有烏托邦的
味道，亦忽視了跨國資本壟斷年代所帶來的文化轉型。張頤武〈全
球化亞洲危機中的反思〉一文便認為全球化的觀念必須被「疑問
化」（problematized），才能培養出一種「問題意識」。他這種懷
疑的態度可算是後現代以降的論述的一貫論述策略（比方，後殖民論
述便一再把「種族」的觀念疑問化）。❺既然陶東風所言有理，但又過
分樂觀，那麼我們又應如何為自己的論述定位？

　　要是我們把王逢振和陶東風的說法置於上述的全球化的國族論
述的脈絡來看，我們會發現也許我們所需要的是一種如施碧娃一再

---

❺　有關陳奕麟和周蕾的觀點可參 Allen Chun, "Fuck Chineseness: On the
　　Ambiguities of Ethnicity as Culture as Identity," *Boundary 2* 23 (Summer
　　1996), pp.111-138; Rey Chow, "Introduction: On Chineseness as a Theoretical
　　Problem," pp.1-24.

❺　陶東風：〈全球化後殖民批評與文化認同〉，頁 195。

❺　張頤武：〈全球化亞洲危機中的反思〉，《全球化與後殖民批評》，頁
　　88。

提出的策略性的本質主義（strategic essentialism）。❺正如上述，阿馬德等批評家已曾叫人信服的論證「國族」在全球化年代其實並未也不會完全消失，國族主義也因而有其策略上的需要。從另一方面看，正如程鋼和曹莉在討論中國近年的後國學時所言，「文化民族主義不斷受到文化世界主義的約束和制衡」❺。第三世界批評家（包括身在美國的中國批評家）便常被逼對國族主義表態，上引劉康的例子更是將其刻意再現為狹隘的國族主義的範例的明證。當第一世界可以名正言順的在反本質主義的後現代脈絡中將他者再現為必然的本質主義者，也許空談反本質主義來得有些不切實際。雖然策略性的本質主義不是萬靈藥，但也許更適合抗衡論述的發展。

## 國際學術分工：全球化的零和遊戲？

策略性本質主義的策略自然要看論述脈絡的情況而定。在全球化論述的急速發展下，從前中心／邊緣的批評模式已經不敷應用，更重要的全球／西化／歐美和本土／國族／中國的定位。因此，程鋼和曹莉所提到的知識生產譜系正是問題的關鍵所在。正如兩位所引余英時的說法，在全球化的知識生產年代漢學與國學之間的界線

❺ Gayatri Spivak, *Outside in the Teaching Machine* (New York and London: Routledge, 1993), p.5; *The Post-colonial Critic: Interview, Strategies, Dialogues*, Sarah Harasym ed. (London: Routledge, 1990), p.11.

❺ 程鋼和曹莉：〈文化民族主義與文化世界主義〉，《全球化與後殖民批評》，頁308。

日漸模糊。❺他們所言的「互爲主體的論辯性策略」其實也可以說是全球化論述生產的新局面：今日漢學家的作品比國學家更國學，反之亦然。此外，近年西方學刊不停推出有關中國的專輯，而中國又不停出版全球化理論的作品，可見知識生產譜系已日益全球化。當然，這裡所指的全球化並不否定中心／邊緣的辯證依舊存在，世界性的論述生產始終是以英文爲主。借用杜林（Simon During）的說法：「全球化所代表的不是種族和殖民主義者鬥爭的終止，而是一種力量。通過它，這些鬥爭持續地重新組合和配置；通過它，殖民者與被殖民者中心與半本土的關係的變遷能不斷被證明。」❺既然中心與邊緣的辯證其實從未消減，在論述生產的層面上，全球化又帶來了什麼「重新組合和配置」呢？以下將以《全球化與後殖民批評》的重點文章戴力克的〈全球性的形成與激進政見〉作爲討論的核心，並引申出有關全球化年代的國族論述的結論。

　　戴力克一直致力研究中國，近年更編輯了一些有關中國的期刊專著，他對中國的興趣自是毋容置疑，筆者對其《後殖民氛圍》一書所持的觀點亦相當認同。《後殖民氛圍：全球資本主義年代的第三世界批評》一書早已批評西方學院的後殖民主義的興起乃與全球資本主義的發展有著共謀的關係，又對個別海外華人的「文化中國」式論述頗有微言，其論點無疑綜覽了後殖民和全球化論述的場

❺　程鋼和曹莉：〈文化民族主義與文化世界主義〉，頁 315；他們所引余英時的文章乃〈東西方漢學和《東西方漢學思想史》〉，載《世界漢學》第一期（1998）。

❺　杜林（Simon During）著、陳太勝譯：〈後殖民主義和全球化〉，《全球化與後殖民批評》，頁 160。

域，並帶來了一定的衝擊，但在美國學術圈子卻始終未算主流。這篇〈全球性的形成與激進政見〉作爲《全球化與後殖民批評》的引導性文章又帶出了另一番意涵。戴力克在文中開宗明義的聲明全球化「創造了新的經濟和政治剝削和邊緣化模式」，「這一制度在新的環境中以新的形式產生出構成其世界結構的不平等現象。」[53]這個說法與他自己《後殖民氛圍》一書以至如三好將夫的批評家的看法可說是一脈相承的。與三好將夫稍有不同的是，戴力克認爲國族的因素在全球化的無國界世界中仍默默作祟：

> 跨國公司並不像其表面上所顯示的那樣無家可歸，因爲它們的權力在某些措施上依賴國家行爲，最強而有力的公司恰恰是那些與世界體系的核心國家相認同的公司。這一點決非偶然。[59]

再者，「在資本主義的世界體系之內，不可能實現所有的社會都發達，因爲中心邊緣關係對於資本主義結構來說是至關重要的。」[60]簡言之，全球化只是一個零和遊戲（zero-sum game），經濟上如此，文化、論述上也如此。戴力克借用了卡爾斯泰斯（Manuel Castells）的經濟學說，辨識全球經濟的國際勞動分工的四個不同位置：基於信息勞動的高價值生產者、基於低成本勞動的大批量生

---

[53] 戴力克（書中譯名爲德里克）著，王寧譯：〈全球性的形成與激進政見〉，《全球化與後殖民批評》，頁 3-4。

[59] 戴力克：〈全球性的形成與激進政見〉，頁 18。

[60] 戴力克：〈全球性的形成與激進政見〉，頁 13。

產者、基於自然贈予的原材料生產者和還原爲貶值勞動的剩餘生產者。㉛這種經濟上的國際勞動分工其實可以引申到論述生產的場域之上。拉眞（Rajeswari Sunder Rajan）也曾提醒後殖民知識分子，今日重要的課題是國際學術分工，而影響學術分工的因素，不單有全球資本和中心／邊緣等次，也有專業獎項和機制壓力等因素，故在第一世界和在第三世界學院的知識分子的論述身分（discursive identity）亦有所不同。㉜一直以來，中心都是基於信息勞動的高價值生產者和基於低成本勞動的大批量生產者，而邊緣則只有擔當基於自然贈予的原材料生產者和還原爲貶值勞動的剩餘生產者的份兒。在全球化的年代，正如卡爾斯泰斯所言：

> 最新的國際勞動分工往往不會在國家之間發生，而是發生在沿著全球網絡和流動結構在我所指明的處於那四個位置的經濟代理人之間……所有國家都被這四個位置所滲透……㉝

這些位置的相互滲透可以解釋國族主義在全球化論述的不同生產位

---

㉛ 戴力克：〈全球性的形成與激進政見〉，頁 20。卡爾斯泰斯的理論出自 Manuel Castells, *Information Age Vol.1: The Rise of the Network Society* (Cambridge: Blackwell Publishers, 1996), p.146.

㉜ Rajeswari Sunder Rajan, "The Third World Academic in Other Places; or, the Postcolonial Intellectual Revisited," *Critical Inquiry* 23 (Spring 1997), pp.596, 605.

㉝ Manuel Castells, *Information Age Vol.1: The Rise of the Network Society* (Cambridge: Blackwell Publishers, 1996), p.146.轉引自戴力克：〈全球性的形成與激進政見〉，頁 20-21。

置，也說明了中國批評家的論述生產也要在如此格局中發展。學術機器的邊緣自然要以接近高價值生產者來提昇自己的論述生產的價值，但同時又存在著基於自然贈予的原材料生產者售賣一己的他性的市場。這些不同位置交織出全球化年代的論述「馬戲」（借用蘭地的術語）。最重要的問題因此應在於如何認清參與者（player）和參與破壞者（counterplayer）同樣是在玩同一個遊戲，而角色則有所不同。因此，批判的重點該在於這場零和遊戲的規則及其合法化條件，洞察自己在場中的位置，並不停對它作出質問，才可以體現上文所言的從內到外的抗衡。這也是全球化論述和（後）國族身分認同意識所應具有的批判維度。

# 全球化年代的後殖民論述

## 緒 言

後殖民論述在八十年代的西方學院發展成一門顯學，專書、論文、研討會、學院課程有如雨後春筍。「後殖民」歷史早於二十世紀中葉已經開始（從前的殖民地先後獨立），而常被後殖民批評家引用的范農（Frantz Fanon）在六十年代已有相關著作，但後殖民論述的真正興起還有待七十年代後期《東方主義》（*Orientalism*）推出之後。八十年代，後殖民論述在西方學院匯聚了不同學科，流布廣遠，影響的範疇愈來愈大。相對之下，雖然香港當時正經歷前途問題的困擾，但學院有關後殖民論述的討論卻是十分匱乏。直至八十年代後期，後殖民論述才在比較文學和社會學等學科惹起關注。隨著九十年代初文化研究在學院迅速興起，後殖民論述亦變成中心議題之一。後殖民論述對本土、他者、身分認同等問題的反思正好配合香港人的九七恐懼，有關這方面的討論在香港的後過渡期可說是愈夜愈美麗。九七轉眼過去，有關九七的身分激辯在九七的反高潮中落幕，在五十年不變的堂皇大話中，九七居然沒有帶來翻天巨變，後殖民論述亦看似再難領風騷。同時，全球資本主義急劇擴張，全球化理論的浪潮在九十年代開始席捲西方學院，在香港，全球化亦在九十年代中後期變成文化研究的主要議題。表面看來，後

殖民論述的光輝歲月已隨九七過去，但其影響對文化身分的討論十分深遠，其所帶出的不少課題在新千禧的文化研究其實仍然縈繞不休。比方，殖民者／被殖民者、東方／西方、中心／邊緣等理論架構在國界逐漸模糊、跨國流動日漸頻繁的全球化年代新世界秩序中常被看作不再適用，但在代之而起如全球／本土的理論架構中，以上的二元框架往往有如陰魂不散，暗地裡影響著表面看來跨越邊界的全球化論述。理論家從前常問：「後殖民何時開始？」本文把重心稍為扭轉，將議程導向後殖民是否已經淡出的問題。

正如文化研究鼻祖賀爾（Stuart Hall）在九十年代初所言，在全球化的新格局中，「我們不外剛剛開始以全新形式理解跟過去一式一樣的衝突和鬥爭」。❶也許正因為此，九十年代後期，後殖民論述雖已進入後光輝歲月，但仍然不斷有重要的後殖民學刊在西方學院創立（如《介入》Interventions: International Journal of Postcolonial Studies、《後殖民研究》Postcolonial Studies、網上期刊 Jouvert: A Journal of Postcolonial Studies 等）。其實後殖民論述對不少問題的反思，跟全球化年代的中心議題可有眉目互通之處，正如《介入》的創刊編輯楊格（Robert Young）在申述他創辦此期刊的目的時所述，我們身處一個既可彰顯也可壓抑自由公義的全球化網絡中，「《介入》將不單是有關後殖民文化，更主要是由參與

---

❶ Stuart Hall, "The Local and the Global: Globalization and Ethnicity," Anthony King ed. *Culture, Globalization and the World-System* (Minneaplois: University of Minnesota Press, 1991), p.39.

其中者以多種不同的形式書寫而成的」。❷本文的目的正是希望在全球化的格局中重新理解跟過去同樣的衝突和鬥爭，以不同的角度參與後殖民論述的書寫。當然，我們也得記住，當某種論述過分擴張時，就可能引起誤解和混亂，戴力克（Arif Dirlik）便曾提醒我們，「後殖民批評愈來愈普及之時，它會牽涉入與它不太相關的學術實踐中，而在過去三十年間它又不斷在不同方面吸納學術研究方法，情況難免變得更加混亂」。❸本文因此無意亦無法釐清後殖民論述在過去二、三十年間的複雜轉變，反而嘗試將矛頭指向後殖民和全球化論述的關係，再逐一瞄準國族（nation）、混雜（hybridity）和世界公民主義（cosmopolitanism）的觀念，並進而考量兩者互為關鎖的互動情況。

## 當後殖民遇上全球化⋯⋯

單從批評論述的發展歷史脈絡來看，八十年代中後期可算是後殖民論述的黃金時期，到九十年代，其位置漸由冒起甚速的全球化論述所取代。然而，若說後殖民和全球化論述只是先後或因果關係，就似乎是將問題過分簡化了。要了解後殖民論述，就有必要考量其在全球化年代的轉化，更重要的是深入兩者之間的微妙關係。且先從全球化說起。全球化從七、八十年代以經濟為主，到九十年

---

❷　Robert Young, "Academic Activism and Knowledge Formation in Postcolonial Critique," *Postcolonial Studies* 2:1(1999), p.31.

❸　Arif Dirlik, "How the Grinch Hijacked Radicalism: Further Thoughts on the Postcolonial," *Postcolonial Studies* 2 (1999), p.159.

代開始變成幾乎所有系科都關心的中心議題，影響全面之餘亦難以
輕易界定。按詹明信（Fredric Jameson）的說法，我們可以從四個
位置理解全球化：(1)全球化根本不存在，民族國家、國際狀況依然
舉足輕重；(2)全球化並非新事，從前舊時代的貿易關係已相當全球
化；(3)全球化與世界市場有關，現在的全球網絡與從前只是程度
上，而非種類上有所不同；及(4)全球化是資本主義的新／第三／多
國階段的內在特徵。❹籠統來說，人們對全球化可簡略概括爲歡迎
和貶斥兩大類，正方的意見主要爲本土問題可聯繫到全球關注，反
方則擔心那會使本土文化原創性消亡。❺姑勿論是正是反，重要的
是文化之間的流動和翻譯（translation）變得無可避免。❻在如此脈絡
之中，後殖民論述經常提到的夾縫性、混雜性等觀念便更形重要，
而詹明信提到的四個位置其實都與後殖民論述息息相關。借用巴莉
（Benita Parry）的說法，「跨國文化交通的全球化流動已經製造出一
種崛興中的後殖民世界公民主義（postcolonial cosmopolitanism）」。
❼從此可見，在全球化論述中，後殖民的一些重要觀念與後殖民論
述本身不但未有消減，反而以不同形式按不同情況發展爲更重要的
議題。

---

❹ Fredric Jameson and Masao Miyoshi eds, *The Cultures of Globalization* (Durham and London: Duke University Press, 1998), p.54.

❺ Rob Wilson and Wimal Dissanayake eds, *Global/Local: Cultural Production and the Transnational Imaginary* (Durham and London: Duke University Press, 1996), p.3.

❻ Wilson and Dissanayake, p.2.

❼ Benita Parry, "The Contradictions of Cultural Studies," *Transition* 53 (1991), p.41.

　　爲何後殖民論述的理論觀念會在全球化論述中繼續演化？到底
後殖民和全球化的關係如何？杜林（Simon During）曾以時間和空
間的概念解析兩者的分別，將後殖民界定爲「去歷史化」（de-
historicisation）的時間性理論，而全球化則爲「去畛域化」（de-
territorialisation）的空間性理論。❽此說縱有可取之處，但簡單的
二元描述始終無法涵蓋箇中的複雜情況。有關後殖民和全球化的關
係，最惹人爭議的可數戴力克的說法。戴力克在其廣爲人談論的
〈後殖民氛圍：全球資本主義年代的第三世界批評〉（"The
Postcolonial Aura: Third World Criticism in the Age of Global
Capitalism"）一文中提出，後殖民論述的出現無非是配合全球資本
主義的發展，即是說後殖民論述在西方學院火速崛起、第三世界知
識分子在西方學院發聲，其實不外令邊緣變得「多孔」，從而更容
易吸納非西方精英和疏減邊緣對中心的抗拒，有利全球資本主義的
發展。❾三好將夫（Masao Miyoshi）也直言，在全球化年代最具代
表性的機構——跨國企業——將從前的剝削模式深化，具體延伸了
殖民主義。❿戴力克在後來的一篇文章又提到兩者的分別，聲稱兩
者的差異在方法論和歷史性之上：「從方法論來說，後殖民主
義……重視身分認同構成的本土情況，從很多方面來說這是由一種

---

❽　Simon During, "Postcolonialism and Globalisation: A Dialectical Relation
　　After All?" *Postcolonial Studies* 1 (1998), p.34.

❾　Arif Dirlik, *The Postcolonial Aura: Third World Criticism in the Age of Global
　　Capitalism* (Boulder: Westview Press, 1997), pp.74-75.

❿　Masao Miyoshi, "A Borderless World? From Colonialism to Transnationalism
　　and the Decline of the Nation-State," *Critical Inquiry* 19 (1993), pp.749-750.

基進的個人主義的方法論驅動的，其歷史上的闡釋則是境況性的。另一方面，全球化叫人關注由在最高層次的抽象概念中運作的不同力量所形構的世界……」。❶再者，兩者呈現一種辯證關係：後殖民「拒絕接受除了本土以外的一切形構」，全球化則「企圖揭示全球結構」。❷總而言之，戴力克認為後殖民與全球資本主義的關係在後殖民知識分子的理論中缺席的情況是相當特別的。❸戴力克無疑提出了很有趣的看法，但若說所有後殖民知識分子都未有考量全球資本主義與後殖民的關係，就未免有點武斷。賀爾便曾回應戴力克說，「部分」後殖民知識分子未就全球資本主義與後殖民論述的關係置喙的說法會更合理。❹薩依德（Edward Said）、巴巴（Homi Bhabha）、施碧娃（Gayatri Spivak）等後殖民知識分子早期的理論或未直接訴諸全球資本，但其實在不同層面也曾碰觸到類似的問題。比方，施碧娃在其作品中，也有一再以全球資本為例分疏她的「後殖民理性」。❺賀爾亦嘗言，「後殖民重讀殖民，視之

---

❶　Arif Dirlik, "Is There History After Eurocentrism? Globalism, Postcolonialism, and the Disavowal of History," *Cultural Critique* 42 (1998), p.4.

❷　Dirlik, "Is There History After Eurocentrism?" p.6.

❸　Dirlik, *The Postcolonial Aura*, p.73.

❹　Stuart Hall, "When Was the 'The Post-Colonial'? Thinking at the Limit," Iain Chambers and Linda Curtis eds., *The Post-colonial Question: Common Skies, Divided Horizons* (London and New York: Routledge, 1996), p.257.

❺　Gayatri Spivak, *Critique of Postcolonial Reason: Toward a History of the Vanishing Present* (Cambridge: Harvard University Press, 1999), pp.255, 309-310, 363-364.

爲跨國／跨文化的全球過程的組成部分」。⑯也許戴力克的目的是
刻意強調後殖民與全球資本主義之間的共謀的重要性，多於批判後
殖民知識分子身陷全球資本主義和因之而起的全球化學術機制而又
不自覺。雖然上文已曾提出，後殖民與全球資本主義的二分看法過
分簡單，戴力克對兩者的表述仍可有助我們釐清問題。

　　杜林區分兩種不同的後殖民主義的做法可以用來補充戴力克的
論點。他以「批判式後殖民主義」（critical postcolonialism）來論
述全球化的過程中，基進主義者和知識分子如何重新發現、建構差
異和其他被邊緣化的不同歷史，藉以抗衡西方的方式。⑰「批判式
後殖民主義」跟一般與殖民主義和全球資本有共謀關係的「順從式
後殖民主義」（reconciliatory postcolonialism）絕不相同。⑱戴力克
所針對的可能是後者，但後者的存在卻不一定等於前者的缺席。換
個角度來看，後殖民論述（也許很多不同論述也一樣）本身就是一把雙
刃刀，可以是批判全球霸權的武器，也可以是鞏固霸權的工具。當
然，這並不是一個簡單的抑／或問題，可以有神奇的魔術棒輕易的
去蕪存菁，封住利刀的其中一刃。要避免──或只能儘量避免──
原想用來對付敵人的武器反噬自己，就有必要進一步探析兩者的關
係，或能從內鬆動出一些論述空間。借摩基拔（Bart Moore-
Gilbert）的話來說，「全球化並不表徵著後殖民的終結，反而是其

⑯　Hall, "When Was the 'The Post-Colonial'? Thinking at the Limit," p.241.

⑰　Simon During, "Postcolonialism and Globalisation: A Dialectical Relation
　　After All?" *Postcolonial Studies* 1 (1998), p.37.

⑱　During, "Postcolonialism and Globalisation," pp.31-36.

不同可能性的新開始」。**⑲**在全球化年代，西方權力深切認識到訴諸文化論述的手段跟政經手段一樣重要，全球化因而更重申了後殖民論述的重要性。**⑳**以此爲鑒，以下將從國族和混雜兩個重要方向重新解讀後殖民論述在全球化年代的位置。

# 國族的陰影

　　表面看來，全球化與後殖民論述的其中一大分別在於「國族」的不同定位。在後殖民的抗衡論述中，國族顯然佔很重要的位置，而在全球化論述中，國界則往往被視爲日漸模糊。三好將夫的著名文章〈沒有邊界的世界？從殖民主義到跨國主義與民族國家的衰落〉（"A Borderless World? From Colonialism to Transnationalism and the Decline of the Nation-State"）便很具代表性。三好在文中闡述民族國家如何被跨國企業所取代，殖民主義（更確切來說是文化帝國主義）則比從前更加猖獗，而在談到如何在全球化經濟中作出抗衡時，他更強調跨國企業已造成了跨國界的壟斷與剝削，就連大學機制也被跨國企業的運作邏輯支配。**㉑**詹明信也曾提出類似看法：「西化主義者與傳統主義者的舊有基本對立在新的後現代資本主義

**⑲**　Bart Moore-Gilbert, "Postcolonialism: Between Nationalitarianism and Globalisation? A Response to Simon During," *Postcolonial Studies* 1 (1998), p.62.

**⑳**　Moore-Gilbert, "Postcolonialism," p.64.

**㉑**　Masao Miyoshi, "Sites of Resistance in the Global Economy," *Boundary 2* 22 (1995), pp.77-83.

中已經完全消失」。❷「西化」與「傳統」顯然是在固有的國族觀念下才有意義的，當國族的觀念逐漸消減，兩者的區別亦難再成立。借羅拔信（Roland Robertson）的話來說，「世界漸漸變成一個地方」，❸那麼從前的國族疆界便顯得過時。然而，在同意世界逐漸變得一體化的同時，亦有不少批評家堅持國族在全球化的年代仍是舉足輕重。費特斯東和李殊（Mike Featherstone and Scott Lash）便憂慮「全球文化」的觀念其實很有問題，因爲我們對社會文化的概念仍然很依賴被民族國家的形成過程影響得很深遠的傳統。❹易言之，在日漸全球化的外表之下，中心與邊緣、西方與非西方的二元神話仍在悄悄運作，尚待考察。亞馬德（Aijaz Ahmad）便講得十分清楚，國家並不像一般文學後殖民批評家所言的有如江河日下，反而卻是勢力日大，繼續操控著不同的剝削機器。❺施錫克亦相信種族主義依舊存活於全球化年代強調的多元文化主義之中。❻察加伯迪（Dipesh Chakrabarty）對歐洲中心主義依

❷ Jameson and Miyoshi eds, *The Cultures of Globalization*, p.65.

❸ Roland Robertson, *Globalization: Social Theory and Global Culture* (London: Sage, 1992), p.6.

❹ Mike Featherstone, Scott Lash and Roland Robertson eds., *Global Modernities* (London: Sage, 1995), p.2.

❺ Aijaz Ahmad, "The Politics of Literary Postcoloniality," *Race and Class* 36 (1995), pp.1-20.

❻ Slavoj Žižek, "Multiculturalism, or, the Cultural Logic of Multinational Capitalism," *New Left Review* (September/October 1997), p.44.

然無處不在的問題亦有詳盡的討論，❷而戴力克更把矛頭直指歐洲
中心主義，主張要對其作出根本的批判，就要直接面對全球化和後
殖民主義的當代問題，將分析導向生活世界中的當代鬥爭的定位之
上。❷杜林也認同全球化年代並不表徵種族和殖民主義式鬥爭終
結，反之，鬥爭不過以另一種形式出現。❷

　　國族是否漸漸消失的問題固無定論，但無論答案如何，當中也
隱含著一個更重要的課題：「當民族國家在全球化的脈絡下日漸消
滅，我們卻見到退回一種由很富攻擊性的種族主義所推動的國族身
分的情況出現，此種情況實在十分危險」。❸此等國族主義以抗衡
全球化的姿態出現，但在兩脅插刀之際，一腔反抗殖民者的熱血卻
往往叫人將最重要的問題拋諸腦後。正如羅賓斯（Bruce Robbins）
所言，新興的國族主義（如美國國族主義）常以為自己是公民（civic）
而不是種族（ethnic）的，因此根本不承認本身是國族主義。❸國
族表面上不再存在，實際上卻又在無聲無息的運作，更大的問題在
於它以全球化的面貌出現，根本拒絕承認本身所隱含的國族成分。
如此偽裝為公民主義的種族主義拒絕承認本身有任何種族成分，自
然無法洞察其最大敵人可能就是自己。在有關國族的討論中，我們

❷　Dipesh Chakrabarty, *Provincializing Europe: Postcolonial Thought and Historical Difference* (Princeton: Princeton University Press, 2000).

❷　Dirlik, "Is There History After Eurocentrism?" p.2.

❷　During, "Postcolonialism and Globalisation," p.46.

❸　Hall, "The Local and the Global: Globalization and Ethnicity," p.26.

❸　Bruce Robbins, "Actually Existing Cosmopolitanism," in Pheng Cheah and Bruce Robbins eds., *Cosmopolitics: Thinking and Feeling Beyond the Nation* (Minneapolis and London: University of Minnesota Press, 1998), p.13.

要記住的是，無論「國族」或「本土」、「地方」、「當地」等觀念，本身都可能有問題，決不是不辯自明的抗衡據點。戴力克的「批判本土主義」便正確的指出，不能將過去／本土美化，在批判當下的權力組構時也要注意過去亦可能存在類似的問題。㉜再者，過去也不會坐在那裡等我們重新發現，實際上它是不停轉變的。㉝蘇夏（Ella Shohat）十分重視後殖民論述中將過去理想化和浪漫化的問題，強調最重要的是過去不應被視作可以再製的穩定事物，而是回憶和經驗敘述的斷裂組件；㉞摩基拔亦以毛里族人（Maori）為例，說明以血緣和鄉土規限身分認同的觀點並不可取。㉟要言之，這正是周蕾一再提醒我們要警惕的「原始情欲」和「血緣神話」。㊱賀爾也同意這種說法，但重申那不等於後殖民論述不再適用，反之，這實在是等於說文化權力和政治鬥爭的問題更有必要置於後殖民的脈絡來思考。㊲范農很久以前的說法也許能用來概括國族的重要性何在：「唯一可以給予我們國際向度的是國族意識（national consciousness），而不是國族主義」。㊳再者，國族意識

---

㉜　Dirlik, *The Postcolonial Aura*, pp.96-102.

㉝　Hall, "The Local and the Global: Globalization and Ethnicity," p.37.

㉞　Ella Shohat, "Notes on the Postcolonial," *Social Text* 31/32 (1992), p.109.

㉟　Moore-Gilbert, "Postcolonialism," p.54.

㊱　Rey Chow, *Writing Diaspora: Tactics of Intervention in Contemporary Cultural Studies* (Indianapolis and Bloomington: Indiana University Press, 1993) and *Primitive Passions: Visuality, Sexuality, Ethnography, and Contemporary Chinese Cinema* (New York: Columbia University Press, 1995).

㊲　Hall, "When Was the 'The Post-Colonial'?" p.251.

㊳　Frantz Fanon, *The Wretched of the Earth* (Harmondsworth: Penguin, 1967), p.199.

本身也不是沒有問題的。薩依德曾以范農爲例，在其《文化與帝國
主義》（*Culture and Imperialism*）一書申述他對國族意識的看法：
「除非國族意識在成功之時可轉化爲一種社會意識，否則未來將沒
有解放，而只見帝國主義的延伸」。❸易言之，國族意識必定要不
停轉化，未來才有希望見到解放。

　　車朋(Pheng Cheah)的觀點用來融攝綜貫國族在全球化年代的
位置就最爲適當。他提醒我們，當民族－國家(nation-state)中間的
連接號隨著全球化而慢慢鬆開，有關以國族主義或世界公民主義來
替代普遍主義的問題就愈富爭議。他的卓見在於點出國際主義（世
界公民主義）的相反詞並非國族主義，而是「靜止主義」(statism)。
❹換言之，上述的國族主義的問題在於其只肯擁抱過去的保守想
像，而國族主義與國際主義並非一定是處於對立的情況。因此，將
國族主義視作一種過時意識的想法相當危險。❹籠統而言，民族在
後殖民論述有兩種不同位置：因爲民族乃國家的意識形態延伸而反
對它，或因視它爲爭取人民解放的據點而肯定它。車朋認爲這兩種
位置看來不可調協，原因是我們錯把民族或人民視爲不是純正便是
已被污染的。❹現實的情況當然絕不是非此即彼的抑／或二分，因
此無論視民族爲國家的意識形態延伸或爭取人民解放的據點都難免

❸　Edward Said, *Culture and Imperialism* (New York: Alfred Knopf, 1993), p.267.

❹　Pheng Cheah, "The Cosmopolitical – Today," in Cheah & Robbins, p.22.

❹　Cheah, "The Cosmopolitical – Today," p.31.

❹　Pheng Cheah, "Spectral Nationality: The Living On [*sur-vie*] of the
　　Postcolonial Nation in Neocolonial Globalization," *Boundary 2* 26 (1999),
　　pp.238-239.

有不足之處。

那麼「民族」、「國家」在全球化年代的後殖民論述應佔甚麼位置？車朋在談論後殖民國族論述的文章時所提出的說法，或可為我們考量國族在全球化年代的位置提供很重要的啓示（詳參〈全球化年代的國族主義〉一章）。按其看法，在全球化年代，民族文化往往仍然需要國家（state）觀念的添補，國家就如「幽靈」（specter）般存活在民族身分之中，故此後殖民國族必須被視作是全球資本揮之不去的「幽靈」，一種既是主體又是客體的「雙重屬格」（double genitive）。❸詹明信談論全球化和政治策略的問題時的看法或可將討論再推進一步。他聲稱我們有必要分辨為鞏固一己勢力而高舉的國族主義和反美式帝國主義、尋求自我尊重的國族主義，因為後者抗衡的正是全球化體系，而民族國家是今時今日作政治抗爭的唯一實際地盤和架構。❹可是，由於尋求自我尊重的國族主義也會被霸權利用為保障本身權力的工具，❺「對全球化的抗爭雖有部分可在國族的範圍展開，而國族主義情感可能是不可或缺的驅動力量，但卻不能單單以國族或國族主義的觀念而竟全功」。❻要言

---

❸　Cheah, "Spectral Nationality," pp.239-240, 252.

❹　Fredric Jameson, "Globalization and Political Strategy," *New Left Review* 4 (July/Aug 2000), p.65.

❺　詹明信以此為例：「美國也會挪用國族自保的話語，維護有關童工和環境的美國法例，抗拒「國際」干預。這會將對新自由主義的國族式抗衡變成對美式『人權』的普遍主義的維護，因而掏空了反帝國主義的個別抗爭的內涵」；Jameson, "Globalization and Political Strategy," p.66. 易言之，「個別」常常被「普遍化」，使之失去抗爭的潛力。

❻　Jameson, "Globalization and Political Strategy," p.66.

之，國族可能是抗爭的必要條件，卻也同時會使其陷於困境。蘇雅（Edward Soja）在推展其「後大都會」的理論時，也指出國族在新的權力地理中仍起作用，不過我們有必要換個方式來思考。他提出以三個不同角度來審察國族疆界的主權的變化：⑴全球化和資本主義發展的地理歷史的脈絡；⑵在過去三十年間主導了世界面貌的再建構過程的流動情形；和⑶對表徵政治生活的空間性和管治性的多重尺度敏感的地緣政治學觀點。❹近年的文化研究十分重視文化的「流動情形」和「多重尺度」等議題，「混雜」在此脈絡下亦變成舉足輕重的觀念。以下便將討論的重心導向「混雜」，以之窺探後殖民論述在全球化年代的可能轉化。

# 從混雜到世界公民主義

「混雜」一直是後殖民論述的中心議題之一，巴巴（Homi Bhabha）便一直大力推介此觀念，認定它有介入現實的干預能力，可以作為後殖民論述質疑殖民者權威的一種「戰術」：「倒轉因殖民主義否定某些事物所帶來的影響，讓其他『被否定了』的知識重新進入主導論述，藉此疏減殖民主義權威的基礎──其確認的規則」。❹按巴巴的說法，混雜可以帶出以全新方式理解和生產意義

---

❹ Edward Soja, *Postmetropolis: Critical Studies of Cities and Regions* (Oxford and Malden: Blackwell, 2000), pp.202-203.

❹ Homi Bhabha, *The Location of Culture* (London and New York: Routledge, 1994), p.114.

的方式的「第三空間」。㊹再者，混雜常被視作可以雜交繁衍出文
化主動性的不同可能性，指向一種新的世界公民主義。㊿除了巴巴
以外，大力推介混雜的文化理論家為數不少，其中較重要的一位可
數簡堅尼（Néstor García Canclini）。簡堅尼以墨西哥文化為例，
說明文化混雜如何可以帶出一種有生命力的崛興中的文化。我們且
以他的論點作為討論混雜在全球化和後殖民論述中的位置的基礎。
簡堅尼在《混雜文化》（Hybrid Cultures）一書中，詳細的論證混
雜文化對拉丁美洲國家的重要性。他借卡爾斯泰斯（Manuel
Castells）的城市理論提出，城市的擴張無可避免催化了文化混雜
的過程，而在日益網絡化的全球關係中，文化混雜更已是無處不
在。51簡氏重新追溯拉丁美洲文化近代的發展，發現混雜並不是近
期才出現，而是已有長遠歷史。52他也同意類似巴巴提出的觀點，
相信混雜可使權力關係變得複雜，單從中產與工人階級、白人與本
地人、家長與小孩、傳媒與受眾等二元框架去理解權力關係，所見
的不外冰山一角。霸權與屬僚等字眼雖然沉重，但卻未能解析日常
生活中的文化交流（如西班牙文化在美國南部的滲透）。53一言以蔽
之，簡堅尼認定文化崛興的潛力源自混雜的交溝，而不是純正的傳

---

㊹　Bhabha, *The Location of Culture*, pp.38-39.

㊿　Pheng Cheah, "Given Culture: Rethinking Cosmopolitical Freedom in
　　Transnationalism," *Boundary 2* 24 (1997), pp.167-168.

51　Néstor García Canclini, *Hybrid Cultures: Strategies for Entering and Leaving
　　Modernity* (Minneapolis and London: University of Minnesota Press, 1995),
　　p.207.

52　Canclini, *Hybrid Cultures*, p.241.

53　Canclini, *Hybrid Cultures*, p.259.

統。羅沙度（Renato Rosaldo）在《混雜文化》一書的英文版前言中對簡堅尼的混雜觀念作了十分簡扼的說明：「混雜一方面指兩個純正範疇之間的空間和它們混化出來的產物……另一方面則是指跨文化交流的持續過程，是所有人類文化的現存狀況」。最重要的是，這個觀點打破混雜與純正乃二元對立的迷思，認爲文化自始至終都是混雜的。(54)

正因爲混雜被視爲可以淆亂既存模式和逗發文化活力，後殖民理論家對混雜或多或少都寄有憧憬，比方，阿柏杜萊（Arjun Appadurai）、巴巴、施碧娃等人將一種後殖民的文化視點注入全球化論述中，打破全球化論述同質化／異質化的二元框架，將問題導向以混雜爲本的多重尺度。(55)混雜在此的重要作用在於暴露了全球／本土的簡單二分的問題，令我們從國族、本土、全球等不同尺度考量文化互動的複雜情況，引申出「全球本土」（glocal）的複雜課題。據羅拔信的說法，「全球本土」脫胎自日本商業策略，有將全球和本土作「嵌進式」結合的意思。(56)此觀念可說與混雜息息相關，重點在於突破全球和本土的二元組構，情況就如拆解殖民者與被殖民者的二分一樣。由此觀之，混雜的觀念在全球／本土的理論框架中仍佔十分重要的位置。

同時，除了引出新論述空間外，混雜在全球化年代的轉化也呈

---

(54) Canclini, *Hybrid Cultures*, p.xv. 有關簡堅尼如何以墨西哥城爲文化混雜的範例，詳參 Canclini 1995: 206-262；至於墨西哥城如何作爲全球化城市，以及在全球資本衝擊下所呈現的新轉變，詳參 Canclini 2000: 27-212。

(55) Soja, *Postmetropolis*, pp.210-211.

(56) Robertson, *Globalization*, p.34.

現出複雜的問題。拉特基舒能（R. Radhakrishnan）便質疑混雜與權力機制無法不產生共謀：「假如混雜經常在正典式身分組構和再現模式中被視作離心的、個人的、異常的，現在它卻在冒起甚速的散居著史學（historigraphies of the diaspora）中找到『正當』的家」。(57)他又堅持，任何有關散居和混雜的論述若不能同時批判地解析國族主義就必然有問題。(58)楊格也提醒我們，十九世紀的種族理論亦以混雜觀念為基礎，在今日重提混雜亦難免牽涉維多利亞時期的種族主義。(59)戴力克對混雜亦持保留的態度。他憂慮後殖民論述對混雜及夾縫性的推崇會反諷地重新鞏固殖民文化所遺留的等次，(60)故他曾經提出混雜必然是第一世界和第三世界的混雜，決沒有第三世界與第三世界之間的混雜的說法。(61)車朋有關混雜的論點頗能持平的深察問題所在：「只有在我們將當代新殖民全球化的複雜性簡化為其中一點——文化混雜，有關混雜文化實踐構成了世界公民意識和顯示國族身分及民族國家已經過時的想法才能成立」。(62)可是，現實社會卻並非如此簡單，文化再現和指涉與社會政治機制的關係亦非常複雜，我們不應一廂情願的跨大文化指涉的功用，況且「新殖民文化的意義與象徵要通過政經機制結構才能物質化，

(57) R. Radhakrishnan, "Adjudicating Hybridity, Co-ordinating Betweenness," *Jouvert* 5.1 (2000), p.2.

(58) Radhakrishnan, "Adjudicating Hybridity, Co-ordinating Betweenness," p.4.

(59) Robert Young, *Colonial Desire: Hybridity in Theory, Culture and Race* (London and New York: Routledge, 1995), pp.9-10.

(60) Dirlik, "How the Grinch Hijacked Radicalism," p.151.

(61) Dirlik, *The Postcolonial Aura*, p.65.

(62) Cheah, "Given Culture," p.168.

那即是說它們不能按混雜理論所期許的被重新翻譯、書寫和閱讀」。(63)

因爲混雜的論述或多或少與身分認同有關，混雜的討論往往會以「我（們）是誰？」的方式出現。(64)從國族觀念的消滅到混雜到身分認同的多元性，在全球化年代，後殖民的文化思考相信最理想的應該是「既不是尋根也不是混雜的崛起中的社群」，(65)而獨特地方的文化身分亦不再存在，代之而起的是多元而又靈活的身分認同，(66)彷彿很自然的導向以世界公民主義爲出路的看法。何謂世界公民？借紀登斯（Anthony Giddens）的話來說，一個世界公民能夠「明白他們所承諾之事情的本質，並考慮那對其他持不同意見的人的含意」。(67)湯林信更相信，只要我們對世界公民主義的不同含意有所警惕，它可以作爲人們在全球化年代爭取的目標，甚至變成理想的「倫理全球本土主義」（ethical glocalism）。(68)城市理論家辛德確（Leonie Sandercock）也以「世界公民之都」（cosmopolis）作爲她的烏托邦：「在那兒，有與文化他者的眞正連繫，讓其存在的空間和對其的尊重……也有關於社會公義、公民性、社群、共同

(63) Cheah, "Given Culture," pp.168, 173.

(64) Radhakrishnan, "Adjudicating Hybridity, Co-ordinating Betweenness," p.3.

(65) Rey Chow, *Ethics after Idealism: Theory-Culture-Ethnicity-Reading* (Bloomington and Indianapolis: Indiana University Press, 1998), p.162.

(66) Aihwa Ong, *Flexible Citizenship: The Cultural Logics of Transnationality* (Durham and London: Duke University Press, 1999), pp.1-26.

(67) Anthony Giddens, *Beyond Left and Right: The Future of Radical Politics* (Cambridge: Polity, 1994), p.130.

(68) John Tomlinson, *Globalization and Culture* (Oxford: Polity, 1999), pp.94-98.

利益的全新概念……」。(69)誠然，身分認同以至其他問題都不應受發言者的種族性所限，(70)否則只會受困於類似第三世界文化必爲國家寓言的窠臼。(71)然而，世界公民的觀念聽來雖然理想，那卻並不等於說它本身沒有問題。在靈活認同的年代，彷彿國族已不再重要，但就算是王愛華自己也注意到國族不曾眞正消失，並以馬來西亞爲例，論證主權並沒有消失，現實的情況不過是主權的重新組構。(72)夏維（David Harvey）說得好：「世界公民主義現正重臨。對某些人來說那是好消息……它現在被描畫成在一個由全球化的資本主義主宰，在新千禧又未見其他政治經濟選擇的世界中，可以作爲爭取民主和統治之法的統一視野的觀念」，而壞消息則是世界公民主義的意義龐雜，以其作爲統一的倫理道德視點難免有內在的問題。(73)

也許羅賓斯的看法可以補足我們對世界公民的討論。他指出世界公民的意涵已有轉變，從現在往往被看作甩脫日常由國族規限的生活的限制，轉而忠於人類的整體利益，但他也同時提醒我們，眞正存在的世界公民主義的精粹並不在於甩脫，而是一種再連繫、多

---

(69) Leonie Sandercock, *Towards Cosmopolis: Planning for Multicultural Cities* (New York: JohnWiley, 1997), p.125.

(70) Hall, "The Local and the Global: Globalization and Ethnicity," p.38.

(71) Aijaz Ahmad, "Jameson's Rhetoric of Otherness and 'the National Allegory'," *Social Text* 17 (1987), pp.3-25.

(72) Ong, *Flexible Citizenship.*

(73) David Harvey, "Cosmopolitanism and the Banality of Geographical Evil," *Public Culture* 12(2000), p.529.

重連繫和保持距離的連繫。(74)他又引阿柏杜萊的說法，重申我們有需要重新思考單一的愛國主義的意義和它所可能帶來的桎梏。(75)阿披亞（Kwame Anthony Appiah）的「愛國的世界公民」（cosmopolitan patriots）的觀念正是循此方向所作的反思。他深信世界公民主義與普遍的人文主義有所不同，後者朝向全球的同質性，前者則尊重差異。(76)簡言之，愛國主義和世界公民主義未必一定是對立的觀念，愛國不等於不能同時接受別人的差異，愛國也可以同時具備批判性，在有必要時將民族和國家分開來看，最重要的是尊重而不是忍受或同情其他文化傳統的人的差異。(77)綜上所述，愛國主義與世界公民主義並非相反詞，與世界公民主義相對的應是停滯不前的反動主義。(78)可是，從後殖民到全球化的討論中，問題卻往往被錯誤的導入一個非此即彼的二元對立架構的迷思之中，因此論述場域變得畛域橫梗，「混雜」淪爲空洞的口號，表面鼓吹跨越邊界，實則難越雷池半步。

---

(74) Robbins, "Actually Existing Cosmopolitanism," pp.1-3.

(75) Robbins, "Actually Existing Cosmopolitanism," p.7; Arjun Appadurai, *Modernity at Large: Cultural Dimensions of Globalization* (Minneapolis and London: University of Minnesota Press, 1996), p.176.

(76) Kwame Anthony Appiah, "Cosmopolitan Patriots," in *Critical Inquiry* 23 (1997), p.621.

(77) Appiah, "Cosmopolitan Patriots," p.638.

(78) 紀登斯嘗言：「後傳統社會世界的眞理是無人有激進思想和行爲的專利」，那即是說「保守」、「激進」會隨時換位，昔日的激進主義很容易會變成今日的新保守主義；Giddens, *Beyond Left and Right*, p.250. 有關紀登斯對保守主義、激進主義、新保守主義之間的複雜關係的分析，詳參頁22-50。

# 結　論

　　卡爾斯泰斯認爲全球／資訊資本主義已將我們帶進「第四世界」的年代，世界變得比從前更加兩極化，世界經濟滿佈「黑洞」，貧窮問題加劇深化，弱勢族群無處不在。[79]戴力克也認同在全球化經濟的年代，從前第一、二、三世界的區分不再成立，但那不等於不公平的情況稍減。他把問題導向「第四世界」，提醒我們受壓迫剝削的「第四世界」遍佈全球。[80]後殖民論述往往打正紅旗爲弱勢發聲，但箇中卻不是沒有複雜的權力糾結，如「第三世界」批評便因機制化變成職業化的標籤，再無想像另類可能性的力量，因此要再把戰場導向「第四世界」。戴力克對後殖民論述常持懷疑態度，論點雖或未必全部令人信服，卻正好提醒後殖民理論家再作反思。戴氏說得好：「後殖民批評的最終問題並不在於背棄了其基進的源頭，而是在此過程中，它對現實問題視若無睹，也不再去想像一個超越現狀的世界」。[81]無論混雜、第三空間、批判的本土主義以至世界公民主義也好，都是希望朝向一個文化和知識活力充沛、生氣盎然的世界，但後殖民論述被全球化學術機制吸納、收編而變得職業化，卻剛好是反諷的失去活力，否向未來。簡單的多元文化主義、世界公民主義未必是活力的保證。施錫克更發出警告，提醒我們「多元主義的開放性與一種新的原教旨主義的對立只是一

[79]　Manuel Castells, *End of Millennium* (London: Blackwell, 1998), pp.70-165.

[80]　Dirlik, *The Postcolonial Aura*, pp.146-160.

[81]　Dirlik, "How the Grinch Hijacked Radicalism," p.162.

種虛假的兩難，它們不外是今日的後政治世界的兩個面向」，[82]而且多元文化主義是內向、自我指涉的另一種種族主義：多元文化主義者「『尊重』他者的身分，將他者構想爲自足的『眞實』群體，他自己則與其保持距離，而此距離乃由他自己的專有普遍性位置所許可的」。[83]簡言之，多元文化主義的中性外表是虛假的，它延伸了霸權的歐美中心主義，不外是──借施錫克文章的名稱來說──「多國資本主義的文化邏輯」。費什（Stanley Fish）亦明言，多元文化主義根本不存在，有的只是「專櫃式多元文化主義」，[84]不同文化展覽於不同櫥窗。三好將夫憂慮多元文化主義除了會被企業利用外，在面對現實的不平等時，也只是有如隔岸觀火，甚至變成以多元文化主義之名，作爲漠視弱勢社群福利的藉口，而現實是弱勢社群在各種社會範疇中都得不到平等待遇。[85]早於九十年代初，芝加哥文化研究組便洞察到多元文化主義也可能被利用爲企業策略，在漂亮的口號之下，內容卻是空洞無物，故他們提出「批判的多元文化主義」的說法，分辨多元文化的不同意涵（如全球資本的企業多元文化、跨科際文化批評、跨越邊界去生產新知識的跨文化研究等）。[86]

[82]　Slovaj Žižek, "A Leftist Plea for 'Eurocentrism'," *Critical Inquiry* 24 (1998), p.1007.

[83]　Slavoj Žižek, "Multiculturalism, or, the Cultural Logic of Multinational Capitalism," *New Left Review* (September/October 1997), p.44.

[84]　Stanley Fish, "Boutique Multiculturalism, or Why Liberals Are Incapable of Thinking about Hate Speech," *Critical Inquiry* 23 (1997), pp.378-395.

[85]　Masao Miyoshi, "Ivory Tower in Escrow," *Boundary 2* 27 (2000), pp.43-45.

[86]　Chicago Cultural Studies Group, "Critical Multiculturalism," *Critical Inquiry* 18 (1992), pp.550-552.

「批判的多元文化主義」字首的意義跟在「批判的後殖民主義」和「批判的本土主義」等觀念中的字首可說是異曲同工，世界公民主義也應循此發展。因此，「批判的」這個字首的重點在於凸顯出任何本來具批判性的論述在機制化之後都可能會僵化，其批判性便有必要再一次更新。

誠如察加伯迪所言，近日的批評論述花了不少心力在普遍主義與相對主義、普遍與差異的問題之上，因爲明白到在強調差異之同時，卻又不能完全廢棄普遍性的假設，故重點是努力在兩難中尋找另類可能，而策略性本質主義（strategic essentialism）、混雜、世界公民主義都是這場鬥爭的不同策略。[87]上文有關混雜和世界公民主義的討論正是循此方向的省思。其實上述的「第四世界」也是近日不同理論家嘗試擺脫全球知識生產機制的理論架構的支配，在無處不在的弱勢社群中尋找新契機的另一種做法。比方，施錫克提醒我們，今時今日眞正的對立是全球化（興起中的全球化市場新秩序）和普遍的全球不公義的對立，[88]而阿柏杜萊則大力呼籲，我們現在急切需要的是從下而上的全球化（globalization from below），即草

[87] Diepsh Chakrabarty, "Universalism and Belonging in the Logic of Capital," *Public Culture* 12 (2000), 653-654.

[88] Žižek, "A Leftist Plea for 'Eurocentrism'," p.1007. 類似的情況亦出現在近年有關「中國性」的爭辯中，即全球化年代的知識生產機器的潛在威脅不單在於消滅個別的本土，且同時會播散一種有關知識生產的「普遍」暴力（如建構一種單一的「中國性」）；詳參〈全球化年代的中國圖象〉一章。

根階層聯結成跨國網絡抗衡跨國資本，⑧最重要的是需要認識到全球化、自由、選擇、公義等字眼並不一定專屬於「國家－資本」連結。⑨從這個角度看，全球化不一定是從上而下的跨國資本版圖擴展，同時也可以是從下而上的全球化抗衡，即第四世界制訂自己的議程，也許如此可一方面將後殖民論述的精神注入全球化年代的第四世界抗衡論述中，另一方面也讓後殖民論述抖擻精神，重拾活力。正如周蕾所言，身分認同討論的最重要貢獻在於重新形塑我們對知識的基本認識。從後殖民到全球化論述的身分認同討論，我們逐漸認識到身分認同是流動和不停變化的，而知識本身也理應如此。⑨

　　不過最大的困局依然是抗衡論述無論如何也難脫與機制的共謀。在「第四世界」的弱勢社群尋找新理論視點既要滿足發聲的條件，囿限於知識生產的既有成規，便會隨即陷入機制化／合法化／專業化的困境。⑨《後殖民研究》的編輯在發刊辭中坦然承認，他

---

⑧　即阿柏杜萊所説的 transnational advocacy network, 詳參 Arjun Appadurai, "Grassroots Globalization and the Research Imagination," *Public Culture* 12 (2000), p.15.

⑨　Appadurai, "Grassroots Globalization and the Research Imagination," p.17.

⑨　Rey Chow, "The Postcolonial Difference: Lessons in Cultural Legitimation," *Postcolonial Studies* 1 (1998), p.166.

⑨　阿柏杜萊便曾指出，要成就從下而上的全球化，我們必須改變「研究」的既存僵化意義；Appadurai, "Grassroots Globalization and the Research Imagination," pp.8-15. 此説固然合理，但在歐美學院已是談何容易，在知識生產的邊緣地方更幾乎是天方夜譚。有關大學作為抗衡據點的問題，詳參 Miyoshi, "Ivory Tower in Escrow," *Boundary 2* 27 (2000), pp.7-50 和 Allen Chun, "The Instituional Unconscious; or, The Prison House of Academia," *Boundary 2* 27 (2000), pp.51-74.

們與西方學術市場機制有共謀關係，但也相信可以從中顛覆既有的知識組構，帶出觀照事物的不同方式。重點是要保持這種顛覆力，後殖民論述便必須不斷向前。❸《介入》的編輯楊格也在申述創辦此後殖民研究學刊的前言中表明，其目的為發展一個推動理論辯論的論壇，著重發展基進而創新的概念和分析工具。❹夏維亦說：「有意義的世界公民主義並不是被動的構想何謂全球化的公民性。那該是如康德所堅持的，是介入並改變既存世界的原則」。❺誠如薩依德所言，知識分子「最大的難題在於既代表自己的工作所介入的事情，而又不僵化為一種機制，或只為一種系統或方法而行事」，所以知識化分子要如旅者（traveler），抗拒馴化和不斷前進。❻然而，為何這類說法卻要反來覆去的說完又說？畫蛇何妨添足：主要的原因正在於無論甚麼論述──就算是反霸權論述也好──也會因機制化、專業化而失去活力。賀爾曾經在九十年代初說過，在全球化的新格局中，「我們不外剛剛開始以全新形式理解跟過去一式一樣的衝突和鬥爭」。❼十年過去，滄海早變桑田，但在新世界秩序中此言依然甚是。也許這個說法在何時何地都同樣適用。

---

❸　Sanjay Seth et al., "Postcolonial Studies: A Beginning," *Postcolonial Studies* 1:1 (1998), p.10.

❹　Robert Young, "Academic Activism and Knowledge Formation in Postcolonial Critique," *Postcolonial Studies* 2:1 (1999), p.33.

❺　Harvey, "Cosmopolitanism and the Banality of Geographical Evil," p.560.

❻　Edward Said, *Representations of the Intellectual* (London: Vintage, 1994), pp.47, 90.

❼　Hall, "The Local and the Global: Globalization and Ethnicity," p.39.

　　準此，後殖民論述不單未曾結束，反而在全球化年代才剛剛重新起步。

# 全球化年代的虛擬城市：
# 香港文化空間的省思

## 前言：全球化城市

在面向新千禧之際，隨著互聯網跨國界水銀瀉地式的滲透，全球化已是勢不可擋的洪流。當全球股票市場互為關鎖，衛星電視和跨國企業又無遠弗屆之際，無論在經濟、社會或文化上，全球化都對如香港和上海等大都會帶來巨大的衝擊。這些大都會城市在全球資本主義的波濤中鼓浪前進，發展速度驚人，一夕數變，卻又日趨一體化和同質化。莎辛（Saskia Sassen）在其《全球化城市》（*The Global City*）中聲稱，全球化年代的大城市有四種新功能：世界經濟的高度集中點、財經及專業服務的主要根據地、創新工業的生產地及其產品的市場。❶雖然她談論的是九十年代初的紐約、倫敦和東京，但其有關全球化城市的說法大可應用於後來的香港。海拉（Anne Haila）引申莎辛的論點，指出列斐伏爾（Henri Lefebvre）「房地產已經取代工業」和布希亞（Jean Baudrillard）「符號消費

---

❶　Saskia Sassen, *The Global City: New York, London, Tokyo* (Princeton: Princeton University Press, 1991), pp.3-4.

已經取代生產法則」的說法已是新趨勢，而全球化城市的其中一大
特徵是「象徵化」，即十分重視形象。❷作為世界經濟的高度集中
點和跨國財團主要根據地的全球化城市，香港亦呈現出形象掛帥，
而城市發展則以房地產為中心的特徵。

全球資本主義的另一個基本特點是跨國企業的急速發展。按三
好將夫（Masao Miyoshi）的說法，跨國企業的存在目的便是要牟
取利潤，❸故跨國企業一切以商業利益掛帥，著重成本效益，而後
現代式符號消費自是最有效的傾銷手段。因此，跨國企業運用大量
資金投資在廣告之上，再作大量生產減低成本，務求以最大的銷售
網絡傾銷自己的服務和產品。然而，當跨國企業跨越疆界滲透不同
國家之時，有可能會遇到本土的抗衡，於是便會吸納本土，表面上
照顧其需要和製造了差異並尊重多元文化，實則上卻是將本土變成
商品，作為市場拓展的手段，如可口可樂公司便強調他們並非全球
化，而是多重本土化（multi-local）的。❹以可口可樂去年在香港
播放的廣告為例，片中加入了一條金龍作為「本土」元素，但實際
上運作模式卻與以往的廣告如出一轍。易言之，「本土」只是商品
點綴。以上現象在全球化論述中或許已是老生常談，而本文的目的

---

❷　Anne Haila, "The Neglected Builder of Global Cities," in O. Kalltorp et al. eds., *Cities in Transformation – Transformation in Cities: Social and Symbolic Change of Urban Space* (Aldershot, Brookfield, Singapore and Sydney: Ashgate, 1997), pp.54-57.

❸　Masao Miyoshi, "A Borderless World? From Colonialism to Transnationalism and the Decline of the Nation-State," *Critical Inquiry* 19 (Summer 1993), p.746.

❹　Arif Dirlik, *The Postcolonial Aura: Third World Criticism in the Age of Global Capitalism* (Boulder: Westview Press, 1997), pp.90-96.

並非冉糾纏在是全球化或是多重本土化之中，而是希望指出如此運作邏輯已悄悄主宰了香港的城市空間，並進一步影響人們的日常生活。以下將援引香港城市空間近年的嬗變再膚以討論，並以從店舖、餐廳、商場到社區以至整個香港城市的空間設計為實例，說明跨國企業的運作模式如何深遠的影響了香港的城市空間。本文將瞄準香港這個全球資本主義高度發展的大都會的城市空間，在上述的論述交疊的脈絡中梳理出全球與本土如何形塑城市空間，改變了日常生活的可能性。

## 「全球本土主義」：香港大都會廣場？

跨國企業主宰了全球經濟，而其運作模式亦日漸全球化。為了獲得最高利潤，跨國企業務求以最大的銷售網絡傾銷自己大量生產的服務和產品，因此很自然要靠大量的連鎖店作為銷售點。這些連鎖店提供標準化的商品，使人相信無論在那一家連鎖店都能買到同樣質量的產品，而其經營和管理方式亦最重統一性和效率。麥當奴速食企業可算是其中最著名的例子，它的經營方法已被視為跨國連鎖店的典範，甚至做成麥當奴文化的全球化。❺當麥當奴文化將跨國資本移植到第三世界之時，它會以其「全新的勞動倫理和專業精神來馴訓本地年輕的消費及僱傭人口」，❻將消費以至管理模式統

---

❺ 可參 Barry Smart ed., *Resisting McDonaldization* (London: Sage, 1999), pp.1-21.

❻ 何春蕤：〈臺灣的麥當奴化：跨國服務業資本的文化邏輯〉，陳清僑編：《身份認同與公共文化》（香港：牛津大學出版社，1997），頁142。

一化，而這個成功的模式叫人們爭相仿傚，全世界的連鎖店亦有如銀河沙數。以香港爲例，連鎖店使不同商場以至社區流於單一化，於是無論在市中心（如尖沙咀）或偏遠的衛星城市（如馬鞍山），衣食住行各方面都有著類似的連鎖店，幾乎可說抹平了地區的差異。再者，現代人往往追求舒適的購物環境，有空調的商場變成了城市發展的必然元素。❼大型商場可以配合房地產發展，使地產商利潤水漲船高。觀乎香港的新市鎮發展，必然先有一市中心廣場（實則爲大型購物和娛樂商場），其他建設則圍繞這個「中心」向外擴散。因爲此等商場租金昂貴，非一般小商戶能夠負擔，於是便通常爲大型企業的連鎖店壟斷。職是之故，此等商場除了因地區租金有所不同而商品檔次略有分別外（如在貴價商業區金鐘的太古廣場便有較多高價店鋪），基本模式便完全相同。香港商場之單一化可以一則笑話來印證：當年某報章報導馬鞍山大型商場開幕，說其設計非常「獨特」，原因卻是一般設在隔鄰的連鎖成衣店 G2000 和 U2（同一集團開設）在此商場竟然不再毗鄰，而是互相對望！如此「差異」實在叫人咋舌。從美國、日本、香港、新加坡到較落後地區如泰國無不如此：連鎖商店、連鎖戲院、連鎖餐廳加一個食物廣場，已變成放諸四海皆準的公式。且以近年香港一個大型商場又一城爲例，內設跨國連鎖戲院 AMC、跨國連鎖成衣店如 United Colors of Benetton、跨國連鎖餐廳如 Dan Ryan's，甚至跨國連鎖書店葉壹堂

---

❼　可參伊安・伯坎能著、陳紅譯：〈德勒茲與詹姆遜：精神分裂的烏托邦和後現代空間的身體〉，王寧、薛曉源編：《全球化與後殖民批評》（北京：中央編譯出版社，1998），頁 209。

（Page One），自然也少不得跨國旗艦麥當奴。如此商場文化正是全球資本主義的一貫運作模式。

誠如三好將夫（Masao Miyoshi）在一篇近期討論全球化與大學機制的論文所說，當全球化論述啟動之後，全球化、跨國和多元文化主義等字眼便像商品一般播散。❽戴力克（Arif Dirlik）又曾經指出，假如後現代如詹明信（Fredric Jameson）所言是晚期資本主義的文化邏輯的話，後殖民論述便是屬於全球資本主義的。❾後殖民論述其中一項重點是本土化，與三好將夫所指的全球化、跨國和多元文化主義形成了一個彷彿相對，實則相承的商品化框架，於是有如戴力克所言跨國公司的「全球本土主義」（global localism）開始照顧「本土」，並化「本土」為另一種商品，作為全球經濟的重要工具，進入了阿柏杜萊（Arjun Appadurai）所說「本土性生產全球化」（the global production of locality）的年代。❿眾所周知，後現代論述傾向空間化，⓫因此，在以上的論述脈絡中，全球化年代的論述的其中一個重要面向是全球/本土的空間論

---

❽ Masao Miyoshi, "Ivory Tower in Escrow," *Boundary 2* 27:1 (Spring 2000), p.37.

❾ Arif Dirlik, *The Postcolonial Aura*, p.73.

❿ Arjun Appadurai, *Modernity at Large: Cultural Dimensions of Globalization* (Minneapolis and London: University of Minnesota Press, 1996), pp.188-199.

⓫ 比方，詹明信便有此看法，參見 Fredric Jameson, *Postmodernism, or, the Cultural Logic of Late Capitalism* (Durham: Duke University Press, 1991). 有關批評論述的空間化趨勢，可參朱耀偉：〈當代批評論述的空間化迷思〉，《他性機器？後殖民香港文化論集》（香港：青文書屋，1998），頁 2-17。

述，而此論述又可能以多元文化主義商品的模式播散。全球化的特點是一體化、單一化，而本土化則強調在地差異與特色。以下將以近年香港城市空間一些以本土爲名的全球化發展爲例，說明全球化的單一化模式中的本土差異所隱含的問題。

正如上述，在這個全球化年代，除了推動符號消費的形象工業外，跨國企業會以「本土」其他特色來象徵式的點綴單調的商場結構。若以又一城的餐廳爲例，在食物廣場便有香港、日本、泰國、臺灣、上海等不同地方美食。另外，除了麥當奴、肯德基家鄉雞等「規定動作」之外，也有美國式餐廳 Dan Ryan's、意大利式餐廳 Amaroni's、泰式餐廳香辣屋、西班牙式餐廳 El Cid、法國式麵包店 Delifrance 等，不一而足，看來真的是多元文化的一次勝利。然而，我要強調某某「式」餐廳的原因正是這些餐廳並不是真正的地方美食。比方，美國式餐廳 Dan Ryan's 和意大利式餐廳 Amaroni's 便是由同一跨國集團開設的不同「地方」分店。除了以地方爲招徠外，另一重要綽頭可算是主題餐廳的興起。近年香港的主題餐廳如雨後春筍，從較早期的 Hard Rock Café 到 Planet Hollywood 再到近期風行一時的 Hello Kitty 和超人餐廳，主題餐廳彷似爲連鎖店壟斷的城市空間添上一些「特色」。可是，這種特色又只是另一種符號消費，以在上述的商場又一城開設的跨國主題餐廳 Rain Forest Café 爲例，人們在一種虛擬的熱帶雨林空間進食，定時還會行雷閃電，與其說是真正的熱帶雨林特色，倒不如是將熱帶雨林按後現代的虛擬變成一種沒有內指性的符號消費。正如黃少儀在分析主體餐廳時所說：「在這場『吃』的消費中，是完全沒有自身的想像空間，有的只是一早已安排及方程式化的佈置及戲目，等待著在計算內『食

客』的出現，完成任務。」⓬

「香港拼圖」更可說是將上述的主題餐廳和地方特色融而爲一的嘗試。「香港拼圖」坐落尖沙咀東部的商場之內，佔地 25,000 平方呎，採用五十至七十年代的裝修風格和擺設，全場約有二十個主題攤檔，●可供「吃喝玩樂」的包括避風塘、鯉魚門、九龍城等香港地區，其餘還有大排檔、涼茶舖、字花檔、大笪地、巷仔理髮店、籠屋、祠堂、故衣店等老香港城市空間，佔了一半以上的攤檔都是只供觀賞、懷緬的昔日風情，與飲食並無直接關係。要言之，這是一所以香港的本土懷舊氣息爲主題，虛擬老香港風情的娛樂飲食（eatertainment）空間。在如此的虛擬香港中，歷史被符象化爲可供如食物般享用的消費品。嚴格而言，對重溫香港歷史的人或對香港沒有認識的遊客來說，「香港拼圖」未嘗不是一個有趣的享樂空間，問題只是如此的虛擬空間竟變成了香港商場以至整個城市發展的新藍圖，問題便要複雜得多了。比方，「香港拼圖」的拼貼在青衣城這個在機場鐵路上蓋的商場中便進一步擴大爲一個「舊墟」。「舊墟」乃青衣城商場的其中一部分，情調與「香港拼圖」相似，都是以舊香港風情爲主，內裡有石板街、雀仔街等香港舊區的場景，輔以舊電車、許願井等道具，企圖讓顧客在虛擬的香港中購物。「舊墟」中也有如熱帶雨林餐廳的定時行雷閃電，可見在全

---

⓬ 黃少儀：〈主題餐廳：模擬經驗的消費〉，郭恩慈編著：《影象啓示錄》（香港：奔向明日工作室，1996），頁 53。

⓭ 詳參《飲食男女》雜誌第 2 期（1998 年 2 月 13 日），頁 42-44；有關「香港拼圖」的分析，靈感部分來自香港浸會大學中文系碩士研究生論文：陳月顏〈從「香港拼圖」到文化的反思〉。

球化的虛擬景觀的年代，從前的安全舒適的購物環境也變成要用虛擬的天氣變化來製造差異，但這些差異是真的差異嗎？此外，「舊墟」中銷售的除少數是具本土特色的商品外，絕大部分都是在其他商場很容易找到的商品，那麼，換句話說，虛擬的本土場景不外是全球資本主義的一種包裝。

「香港拼圖」的主題和地方式拼湊可說是體現了全球化城市的都市規劃的兩大主調，而這種設計不獨限於購物商場之中，更具體延伸至社區以至整個城市。比方，在香港政府的新發展藍圖中，大嶼山被視作主題旅遊休閑區，先來一個迪士尼主題公園，再輔以規劃中的吊車和馬灣主題公園等。除此以外，當然還有迎合全球科技熱的數碼港、重新發掘傳統文化的中藥港和營造文化氣息的西九龍填海區等，再加上如中環蘇豪區的不同地方美食，香港不同地區彷彿各有「特色」，拼貼出以主題地區為主的新香港藍圖。然而，在這些有主題或／及富地方色彩的城市空間中，全球化的痕跡隨處可見。迪士尼主題公園自然是跨國集團的新據點，馬灣主題公園和數碼港等又無不配合龐大的地產建設，與大地產財團有千絲萬縷的關係。其實整個大嶼山的發展儼如一個大商場，先以迪士尼主題公園（如商場中的吉之島百貨公司、麥當奴等）為中心，再吸引其他企業。❹此外，香港一直以來的旅遊點如赤柱、太平山又不斷商場化（如太平山頂便興建了新商場，其中一座更設有在全球都有分店的「信不信由你」博物館，新的蠟像館又在籌備當中；赤柱的新商場亦剛落成，照例有如麥當奴的

---

❹　有關大嶼山的發展，詳參施鵬翔：〈迪士尼島 2000〉，葉蔭聰、施鵬翔統籌：《迪士尼不是樂園》（香港：進一步多媒體，1999），頁 110-112。

大型連鎖店），換句話說，地方性已被全球經濟主宰。吉本滿博
（Mitsuhiro Yoshimoto）在討論東京迪士尼時曾經提出，東京迪士
尼既是在東京的迪士尼也是東京作爲迪士尼樂園，⓯香港的情況並
無兩樣。施鵬翔對迪士尼化有很朗晰的說明，可以總括爲以下特
點：主題化的都市、設計淨化了的世界、嚴密的監控、公共空間的
消失、消費的空間和影象的世界。⓰香港本身已完全體現了這些特
點。

　　上述全球資本主義的發展邏輯已經主宰了香港城市設計和框限
了其可能性。且以香港仔魚類批發市場重建研究爲具題實例。按香
港仔魚類批發市場重建研究的公眾諮詢來看，討論的重點之一是將
香港仔漁港重建爲「漁人碼頭」的建議。雖然有如「香港仔海港乃
爲漁業發源地，它的獨特風貌、歷史文物及文化特色，應予以保
存」和「應著眼於保存漁港的風貌及歷史文物」的說法，但仔細觀
看便會發現主題是「香港的『漁人碼頭』應能反映中國文化特
色」。雖說「應保存冰鮮魚及活魚市場於『漁人碼頭』內」和「不
應抄習西方如三藩市等「漁人碼頭」的模式」，但如何落實「漁人
碼頭」發揮香港仔漁港的特色的建議卻未有深入論述。⓱顯然發展

⓯　Mitsuhiro Yoshimoto, "Images of Empire: Tokyo Disneyland and Japanese
　　Cultural Imperialism," in Eric Smoodin ed., *Disney Discourse* (New York:
　　Routledge, 1994), pp.189-190.

⓰　施鵬翔：〈迪士尼島 2000〉，頁 110-112。

⓱　參見香港政府規劃署的網頁：「香港仔魚類批發市場重建研究」公眾諮詢
　　——意見及回應摘要http://www.info.gov.hk/planning/studies/wfm/wfm_c/
　　index_c.htm。

的模式是要按全球資本主義唯利是圖的模式複製三藩市「漁人碼頭」，香港仔不外是爲此主題添一絲「地方」味道和「中國」特色。其他如將油麻地一帶發展爲香港的高芬花園（Covent Garden），將中環伊利近街一帶發展爲蘇豪區（Soho）等都市重建都屬東施效顰，可說全無靈感。再者，從參與諮詢的人多有商界背景來看，便可見意見相當偏頗。⑱此等城市規劃只懂按商業原則移植海外成功的例子，視野狹隘，實在叫人洩氣。郭恩慈曾批評香港政府的虛擬旅遊點的設計低俗，只是將香港變成「有高度視覺效果的都市空間」，⑲可謂一針見血。

---

⑱　參與諮詢的人包括香港仔魚業商會、深灣遊艇俱樂部、香港仔飲食企業有限公司、香港仔田灣及石排灣分區委員會、漁農業諮詢委員會、香港藝術發展局、香港理工大學、香港註冊旅遊聯絡員協會、香港小輪(集團)有限公司、香港漁民互助社、香港漁業聯盟、香港建築師學會、香港工程師學會、香港基礎建設學會、香港地產行政學會、香港規劃師學會、香港測量師學會、港九水上漁民福利促進會、香港科技大學、香港漁民團體聯席會議、銀禧國際旅遊有限公司、嘉華地產有限公司、九廣鐵路公司、土地發展公司、利苑酒家集團、根記華盛海鮮、地鐵公司、明記集團有限公司、新世界第一巴士服務有限公司、規模城市規劃設計事務所、香港海洋公園、香港地產建設商會、長江實業(集團)有限公司、恒基地產有限公司、太古地產有限公司、許李嚴建築師有限公司、西貢遊艇會、春天舞臺製作有限公司、仕德福國際酒店、天星小輪有限公司、南區漁民合作社有限責任聯社、香港酒店業業主聯會、旅遊業策略小組、香港旅遊業議會、九龍倉集團及來自漁農處、建築署、旅遊事務署、經濟局環境保護署、民政事務總署、地政總署、海事處、規劃環境地政局、規劃署拓展署和運輸署的政府代表；詳參http://www.info.gov.hk/planning/studies/wfm/wfm_c/index_c.htm。

⑲　郭恩慈：〈從建設香港到香港城市文化〉，郭恩慈編著：《發現設計·期盼設計》（香港：奔向明日工作室，1997），頁57-59。

這些全球化趨勢的最大問題是使將主題和地方與社區和人文關懷割裂，目的看來只是要建立如笛雪透所言的「概念城市」（concept city）。❷邵健偉在分析香港的都會計畫時便曾以臺灣城鄉研究所夏鑄九的「沒有社會的城市」（city without society）來形容香港：「人的關係、社區關係及其保存一直都不被重視」。❷這些主題彷彿可以將「全球」與「本土」共冶一爐，實則只是將「本土」化約為虛擬空間，不外滿足如戴力克所言的「全球本土主義」（global localism）將「本土」商品化的邏輯。全球化的虛擬空間主要是服膺於全球資本主義一切以效益為上的運作邏輯，看來會使香港變成一個抹除了「人文地形」的「沒有社會的城市」。從前有論者說香港是一個龐大的「中國城」，❷也許在全球資本主義的年代這個中國城已變成了一個跨國資本匯聚的大商場，「流動資本的首都」（the capital of freewheeling capital）。❷

---

❷ Michel de Certeau, *The Practice of Everyday Life* (Berkeley, Los Angeles and London: University of California Press, 1984), p.95.

❷ 邵健偉：〈社區保存：香港都會計畫中「疏散式」概念的再思〉，《發現設計‧期盼設計》，頁 93；有關「沒有社會的城市」可參夏鑄九：《空間歷史與社會論文選 1987-1992》（臺北：臺灣社會研究叢刊，1993），頁 247。

❷ Christopher Hitchens, "There'll Always Be an India," *Vanity Fair* (Aug 1997), p.60. 轉引自 Jonathan Arac, "Chinese Postmodernism: Toward a Global Context," *Boundary 2* 24:3 (Fall 1997), p.268.

❷ 引自 Rey Chow, "King Kong in Hong Kong: Watching the 'Handover' from the USA," *Social Text* 55 (Summer 1998), p.105.

# 虛擬、場所、生活空間

　　假使我們同意身分認同可能深植於「場所」（place）意識之中，即「場所政治就是身分認同政治」❷，就有必要細究城市空間設計是否變成了日常生活實踐的桎梏。籠統而言，一直以來傳統城市空間論者多持兩種看法，一方面視城市空間乃被資本主義的運作邏輯主宰，人們只是受困於被動的消費模式之中，另一方面則著重探析在日常生活實踐中作主動創造，借生活情趣瓦解主導壓迫的可能性。以下將按上一節所論香港這個全球化大都會近年的城市空間發展，進一步揭示全球化年代的新城市空間秩序與日常生活的糾結，藉此衡估生活實踐的功效。誠如莎辛在其著名的全球化研究指出，全球化城市一方面是全球化企業鞏固勢力的地方，但另一方面也是弱勢社群爭取聲音的據點──雖然那不是公平競技的場所。❷與其奢望城市發展必然促使文化進步，或心存妄想逆轉全球化的發展，倒不如介入轉變中的城市空間，從內辨識日常生活實踐來尋找生活空間的（不）可能性。

　　在討論「空間」的課題之時，列斐伏爾是不可不提的重要批評家。列斐伏爾在其名著《空間的生產》（*The Production of Space*）

---

❷　Jane Jacobs, *Edge of Empire: Postcolonialism and the City* (London and New York: Routledge, 1996), p.36.

❷　Saskia Sassen, *Globalization and Its Discontents* (New York: The New Press, 1998), pp.xxxiv.

中指出，空間乃由主導機制操控。❷他的學生夏維（David Harvey）更認定城市空間在全球資本主義下已變成具交換價值的商品。❷列氏認爲要改變社會就必須從城市空間著手，而要抗衡由資本主義操控的空間就有賴人們以開拓自己的「生活空間」（lived space）來再造理想生活。可是，在上述全球資本只講求效益的年代，「生活空間」還是否存在？正如邵健偉所曾指出，香港城市規劃委員會爲了得到更多土地和空間，便實施「疏散」（thinning out）策略來感低重建後的社區密度，即將原有社區打散，將居民遷徙別區，目的是更有「效率」的運用土地。❷這種只講求「效率」的都市重建當然會破壞人們的生活空間，但在全球資本主義的發展話語之下，這卻被定義爲進步和現代化的過程。爲了提供更「優質」的生活，政府興建商場、市鎮公圓來供市民遊玩，但只重經濟效益的心態使每個社區大同小異，使人欠缺「歸屬感和獨特感」，❷可說是只有生存而無生活空間。香港不但公型房屋和社區的設計樣版化，就連私人發展商的大型屋村的建築以至設計也經常一模一樣，實在難以使人有家的感覺。更重要的是爲了掩飾蒼白無

---

❷ Henri Lefebvre, *The Production of Space*, trans. Donald Nicholson-Smith (Cambridge and Oxford: Blackwell, 1991), p.8.

❷ 詳參 David Harvey, *The Urban Experience* (Cambridge and Oxford: Blackwell: 1989) 及 *Justice, Nature, and the Geography of Difference* (Cambridge and Oxford: Blackwell: 1996).

❷ 邵健偉：〈社區保存：香港都會計畫中「疏散式」概念的再思〉，頁 90。

❷ 邵健偉：〈社區保存：香港都會計畫中「疏散式」概念的再思〉，頁 102。

力的設計，政府和地產商的都會計畫會以上一節所提到的主題和地
方感來作點綴。於是有由歷史文物上環街市重建的西港城變成購物
商場，售賣的除懷舊商品外，還有因中環都市發展而被逼遷至此的
布匹商戶；於是有九龍寨城公園以懷舊、歷史的主題出現，卻與地
方完全無關。地產商則在各千篇一律的大型商場和屋村加入主題，
如荷里活商場隨便放些美國汽車和馬車便說有荷里活情調，愉景新
城以塑膠樹木來綠化爲森林氛圍，售賣的卻是一式一樣的連鎖店商
品。地產商又在高峰期幾乎可說是一本萬利的大型樓房慷慨的加上
不同主題或地方特色：甲樓盤有威尼斯會所、乙樓盤有羅馬浴池、
丙樓盤有凡爾賽宮花園，浮面得叫人失笑。如此情況在不少中國大
陸的樓房中也有出現，甚麼加州、巴黎、邁亞美花園，驟耳聽來以
爲進了世界之窗。整個城市就此變成了一個大型的世界之窗。

　　有如卡斯泰爾斯（Manuel Castells）所說，全球化城市並不是
「場所」，而是高級服務的生產和消費及其附屬的本土社會連成一
個全球網絡的過程。**⑳**這些虛擬的地方感不能使人有場所意識，在
看來可以提昇人們的生活質素之餘，卻不能提供改善人們日常生活
的空間。**㉛**布希亞著名的擬像理論爲我們提供了從理論層面探析虛
擬與空間的微妙關係的據點。布希亞認爲影像的發展可分四個層
次：從反映現實到遮掩或扭曲現實到遮掩現實的匱缺，到最後與現

---

**⑳**　Manuel Castells, *The Rise of the Network Society* (Oxford: Blackwell, 1996), p.386.

**㉛**　可參郭恩慈：〈從建設香港到香港城市文化〉，頁65。

實全無關係。㉜循此，他提出一種沒有指涉對像的類像空間，以迪士尼樂園爲後現代超眞實空間的範例，迪士尼樂園的超眞實類象「比眞還眞，成爲一種在『幻象式的逼眞』中自我潤飾琢磨的眞實」，借顏忠賢的話來說，「迪斯奈（迪士尼）樂園中的美國模型要比社會世界中的眞實來得更眞，就彷彿美國愈來愈像迪斯奈樂園」。㉝布希亞進一步指出，迪士尼樂園不是個別例子，羅省(Los Angeles)乃被很多「想像式地方」包圍，它們爲這個「作爲無止境而又不眞實的流通網烙，沒有空間(space)和向度(dimensions)，只有精確比例的城市提供現實。」㉞其實鄰近羅省的賭城拉斯維加斯(Las Vegas)亦是類似例子。拉斯維加斯本身根本就是一個類象，由「紐約」（New York New York）、「巴黎」（Paris）、「威尼斯」(Venetian)、「樂蜀」（Luxor）、「凱撒皇宮」(Caesar's Palace)等飯店的古今虛擬空間拼湊而成。羅省和拉斯維加斯是「沒有空間和向度，只有精確比例的城市」的說法完全適用於今日的香港。當虛擬比眞實還更眞實之時，一切只剩「精確比例」。當人的一切差異被「處理」爲相同，人的不同經驗被圈定爲單一的需要，㉟上文所

---

㉜ Jean Baudrillard, *Simulations*, trans. Paul Foss, Paul Patton and Philip Beitchman (New York: Semiotext(e), 1983), p.11.

㉝ Baudrillard, *Simulations*, pp.23-25; 顏忠賢：《不在場：顏忠賢空間學論文集》（臺北：田園城市，1998），頁 10。

㉞ Baudrillard, *Simulations*, p.26.

㉟ 按城市設計大師柯布斯（Le Corbusier）的說法，人在城市中應被「處理」爲相同，見 Le Corbusier, *Precisions: On the Present State of Architecture and City Planning* (Cambridge and London: The M.I.T. Press, 1991). 邵健偉正確的指出，這觀點會使「任何在社會中的東西（包括

述的生活空間也就變得不再可能了。

　　上文已曾提出，有文化理論家認爲有可能在日常生活實踐中作主動創造，借生活情趣瓦解主導的壓迫。笛雪透「在城市中遊走」的理論便爲這種看法帶來啓示。他相信遊走和城市的關係就等說話行爲與語言的關係，就像言說可以有無限的可能性遊走就不一定要遵循既有軌跡。❸笛雪透的理論建基於場所（place）和空間（space）的對比。按其說法，場所不同位置的排列有著一種穩定性，而空間則是不同元素交疊的流動關係，故「空間是實踐中的場所」。❸（我們有必要先在此釐清「場所」和「空間」所可能引起的混淆。本文的「場所」其實同時已包含笛氏的實踐意涵，而其「空間」則類近本文一直強調的生活空間。❸）無疑笛氏說法有其道理，但我們也要兼顧近年全球化趨勢對場所的影響。上文已曾說明在全球本土主義的年代，城市發展甚至已將場所變成由地方式主題拼湊而成，只具高度視覺效果的虛擬景觀。從前城市設計者相信我們要有「全球性思想、本土性行動」（think globally, act locally），但正如戴力克所

---

人），都可被理性化、標準化、規限化及模式化，並且可再重新分割、解體、孤立或再組合，安放在於一預先設定及程式化了的環境。」邵健偉：〈社區保存：香港都會計畫中「疏散式」概念的再思〉，頁 92。

❸ De Certeau, *The Practice of Everyday Life*, pp.97-99.

❸ De Certeau, *The Practice of Everyday Life*, p.117.

❸ 據馬思（Doreen Massey）的說法，場所無形式上的界限，沒有單一身分，充滿內部差異；一言以蔽之，場所不是靜態的（static），而此已有笛雪透的實踐意涵；參見 Doreen Massey, "Power Geometry and a Progressive Sense of Place," in Jon Bird et al.eds., *Mapping the Futures: Local Cultures, Global Change* (London and New York: Routledge, 1993), pp.59-69.

言，這個口號早已被跨國企業挪用爲其市場策略，作爲牟取更多利潤的工具，因此已失去其應有的動力。❸若市民不能介入全球化城市的設計，在當中的遊走可能亦變成了在虛擬國度中的程式行爲，失去了實踐的功效。❹要貫徹笛雪透遊走理論的實踐意涵，列斐伏爾對城市的洞見可資參鏡：「對城市的思考必須保存相互衝突的不同方面：局限與可能性、和平與暴力、相聚與孤單、會面與分離、平凡與詩意、野蠻的功能主義與叫人意外的即興表演……」❹在如此的活潑城市空間，生活實踐才有可能。全球化講求效益、一體化、可預計性（calculability），與此說法可說背道而馳。準此，要實踐笛雪透的理想，除了主動的以遊走來作日常生活實踐外，也有必要介入全球化年代的城市規劃，從內逆反其運作邏輯。

# 後話：從「比特之城」到超級城市

近年互聯網建構了一個虛擬國度，而這個「比特之城」（city

---

❸ Scott Lash and John Urry, *Economies of Signs and Space* (London and Thousand Oaks: Sage, 1994), p.279; Dirlik, *The Postcolonial Aura*, p.95.

❹ 陳宇進在反思臺灣的城市設計時曾經指出，推動城市發展的有市場、國家與居民三種主體。近年臺灣的都會計畫一直爲政商主導，城市遂變成投機者樂園。因此，居民有必要積極表達參與生活空間塑造的意願，才可改變現狀；參見陳宇進：〈導言〉，林崇傑等：《市民的城市：城市設計與地方重建的經驗》（臺北：創興出版社，1996），頁 xi-xiii。

❹ 轉引自 Henri Lefebvre, *Writing on Cities*, Selected, translated and introduced by Eleonore Kofman and Elizabeth Lebas (Oxford and Cambridge: Blackwell, 1996), p.53.

of bits）又將虛擬與眞實變得更複雜，虛擬更可能不再是從屬於眞
實世界，而是會反過來使城市觀念出現根本的劇變。循此，我們反
思全球化大都會的城市空間之時，也不能只按覈往跡，而是有必要
將思維導向新的角度。雖說網絡社會的興起使人可以足不出戶便能
購物、娛樂和辦理很多庶務，形成了一種「家庭中心」的新社會組
構，但如卡斯泰爾斯所指出的那樣，網絡社會的影響固然很大，但
那只構成城市和空間的轉型，並不代表城市的死亡。❷據米切爾
（William J. Mitchell）的說法，互聯網改變了城市的概念，無論書
店、博物館、劇場、校舍、百貨商場、醫院、監獄、銀行以至金融
市場都出現了「解構和重組」。互聯網一方面複製了城市空間，另
一方面亦提供了一個契機，叫我們從新考量空間、自然環境和城市
氛圍的關係。比方，米切爾認爲互聯網改變了人的身體沿通道路徑
運動的模式，因而「我們一向期待的那種空間的聯繫性鬆馳了」，
而這可能再非幻想：「獨特的自然環境、富有文化氣氛的都市氛圍
以及具有特殊社會含義的地方社區將日益重拾它們的權威。」❸可
是，在希望之餘也有必有繼續抱懷疑的態度。著名的空間研究流派

---

❷ Castells, *The Rise of the Network Society*, p.398.Graham and Marvin 也認爲空
間雖在全球化脈絡中變得流動，但那卻並不容易消除人們對地方的歸屬
感。參郭恩慈：〈從網絡世界到現象世界〉，郭恩慈編著：《香港空間製
造》（香港：Crabs Company Limited，1998），頁 30；原文見 Stephen
Graham and Simon Marvin, *Telecommunications and the City: Electronic
Spaces, Urban Places* (London and New York: Routledge, 1996), p.38.

❸ William J. Mitchell, *City of Bits: Space, Place, and the Infobahn* (Cambridge:
The M.I.T. Press, 1995), Chapter 4. 中譯引自范海燕、胡泳譯：《比特之
城：空間‧場所‧信息高速公路》（北京：三聯書店，1999），頁 101.

處境土義（Situationist International）便曾警告我們，資本主義已將社會變成一個景觀，如戲院便是一個擬像空間，會蒙敝觀眾，使他們迷失於虛假的時空之中。**❹**「比特之城」也可能被設計為全球經濟下的一個景觀。處境主義一再強調在都市發展中必須照顧生活處境，不能迷失於沒有場所意識的景觀之中，唯此才能抗衡資本主義對我們的生活環境的宰制。本文認為這個說法不是要固守本土，一面倒抗拒全球化。積高絲（Jane Jacobs）已曾正確的指出，「眞純的本土與侵略性的全球之二分有著一種很有問題的懷古迷思」。**❺**哈維爾也曾強調兩者其實互為關鎖。**❻**積高絲在總結她有關後殖民城市的討論時指出，最重要的是以當下的權力和身分的空間性那種尙未定型的不穩定性，取代過去的地圖上的穩定安全感。**❼**這裡所講的不穩定性（uncertainties）其實類似蘇亞（Edward Soja）所言的「第三空間」，即在解構第一空間認識論（重客觀性和物質性，是一種空間的形式化科學）和第二空間認識論（視空間知識為話語生產，重想像多於知覺）的二分後所帶出的不同可能性，與列斐伏爾稱城市為「可能性機器」（possibilities machine）異曲同工。**❽**唯此才能成

---

**❹** Guy Debord, *The Society of Spectacle* (Michigan: Black and Red, 1983), pp.145-150.

**❺** Jacobs, *Edge of Empire*, p.36.

**❻** David Harvey, "From Place to Space and Back Again: Reflections on the Condition of Postmodernity," in Bird et al.eds., *Mapping the Futures*, p.11.

**❼** Jacobs, *Edge of Empire*, p.163.

**❽** Edward Soja, *Thirdspace: Journeys to Los Angeles and Other Real-and-Imagined Places* (Cambridge and Oxford: Blackwell, 1996), pp.74-81.有關三種城市空間的詳細論述，同時可參 Edward Soja, *Postmetropolis: Critical*

就列斐伏爾的城市意涵，讓「獨特的自然環境、富有文化氣氛的都市氛圍以及具有特殊社會含義的地方社區」重拾它們的權威。理性和只重效益的城市設計或可提昇生活享受，但絕不是生活空間的保證。

莎辛曾經指出，全球化的新格局形成了一種由都會之間的相互關係主宰的新經濟地理，造就了由紐約、倫敦、東京、巴黎、法蘭克福、蘇黎世、亞姆斯特丹、羅省、悉尼和香港等大都會（近期還延展至聖保羅、布宜洛斯艾利斯、孟買、曼谷、臺北、墨西哥城）所組成的國際財經網絡。此等大都會與其所屬國家的其他城市的發展愈來愈懸殊，不公平的現象亦愈來愈嚴重。[49]再者，據卡斯泰爾斯的預計，「超級城市」（megacities）不久便會在新千禧出現，而他更以香港、深圳、廣東、珠江三角洲、澳門和珠海等地所將會形成的網絡作為「超級城市」的範例。[50]他構想中的「超級城市」的特點是有全球化連繫，但本土則內部斷裂（指社會上不同階層的人之間分崩離析）。[51]假如他的預測真的實現的話，全球化城市的版圖將會急劇擴展，上文所述全球資本對城市空間的主宰將更加廣泛，生活空間更形萎縮。香港政府規劃署 2000 年的堂皇口號是「齊來共創，國際都會，理想規劃，樂業安居」。[52]這個理想固然動聽，但要注

---

   *Studies of Cities and Regions* (Oxford and Malden: Blackwell, 2000), pp.10-12.

[49]   Saskia Sassen, "Spatialities and Temporalities of the Global: Elements for a Theorization," *Public Culture* 12:1 (2000), pp.224-225.

[50]   Castells, *The Rise of the Network Society*, pp.403-410.

[51]   Castells, *The Rise of the Network Society*, p.404.

[52]   參見香港政府規劃署的網頁："http://www.info.gov.hk/planning/index_c.htm."

意的是在「齊來共創，國際都會」和「理想規劃，樂業安居」之間可能存在一條鴻溝。假如我們不去介入城市發展，以對生活空間的反思來跨越鴻溝，城市發展將會失足墮下深淵。且讓我借用郭恩慈的話來作結：「將空間還給環境，將文化還給生活。」❺❸

---

❺❸　郭恩慈：〈序言（一）〉，郭恩慈編著：《香港空間製造》，頁ii。

# 我是誰？全球資本主義年代的
# 後殖民香港文化

## 前　言

　　香港回歸中國，慶祝活動才完結不久，金融風暴席捲亞洲，香港的泡沫經濟爆破，九七前討論得甚囂塵上的政治和文化身分認同一下子便被香港經濟奇蹟的幻滅所蓋過。在後過渡期間，香港身份認同的討論曾經幾乎像當時的樓市一樣熾熱，不同的會議以至電視節目（如《香港傳奇》）都嘗試重新描畫香港的歷史，研究計畫也全面展開，從前無人問津的香港文化研究居然變成了「藍籌」題目。曾幾何時，香港文化身分認同像股市樓市的泡沫一樣叫人著迷，終於亞洲金融風暴吹醒了南柯好夢。

　　本文寫在後九七香港那種史無前例的脈絡之中，這可說是審視全球資本主義年代的後殖民文化的理想場景。眾所周知，後學在過去二三十年間崛起甚速，後殖民論述可說是其中一個最熱門的批評課題。然而，香港學院的反應一直遲鈍，要到八十年代末九十年代初才開始探討後殖民問題，而後過渡期也為有關後殖民身分認同提供了有利的發展環境。亞披亞（Kwane Anthony Appiah）和蓋茨（Henry Louis Gates Jr.）曾在他們編輯的《批評探索》（*Critical*

*Inquiry*）「身分認同」（"Identities"）專號的序寫過，身分認同政治與階級、種族和性別有密切關係：

> 文學史家大可將八十年代標示爲種族、階級和性別變成了文學批評的鐵三角的時期……可是，在九十年代，種族、階級和性別有淪爲批評論述的陳腔濫調的危險。在這期專號，我們希望藉著探索身分認同的形成和主體性問題，打破身分認同論述的陳套框框。❶

如是觀之，西方學院經歷了種族、階級和性別的討論才進而思考不同身分認同的可能性，但香港卻是直接進入了身分認同論述的年代。難免會有此疑問：爲何在八十年代末以前香港一直對後殖民論述視而不顧，卻在後來如斯重視身分認同？簡單的臆測自然是1997 回歸的緣故。在著名的〈後殖民氛圍：全球資本主義年代的第三世界批評〉中，戴力克（Arif Dirlik）曾經指出，後殖民論述與全球資本主義有著微妙的共謀。❷香港的情況正是明例。誠如周蕾所言，香港人常被再現爲一種「補償邏輯」：「因缺少某種事物——政治權力——而將精力轉移到經濟之上。」❸在第三世界批評

---

❶ Kwame Anthony Appiah and Henry Louis Gates Jr., "Editors' Introduction: Multiplying Identities," *Critical Inquiry* 18 (Summer 1992), p.625.

❷ 參見 Arif Dirlik, "The Postcolonial Aura: Third World Criticism in the Age of Global Capitalism," in Dirlik, *The Postcolonial Aura: Third World Criticism in the Age of Global Capitalism* (Boulder: Westview Press, 1997), pp.52-83.

❸ Rey Chow, "Things, Common/Places, Passages of the Port City: On Hong

當道的年代，人們自然認為香港既已有蓬勃的經濟，而又面臨回歸的問題，故有必要重新思考、建立自己的身分認同。然而，由於上述的「補償邏輯」，香港身分的尋找過程卻一開始便無法不與其在全球經濟的成功位置糾纏一起。在真正討論全球資本主義年代的香港身分認同的文化意涵之前，我們有需要粗略回顧一下後殖民身分認同理論的發展及其與香港文化論述的關係。

## 後東方主義時期的香港論述

在後殖民論述的脈絡中，其中一個最重要課題是沉默他者要尋回已失去的聲音，從而對殖民文化作出抗衡。薩伊德（Edward Said）的《東方主義》（*Orientalism*）在這方面可說是既有貢獻也有缺失。它成功地開拓了「歐美國家對亞洲的研究中歷史詮釋、文化與政治的重疊」的論述空間。❹巴巴（Homi Bhabba）則指出了薩伊德的東西方二分的缺點，認為他未能細究殖民者與被殖民者之間的複雜含混關係，故他自己更加強調後殖民論述的「混雜」、「含混」、「夾縫性」和「第三空間」等特點。❺史碧娃（Gayatri

---

Kong and Hong Kong Author Leung Ping-kwan," *Ethic After Idealism: Theory - Culture - Ethnicity - Reading* (Indianapolis and Bloomington: Indiana University Press, 1998), p.177.

❹ Dirlik, "Chinese History and the Question of Orientalism," in *The Postcolonial Aura*, p.105.

❺ 詳參 Homi Bhabha, *The Location of Culture* (London and New York: Routledge, 1994).

Spivak）則提醒我們後殖民論述也難免會被體制化，而當它進入學院機制之後，必然會產生變化，甚至可能失去當初的介入能力。❻要言之，「混雜」、「夾縫性」不外仍是由中心所合法化的。此外，戴力克也曾明晰的論述東方主義已經變得更為複雜的情況，指出「東方人的東方主義」或東方人的「自我東方化」已經使問題變得更加難以辨認。這個問題可說有雙重含意：一方面東方藉「自我屬僚化」來獲得論述權力，另一方面又會將東方文化變成論述商品。❼易言之，雖然東方主義已對西方學院作出了衝擊，東方主義者仍可以不同面具掩飾自己的真面目，以批判性東方主義為名發展一己的專業。

專就身分認同而言，不少批評家（如 Benita Parry）認為有必要重新建構後殖民身分，因為「後國族」、「後身分認同」等觀念其實大有疑問。此外，另一些批評家（如 Kwame A. Appiah）擔心後殖民知識分子變成「他性機器」，後殖民身分淪為商品（Spivak）或「他者工業」（周蕾）。❽三好將夫（Masao Miyoshi）又從另一角度提

---

❻ 詳參 Gayatri Chakravorty Spivak, *Outside in the Teaching Machine* (New York and London: Routledge, 1993).

❼ 詳參 Rey Chow, "Where Have All the Natives Gone?" *Writing Diaspora: Tactics of Intervention in Contemporary Cultural Studies* (Indianapolis and Bloomington: Indiana University Press, 1993), pp.27-54.

❽ 詳參 Benita Parry, "Resistance Theory/Theorizing Resistance, or Two Cheers for Nativism," Francis Barker et al eds., *Colonial Discourse/Postcolonial Theory* (Manchester and New York: Manchester University Press, 1994), pp.172-196; Gayatri Chakravorty Spivak, "Acting Bits/Identity Talk," *Critical Inquiry* 18 (1992), pp.770-803; Kwame Anthony Appiah, "Is the Post- in

出「國族」觀念日漸消滅，跨國集團代之而興，阿馬德(Aijaz Ahmad)則剛好相反，堅稱「國族」其實日漸強大。❾如阿伯杜萊(Arjun Appadurai)的批評家深信雖然「後國族」並非無理，但那決不等如「從前的國家民族疆界形式已經消失」。❿另一方面，其他批評家又提出在後國族的全球化世界中，新的國際分工（包括經濟和學術）才更重要，中心邊緣已由地理轉爲社會模式。⓫無論如何，論者都似乎同意全球和本土的辯證已代替了從前的東西方框架。借阿伯杜萊的話來說，這已經是「本土的全球化生產」的年代。⓬同時，戴力克又提醒我們，本土不是「純淨」的位置，周蕾也警告將原始（本土）理想化會造就一種危險的「原始情欲」。⓭

Postmodernism the Post- in Postcolonial?" *Critical Inquiry* 17 (1991), pp.336-357; Rey Chow, "Where Have All the Natives Gone?".

❾ 詳參 Masao Miyoshi, "A Borderless World? From Colonialism to Transnationalism and the Decline of the Nation-State," *Critical Inquiry* 19 (1993), pp.726-751; Aijaz Ahmad, "The Politics of Literary Postcoloniality," *Race and Class* 36 (1995), pp.1-20.

❿ Arjun Appadurai, *Modernity At Large: Cultural Dimensions of Globalization* (Minneapolis and London: University of Minnesota Press, 1996), p.169.

⓫ 詳參 Rajeswari Sunder Rajan, "The Third World Academic in Other Places; or, the Postcolonial Intellectual Revisited," *Critical Inquiry* 23 (Spring 1997), pp.596-616; Ankie Hoogvelt, *Globalisation and the Postcolonial World: The New Political Economy of Development* (London: Macmillan, 1997), pp.144-148.

⓬ Appadurai, *Modernity At Large*, p.188.

⓭ 戴力克寫道：「對純正本土的堅持可能會變成一種反動的老式壓迫重生的藉口」，參見 Arif Dirlik, "The Global in the Local," *The Postcolonial Aura: Third World Criticism in the Age of Global Capitilalism* (Boulder: Westview

在以上的後殖民論述生產洪流中，⓮廖炳惠認爲這些理論未必能夠充分闡釋亞太地區的文化狀況。⓯廖炳惠以臺灣爲例：「要理解當代臺灣公共文化的複雜多重性質和相對的自主，我們或許要以不同的另類後殖民主義（alternative postcolonialisms）來尋找新的理論化模式。」⓰也許這正是後殖民論述給我們的最寶貴啓示：在全球資本主義年代以嶄新的方式描畫香港的另類後殖民想像。不幸的是，圍繞後殖民香港文化的討論雖然激烈，但範圍卻相當狹隘。相關的討論大多集中於本土身分認同的有限空間，而正如阿巴斯（Ackbar Abbas）所言：

> 迅速尋找答案的需要爲〔香港身分認同〕提供了一種溫室環境。無可避免的結果是只聽到一些有關身分認同的老生常談，不是純正的中國性就是東西交疊的混雜性。⓱

---

Press, 1997), p.98.周蕾寫道：「(原始情欲中的)原始不但是壓迫性的官方論述的中心部分，更主宰和滲透了官方論述的抗衡批判的結構……」Rey Chow, *Primitive Passions: Visuality, Sexuality, Ethnography, and Contemporary Chinese Cinema* (New York: Columbia University Press, 1995), p.49.

⓮ 有關後殖民批評的重要意涵，詳參 Arif Dirlik, *After the Revolution: Waking to Global Capitalism* (Hanover and London: Welesyan University Press, 1994), pp.91-100.

⓯ 廖炳惠：〈後殖民研究的問題及前景〉，《當代》第 122 期（10/1997），頁 66-73。

⓰ Ping-hui Liao, "Postmodern Literary Discourse and Contemporary Public Culture in Taiwan," *Boundary 2* 24 (Fall 1997), p.63.

⓱ Ackbar Abbas, "Hong Kong: Other Histories, Other Politics," *Public Culture* 9 (Spring 1997), p.296.

阿巴斯的說法點出了兩大重要方向。首先，香港身分認同與中國性可說是一體之兩面。（比方，論者便曾按「文化中國」的理路考量香港和中國文化身分。）然而，當我們思考「中國性」的時候（就算是非中心的「中國性」），也必須緊記巴里里（Etienne Balibar）提出的「虛構種族性」（fictive ethnicity）──以一種虛構的共同源頭來給與人們一種同一的社群文化的錯覺。⑱正如陳奕麟所言，身分認同必然是一種有疑問的建制觀念。⑲再者，有關香港身分認同討論也有按混雜的角度來展開。「混雜」的理論架構受香港人歡迎是不難理解的，香港文化本身就沒有殖民以前的自足文化。以巴巴的話來說，文化「翻譯」（translation)在後殖民論述中比傳統(tradition)更爲重要。可惜，混雜香港文化常被視爲被殖民的單純受害者，本身的排他政治和暴力並未有受到足夠注意。⑳周蕾便常常提到，被殖民者的他者並不是無知及沒有權力架構的。如鄭明河（Trinh Minh-ha）所言，最重要的是記住「身分認同乃政治標記，並非是與生俱

---

⑱　Etienne Balibar, "The Nation Form: History and Ideology," Immanuel Wallerstein and Etienne Balibar, *Race, Nation, Class: Ambiguous Identities* (London: Verso, 1991), p.96.

⑲　Allen Chun, "Fuck Chineseness: On the Ambiguities of Ethnicity as Culture as Identity," *Boundary 2* 23 (Summer 1996), pp.111-138.

⑳　葉蔭聰：〈邊緣與混雜的幽靈〉，陳清僑編：《文化想像與意識形態》（香港：牛津大學出版社，1997），頁 31-52。此外，戴力克又提出了混雜的另一個問題：「後殖民批評所指的混雜經常是第一世界和後殖民世界的混雜；據我所知，從來沒有後殖民知識分子之間的混雜。」Arif Dirlik, *The Postcolonial Aura: Third World Criticism in the Age of Global Capitalism*, p.65.

來的。」❷

　　以上的討論叫人感到洩氣。後殖民論述的連串論點似乎並沒有解開香港文化身分認同的困境，反而製造了更多問題。從本土身分到中國性到混雜的香港性，我們彷彿走了一圈，又重新回到最基本的問題之上，而這問題又基本得無法解答。可是，換一個視點來看，以上的討論未嘗沒有作用：全球資本主義年代的後殖民香港文化論述正是必然要處於以上那種急湍的論述洪流之中來作考量的。更多問題也許更能帶出身分認同的不同可能性。

# 東方主義全球化：
# 《明日帝國》和《血仍未冷》

　　在這一節我將會以後殖民香港第一個農曆年檔期（1998）的電影來分析全球經濟中的後殖民身分認同的複雜處境。很明顯香港文化是多元的，但由於篇幅所限，本文只能集中討論香港電影，希望能以此爲例引出後殖民香港文化的獨特位勢。下文將會說明這些電影體現了香港身分認同與東方主義、後殖民主義和全球資本主義的微妙關係，而分析將會瞄準至五套在 1998 年農曆年間在香港上映的電影。這五套電影包括《鐵金剛之明日帝國》、《血仍未冷》、《我是誰》、《行運一條龍》和《九八古惑仔之龍爭虎鬥》。後三

---

❷　Trinh T. Minh-ha, "The Undone Interval," Iain Chambers and Lidia Curti eds., *The Post-Colonial Question; Common Skies, Divided Horizons* (London and New York: Routledge, 1996), p.16.

套是港產電影，而前兩套則是荷里活製作，但片中卻有港產影星周
潤發和楊紫瓊分別擔任男女主角。

香港電影工業近年一直以進軍荷里活爲最大夢想。吳宇森實現
了這個美夢，而以演員而言，則有周潤發和楊紫瓊在荷里活製作中
出任要角時才算夢想成眞。《明日帝國》和《血仍未冷》可說是史
無前例的，那是香港演員首次堂而皇之的擔任男／女主角。「東方
荷里活」終於眞正成爲荷里活的一部分（我特意用「東方」來凸顯當中
所可能隱含的「東方主義」成分。）薩伊德的讀者一定會因看到《明日
帝國》和《血仍未冷》而雀躍萬分，可以充分表演批判東方主義的
批評伎倆。無可否認，「東方主義」式再現可說在兩套電影中都幾
乎無處不在。《明日帝國》雖然是第一套較重視女主角的鐵金剛電
影，不再單純視邦女郎爲性感的花瓶，但楊紫瓊作爲第一個邦女
郎，卻仍是要在西方凝視之下展示其身體。比方，楊紫瓊雖然在很
多場合都有幫助男主角，甚至有時還給人一種主導的感覺，但在片
中卻依然要無端在充滿墨西風情的東南亞中淋一次浴，展示其濕水
襯衣下的東方女性胴體，當中的誘惑成分也許不下於第一個邦女郎
烏蘇拉安德絲（Ursula Anders）的著名三點式泳衣。這一方面符合
了中國女性的傳統保守形象，另一方面又爲西方凝視提供了欲望的
對象。再者，戲中楊紫瓊多次協助男主角，但其中一場最重要的戲
卻是楊替男主角用中文輸入法。從電影的製作、劇情到包裝，「中
國性」可說都是最爲突出的賣點，東方主義已是不喻自明。

有人可能會認爲《血仍未冷》中的周潤發可以改變東方的陰性
化形象。這一趟周潤發是名正言順的男主角，而女主角更是哈佛畢
業生美娜蘇雲璐（Mira Sorvino），性感花瓶的角色彷彿落在西方

人身上。可是，假如我們仔細的觀察，西方凝視與東方形象的運作邏輯其實並無改變。首先，片中的「中國性」比《明日帝國》有過之而無不及。中國符號可說無處不在：從男主角用的子彈上的「死」字到唐人街的昏暗後巷，從異國情調的中國廟宇到用香灰治傷，「中國」特色與《龍年》、《末代皇帝溥儀》等作品可說是同出一轍。這些「中國」符號的展覽在《血仍未冷》中卻以稍為不同的形式出現。當我們注意到《血仍未冷》的導演福賈爾（Antoine Fuqua）是以拍攝音樂錄影帶成名的，我們大概不會為片中的浮面「中國」符號感到意外。周潤發開槍的慢鏡頭顯然是刻意「無內指性」的，主要在於以浮面的影像吸引觀眾。

周潤發與女主角的關係可以說是「中國性」的另一例子。香港一些影評人曾戲言，假如男主角是常為香港導演所起用的尚格雲頓（Jean-Claude Van Damme），就定必會有一場床上戲，但現在男主角是中國人，香艷的床戲便欠奉了。這可能是中國人對性較為保守，但亦可能說是白人女性不能與東方男性有關係的禁忌。此外，女主角其實是哈佛的東亞語言及文化系學生，說得一口流利的國語，在宣傳時這也是常被凸顯的另一種「中國性」。

以上所論彷彿說明了東方主義在上述兩套電影中都反覆出現，而這次已變成戴力克所言的「東方的自我東方化」。我對以批判東方主義式讀法解析《明日帝國》和《血仍未冷》並無異議，但我也認為不能單單停留於此，必須把課題再推進一步，連繫到上一節所提及的全球化脈絡之上。按以上的討論來看，《明日帝國》和《血仍未冷》雖然是由「香港」演員擔任男女主角，但惹人注目的卻是「中國性」。周潤發和楊紫瓊的角色其實都是來自中國大陸，而不

是香港。在西方凝視中的中國形象中，香港可說是被雙重邊緣化了。這種東方主義式批判並非全無價值，但假如我們換個角度來看，也許更能洞察當中的問題。

正如上述，作為香港演員的周潤發和楊紫瓊在戲中都是以「中國人」的形象出現，那未嘗不可以說是一種將中國性物化為商品的手段。片中的「中國性」是否跟張藝謀電影中的鞏俐完全一樣？跟第五代電影截然不同，《明日帝國》和《血仍未冷》都是荷里活製作的「主流」電影，並非以「國家寓喻」的形式出現（觀眾如何解讀已是另一回事）。香港的「無身分」使周潤發和楊紫瓊在扮演中國人時毋須肩負中國的「國家寓喻」，卻又不會給人格格不入之感。㉒因此，跟《菊豆》、《大紅燈籠高高掛》以至《喜福會》等作品相比，《明日帝國》和《血仍未冷》的中國性商品化得毫不忸怩。換言之，「中國性」的符象之下並無國家寓喻的深層指涉。西方觀眾看第五代電影時正是對這種「深層」意涵最感興趣。在張藝謀電影中找到不少文化人類學意涵的批評家在看見《血仍未冷》的「浮面」中國符號時定必會感到意外。再者，作為電影工業的「邊緣帝國」㉓，香港一直以成為「東方荷里活」而感自傲。香港演員早就

---

㉒　「國家寓喻」出自 Fredric Jameson, "Third World Literature in the Era of Multinational Capitalism," *Social Text* 15 (Fall 1986)，後來引起了第三世界批評家的激烈辯論。可參 Aijad Ahmad, "Jameson's Rhetoric of Otherness and the 'National Allegory'," *Social Text* 17 (Fall 1987).

㉓　「邊緣帝國」一詞借自李丁讚：〈邊緣帝國：香港、好萊塢和（殖民）日本三電影對臺灣擴張之比較研究〉，《臺灣社會研究季刊》第 21 期（1996 年 1 月），頁 141-170。與亞洲其他地區為荷里活電影工業壟斷有所不同，香港電影乃跟荷里活呈現共謀關係的邊緣帝國（至少在九十年代

習慣了荷里活式製作模式，在拍攝荷里活電影時自然很容易適應。當香港觀眾看見周潤發和楊紫瓊在荷里活製作中擔大旗時，香港成功打進荷里活的神話也許已蓋過了任何有關雙重邊緣化的反思。這也正是香港文化身分認同在 1997 以前的典型狀況：香港的經濟成就一直被視作可以代替香港人身處東西文化之間、東方主義和全球資本之間的身分認同。在如此脈絡中，香港人被誤導向一種抑／或辯證：抑是堅信經濟神話及隨之而來的香港特性，或是只有建構本土身分才可抗衡全球資本主義無遠弗屆的侵略。在這個仿似十分合理的論點之下，香港與全球資本難捨難離的關係被掩飾了，其實香港也許是以出口中國性為主要任務，世界上最大的唐人街。東方主義與全球資本在香港而言是一體之兩面，而香港之成功正正是由於它成為全球資本主義的一份子，香港的身分正是在如此情況中發展出來的。

# 我是誰？

在這一節我們將從荷里活轉移到本土製作。當《明日帝國》和《血仍未冷》大量銷售中國性，並將香港雙重邊緣化的時候，看來香港人有必要重新建構屬於自己的身分認同。下文嘗試證明這個說

---

中期香港電影衰落之前）。有關荷里活電影工業與其他文化的電影工業在全球化年代的複雜關係，詳參 Fredric Jameson, "Notes on Globalization as a Philosophical Issue," in Fredric Jameson and Masao Miyoshi eds., *The Cultures of Globalization* (Durham and London: Duke University Press, 1998), pp.60-63.

法其實同樣充滿疑問。1998 農曆年間上映的三套「本土」製作或多或少也與香港身分認同有關，在上述兩套荷里活製作之外，也可以為我們提供另一視點審察上述那種「補償邏輯」。香港電影的「西化」其實在九十年代已進入成熟期（借石琪的話來說），正如石琪所說，成龍在國際市場的地位愈穩固，他的電影就愈西方。❷❹從《紅蕃區》、《簡單任務》、《一個好人》到《我是誰》，我們可以發現成龍電影的確愈來愈國際化／西化（或換用一個較「新殖民」的語詞：全球化）。因此，《我是誰》其實不算是純正的「本土」製作。無論如何，這部戲可以被視作香港在全球化年代日益「國際化」的位置的範例。作為成龍「後殖民」時期電影的頭炮，《我是誰》的名稱本身已有豐富喻意。批評家大概很快便會聯想到那正是香港人追尋後殖民身分認同的意思。然而，戲中卻幾乎完全沒有身分認同的嚴肅省思，「我是誰」只是主角短暫失憶時的名字。「我是誰」看來是在情節上的綽頭多於身分迷惑。它的功能不外是啓動成龍表演身手的精彩情節（從原始的非洲沙漠到先進的荷蘭市區）。戲中的場景都經小心挑選，目的在於令成龍有機會一展亡命特技，而又讓觀眾像觀看旅遊節目般享受愉快的跨國旅程。要言之，我們知道主角是「成龍」，而不是「我是誰」。當然，我們也可推斷「我是誰」的其他意涵。比方，那可以是成龍在自己的電影愈來愈國際化（市場、製作以至場景）之時間自己的一個問題。成龍再不「香

---

❷❹ Shek Kei, "Hong Kong Cinema from June 4 to 1997," in *Hong Kong Cinema Retrospective: Fifty Years of Electric Shadows* (Hong Kong: Urban Council, 1997), p.125.

港」，也許他問的問題正是香港人在經歷經濟奇蹟及其破滅之後所問的同一個問題。不知道是幸運還是不幸，成龍在戲中仍是成龍多於「我是誰」，而這又顯示出香港身分認同在戲中變成了另一商品，巧妙設計來掩飾香港電影所受全球資本支配的堂皇藉口。

在匆忙作出結論以前，我們有必要兼顧《古惑仔五之龍爭虎鬥》和《行運一條龍》。這兩部電影都不約不而同的與身分迷失有關。《古惑仔》系列改編自本地漫畫，它的成功最初叫人感到意外。這一系列電影是一種新的年輕化黑社會片種，並以少年偶像鄭伊健、陳小春、黎姿等任主角。也許《古惑仔五之龍爭虎鬥》是香港首次在農曆年檔期映的黑社會電影，其成功就此已可見一斑。雖然最為觀眾注意的是鄭伊健及陳小春等演員，但以《古惑仔五》卻奇怪的提出了身分認同的問題。正如製片人文雋所言，陳浩南（鄭伊健）已對街頭打鬥的生活感到厭倦，故他一再問自己「我是誰？」的問題。文雋還強調這一集的情節的設計是讓其他演員作為一面鏡，好讓陳浩南可以看清楚到底自己是誰。❷⑤《古惑仔五》也問「我是誰」的問題，看來決不是單純的巧合。最初《古惑仔》不過是年輕人偶像加黑社會題材再加一點成長故事的舊瓶新酒，它的成功就連文雋也承認感到意外。《古惑仔五》可說是陳浩南成功之後，再回看自己的生命歷程之時候。然而，雖然文雋說劇情十分重視陳浩南的身分疑問，但也如《我是誰》一樣，那是包裝遠遠多於真正的意思。與其說從戲中找出身分認同的真切關懷，倒不如從另

---

❷⑤　引自文雋的訪問，《電影雙周刊》第 492 期（19/2/1998-4/3/1998），頁23。

一角度考慮爲何《古惑仔五》會問一個這樣的問題。其實從第二集開始，《古惑仔》的製作已愈來愈國際化。第一集主要以本地場景（如屋村）爲主，最多輔以澳門外景，而到第二集開始便「跨國」進入臺灣、荷蘭、馬來西亞等。在第五集中，陳浩南已再非街頭太保，而是身穿名貴西裝的「本地」鐵金剛。《古惑仔》第一集的成功或多或少繫於其本土場景，無論是銅鑼灣鬧市街頭或廉租屋村的球場都給人一種實感。（當然，偶像明星也是原因之一。）稍後當《古惑仔》變成「大」製作，陳浩南愈來愈富有，眞實的本土感覺愈來愈薄弱。在第五集中，陳浩南便被其「大佬」教訓，要在正經生意上發展，不能再留在街頭廝殺。施碧娃云：「假如下層能說話，感謝主，他已不再是下層了」[26]此正是這一系列的最佳註腳。影評人石琪便批評《古惑仔五》拒絕面對香港已經變得中產的事實，因而無法再眞正成長。[27]「我是誰」在戲中變成了建構一種已經失落的身分去掩飾本土性已一去不返的困境。這部電影因此未能眞正進入全球化商品主義與本土場景之間，從內發展出自己的混雜特色。

　　《行運一條龍》又訴說另一個相似的成長故事。周星馳的傳奇式成功帶動了香港文化的「無厘頭」風氣，而周星馳的「無厘頭」其實可以說是植根於草根之中，是下層民間面對生活建制感到無能爲力時的插科打諢式自嘲／抗衡。這種「無厘頭」其實是一種心理

---

[26]　Gayatri Chakravorty Spivak, *The Post-colonial Critic: Interview, Strategies, Dialogues*, Sarah Harasym ed. (London: Routledge, 1990), p.158.

[27]　石琪：〈《古惑仔》定位差誤〉《明報》（13/6/1998），C11 版。

上的「淨化」（catharsis）。❷在八十年代後期成名之後，周星馳
一直以扮演一些大人物（如李小龍、鐵金剛、賭神、孫悟空、濟公以至唐
伯虎等）為主要賣點。他的成功很大程度是源於那種下層民間與大
人物之間的反諷距離。可是，在愈來愈成功之時，周星馳也愈來愈
名成利就，即不再屬於基層。因此，自九十年代中期以後，他似乎
一直面對事業轉型和身分危機的煩惱。在《食神》中，他扮演叫人
討厭的飲食業大亨（頗有點自己的影子），而廟街的「本土」場景即
是他落難時的過渡階段，最終他還是要重新進駐中環的摩天大廈的
頂樓辦公室。雖然票房算是不錯，但這部戲卻不像周星馳早期作品
般帶來巨大衝擊。《行運一條龍》在這個轉變期中可說是一個十分
有趣的例子。周星馳在戲中不再是獨當一面的主角，而他扮演的則
不再是飲食業大亨，而只是一個在舊區大角咀的茶餐廳的一個小侍
應。電影的拍攝十分強調「本土」感覺，主要場景的舊式茶餐廳正
是象徵本土社區和老闆和員工之間的溫情關係。它要面對大集團的
迫遷（本土抗衡全球），而最終人人團結一致，終於成功打倒強權。
這種帶點民粹主義味道的情節其實有點類似《古惑仔五》，是周星
馳帶著觀眾一起借茶餐廳、蛋撻和老式溫情來懷緬已經失落的身分
認同。可惜的是，這有點一廂情願，流金歲月已一去不返，正如電
影本身也不全然「本土」。比方，大概導演有見於這是農曆年上演
的「周星馳」大製作，戲中的場景不能只限於破落的舊式茶餐廳，

---

❷ 有關周城馳的「無厘頭」，詳參 Linda Chiu-han Lai, "Nostalgia and
  Nonsense: Two Instances of Commemorative Practices in Hong Kong Cinema
  in the Early 1990s," in *Hong Kong Cinema Retrospective: Fifty Years of
  Electric Shadows*, p.95.

於是當侍應送外賣之時，場景會突然切換到尖沙咀東部的羅馬式廣場！究其原因，大概是製作人想多探一些都市化的美麗場景。本土性只不過是用來塑造一種虛擬的社群感覺。❷

　　綜上所述，《行運一條龍》的本土性與《我是誰》的「我是誰？」問題和《古惑仔五》陳浩南的身分危機一樣，都是商品化的浮面意符，其運作邏輯實際無異於《明日帝國》和《血仍未冷》中的中國圖象。要是《明日帝國》和《血仍未冷》可以被詮釋爲「藉戲謔西方的東方主義」及揭示全球資本運作邏輯，❸《我是誰》、《古惑仔五》和《行運一條龍》則可以說是以尋找失落的身分來掩飾全球資本日漸強大的影響。以阿伯杜萊的話來說，「原始已經全球化了」。❹在以上電影中，身分認同的疑問一直只停留於表面，而換一個角度看。這種浮淺的性質卻正正可以說是顛覆上文所述主宰了香港身分認同的「補償邏輯」。上述電影中的身分認同問題可以令我們從另一角度思考：那不是尋找曾經擁有而已經失落的身分，而是尋找一種刻意被設計爲已失落的一種未曾存在的身分。那只不過是使人們「否想」現在的伎倆。這種「否想式」想像不能面對香港身分認同跟全球資本主義無法不糾結在一起的問題，而任何

---

❷　有關本土性如何作爲現代人無家感覺的懷舊式補償，可參 Mike Featherstone, "Localism, Globalism, and Cultural Identity," in Rob Wilson and Wimal Dissanayake eds., *Global/Local: Cultural Production and the Transnational Imaginary* (Durham and London: Duke University Press, 1996), p.51.

❸　Chow, *Primitive Passions*, p.202.

❹　Appadurai, *Modernity At Large*, p.41.

有關香港身分的探討其實必須超越對一種免疫於全球資本主義的已失落身分的天眞懷舊。

# 超越後殖民？

　　在一個本土建築物不斷被拆卸並重建爲大型全球化商場的全球資本主義都市，「本土性」早就變成了商場售賣的貨品一樣。「西港城」在歷史悠久的街市售賣懷舊氣息，「香港拼圖」更索性來一個不同年代的香港文物的大雜燴，讓顧客在尖沙咀東的舒適商場環境中消費歷史感。在伊利近街附近的「蘇豪」區，不同地方美食來一個街頭展銷，實行各適其式。這些「全球化的本土性」正是香港全球化經濟的最佳「本土」點綴。在香港，理論書籍亦主要限於二樓書店——往往與售賣三級色情影碟的商店爲鄰。「上海灘」一度進佔美國紐約的高級購物區，那彷彿告訴我們這已經是「全球化東方主義」的時代了。東方主義一方面被批評，一方面又在全球資本的庇蔭下快速播散。在「上海灘」、「香港拼圖」、《血仍未冷》或《我是誰》，「中國」／「香港」早已是一種商品——無論在商業上或論述上也如此。我雖然無法估計後殖民理論對本土社群有無影響，但卻可以肯定香港爲另類後殖民提供了一個特殊例子：本土性、文化身分、後殖民性及其他商品共冶一爐，再加一些「中國性」作調味料，實行任君選擇。

　　本文不想被誤解爲是要批判商品化了的中國性或香港文化身分認同。我倒寧願將之看作一個再思香港身分認同的危險的機會。有關香港身分認同的討論雖然繁多，但卻大部分都是流於重覆和機械

化。也許我們需要的是在重覆中引入差異。❷香港身分認同常被按後殖民論述的角度建構爲一集體的本土觀念，並以之作爲缺乏政治文化影響力的補償。周蕾曾就此「補償邏輯」作出有關香港的另類解讀：

> 我的建議是説只有當我們認眞考慮香港的「經濟主義」和「物質主義」的「病態」和過度的本質的時候，我們才會到中心和「常談」／「共處」（commonplace）之間微妙的相互依賴，並且把兩者共有的功能還給後者。那即是説，後者雖然污穢，臭得令人不快的現實，它卻是價值的根源，是無論任何身分或社會地位的人都要通過的地方。❸

由「經濟主義」而來的那種混雜的文化「翻譯」並不需要由失落了的身分認同來塡補缺憾。香港身分認同從一開始已經與晚期／全球資本主義難捨難離，而一種眞純的「本土」身分卻又可以同時在香港的經濟主義之內和之外。正如德希達所指出的，這是自我解構的「中心」，實際上在東方主義和全球資本化之外並無任何立足之地可讓我們來商榷香港文化身分。換言之，有關香港身分認同的探討其實自始已經是「混雜」——混合了資本主義的。

很多人深信由於香港缺少政治權力，故此有必要從經濟成就去

---

❷　鄭明河（Trinh T. Minh-ha）嘗言：「挑戰機械式重覆的其中一種方法是在重覆中引入差異」，參見 Trinh T. Minh-ha, "The Undone Interval," p.12.

❸　Chow, *Ethics After Idealism*, p.177.

肯定自己的地位。很吊詭的是它的經濟成就彷彿又重新肯定了它缺乏文化身分。這種匱乏驅動了九七前後的身分認同論述，卻又陷於尋找一種倖免於全球資本主義的純潔本土身分的懷舊神話。這個想法只會掩飾了香港正是在全球資本主義和東方主義之間發展的事實（香港仿如東方主義式的唐人街）。其實香港的例子說明了在「全球資本主義的第三世界批評」（戴力克語）的另一面，是「第三世界批評年代的全球資本主義」。任何有關亞太區的新世界主義式文化想像都要同時兼顧兩者。在第三世界批評的年代中，香港一再被視爲要對抗殖民的受害者。從《我是誰》、《古惑仔五》和《行運一條龍》等例子看來，全球資本主被視作一種罪疚，必須由本土身分來救贖。如此想法只會重申了上文所述的「補償邏輯」，迷失於尋找一個從未存在又或永不存在的幻影之中。阿伯杜萊嘗言，懷舊與幻想之間的關係是在現代消費行爲中心的一種「短暫性」：「現在被再現爲已經過去」。❸那不外是另一種模式的消費。

與其重覆那種叫人煩厭而又反動的「想像群體」（imagined communities），倒不如如戴力克所說的引進「想像中的群體」（imagining communities）的思考。❸香港不是只懂拜金的文化雜種，也不是無辜的受害者。梁款便曾指出香港身分其實並不如批評家所一廂情願地想像的那樣同質化：

> 香港群眾手執通勝、腳踏滑板，既前衛，又保守，要力爭上

---

❸ Appadurai, *Modernity At Large*, p.83.

❸ Dirlik, *The Postcolonial Aura*, p.xi.

游，又要社會改革。這不是精神分裂，而是多重社會角色和力量的矛盾要求的結果。許多人根本就無須把持著一個統一的思想做人，我們出身矛盾，風水與耶穌兼收並蓄，只有政客學者才死不悔改地將香港人建構成愛國愛港，處處有共識的統一體。㊱

梁款認定香港人是「雙面獸」，既顛覆又保守。我們要做的是跟它共舞，才能在沙裡淘金。㊲同樣道理，與其尋找一個失落的純潔身分源頭又或從外批判全球資本主義，倒不如與其共舞。在沒有本土身分和參與全球資本之間進退拉扯，已是香港人一直從事的身分認同實踐。假如少一點罪疚感，舞可能會更加輕快，更能喚起人們的靈感。

總的來說，香港文化生產可說是「解構文化中心主義的不同方式，但又同時如其評論者一樣都是當中的一部分。」㊳香港也參與了「新東方主義」的生產。㊴然而，問題的癥結並不在此。戴力克正確的指出了本土意識形態的學術和政治重要性在於「認同一種不但否定集體身分認同的後殖民嘗試，也直接挑戰那個框限著它的權力結構。」㊵從這個角度看上述電影，它們大可被視作了解構了它們無法不作為其中一份子的香港身分神話，也暴露了那個使它合法

---

㊱ 梁款：《文化拉扯》（香港：人文科學出版社，1996），頁153。

㊲ 梁款：《文化再拉扯》（香港：人文科學出版社，1997），頁213, 229。

㊳ Chow, *Primitive Passions*, p.49.

㊴ Spivak, *Outside in the Teaching Machine*, p.56.

㊵ Dirlik, *The Postcolonial Aura*, p.228.

化的權力機制的運作模式。我想這正是香港文化那種「文化混雜而又經常轉變」的特質找到其干預現實的力量的隙縫：「也許香港比其他地方更甚，除非我們根本地改變對文化本身的理解，文化根本不可能生存下去」。❹有關香港身分認同的論述勢將要進入東西方，本土和全球以至東方主義／後殖民性和全球資本主義之間，在當中的困境又拒絕接受兩極之間的簡單二分或混雜在進退維谷的困境中，本文只能希望能夠提供如此思考的起點。❷

---

❹ Ackbar Abbas, *Hong Kong: Culture and the Politics of Disappearance* (Hong Kong: Hong Kong University Press, 1997), p.146.

❷ Chow, *Primitive Passions*, p.195.

# 全球資本主義年代的
# 香港粵語流行曲
## ──兼論香港流行音樂的抗衡空間<sup>*</sup>

## 前 言

據香港城市大學在 1997 年底進行的一項有關香港中文流行曲
的調查，有超過五成被訪者認爲香港流行樂壇「總括來說是退步
的」，當中也有較少數的被訪者認爲香港流行樂壇有進步，而主要
原因是「多元化和國際化」。❶這裡的「多元化和國際化」大概是
指香港流行樂壇的歌手和創作人都漸趨國際化，不但多了中國大
陸、臺灣、新加坡等地的歌手和創作人在香港發展，香港流行歌手
和創作人也有進軍這些地方的市場，而「多元化」則是指在粵語流
行曲外有其他語系的歌曲，又或流行曲的銷售方式變得更多元化，
與其他媒體配合。調查的負責人黃成榮強調，要拯救香港流行樂

———————————————————

\* 本文有小部分資料採自香港浸會大學資助的研究計畫「光輝歲月：香港流
  行樂隊組合研究」，並曾在香港理工大學通識教育中心第一屆「香港文
  化」學術研討會發表，承陳清僑博士賜正後作出若干修改，特此誌謝。

❶ 黃成榮：〈正視樂壇衰落之原因〉，《明報》1997 年 12 月 29 日，C9 版。

壇，我們必須摒棄「只催谷偶像及消費文化的工業」。❷香港流行
樂壇的偶像化和商品化自然是不爭的事實，而這也常被認爲是樂壇
水準低落的要因，但對日益國際化——或換用另一更切合晚近的批
評潮流的術語，全球化——的香港流行樂壇來說，要流行樂壇不再
偶像化和商品化顯然是奢望，也會被視爲失去了流行音樂的「流
行」特質。況且外國流行樂壇也同樣商品化，爲何單單香港流行樂
壇被認爲有如江河日下？香港唱片工業中人，甚至作曲、塡詞等創
作人也常會辯稱，唱片工業不外是文化工業的一種，偶像化和商業
化是流行音樂存在之道，而非阻礙其進步的原因。這個說法與香港
一直以來商業掛帥的原則配合得天衣無縫，漸漸變成眞理，人們總
相信香港人亦樂於接受市場主導的文化空間，就算損失了一些本土
的文化風格也在所不惜。在如此情勢下，人們一方面認爲香港流行
樂壇每況愈下，另一方面又認爲國際化是進步的主因。然而，對一
直佔香港市場主導的香港粵語流行曲來說，這些「進步」卻未必是
眞的進步。本文嘗試說明，若單單就粵語流行曲而言，這種想法會
製造出粵語流行曲只能是大量複製的廉價文化商品的迷思，使粵語
流行曲的發展空間大大減少，而唱片工業在全球資本主義的脈絡下
與其他媒體及商業機構的關係更形微妙，而它們之間的共謀又會窒
礙了粵語流行曲的發展（詳下文）。因此，上述調查一方面反映了
香港流行樂壇在一般受眾眼中已是每況愈下，另一方面又帶出了一
種吊詭的關係：在某個角度來說，香港流行樂壇進步的原因也可以
說是香港粵語流行曲發展的一大桎梏。以下將先從唱片工業和媒體

---

❷　黃成榮：〈正視樂壇衰落之原因〉，C9 版。

兩方面申論香港流行樂壇近年出現的轉型，然後再進一步探析抗衡空間的可能性。

# 全球化年代的流行音樂工業

　　據亞當諾及霍克海默（Theodor Adorno and Max Horkeimer）的著名說法，藝術作品變成了一種商品，「有如工業產品般在市場上交換」。❸按晚期資本主義的邏輯運作的流行音樂工業遂只著眼於市場，以擴大自己的市場佔有率爲主要目標。因此，唱片工業會建立一種符號崇拜系統，使受眾迷惑於偶像明星的魅力，產生「虛假需要」（false needs）而多作消費，從而剝削他們的剩餘價值（surplus value）。唱片公司致力於以美侖美奐的包裝吸引消費者，唱片內容反而因此變得不太重要，內容容易流於單一化。當全球化資本主義日漸成熟之際，跨國、跨科際的集團進一步壟斷市場，唱片工業與其他商業機構的關係更加是密不可分。近年香港興起以歌曲配合廣告宣傳，無論是傳訊的黎明〈那有一天不想你〉、〈情深說話未曾講〉、〈只要爲我愛一天〉系列、郭富城〈愛的呼喚〉、電器的鄭秀文〈放不低〉、信用咭的陳慧琳〈風花雪〉、購物商場的鄭伊健〈發現〉到較近期飲料的王菲〈精彩〉、信用咭的古巨基〈天氣會變〉和傳訊的黎明〈Sugar in the Marmalade〉，都把流行曲、偶像明星制度與商品消費的共謀發揮得淋漓盡致。在如

---

❸　Theodor Adorno and Max Horkeimer. *Dialectic of Enlightenment* (London: Verso, 1979), p.158.

此市場運作之下，大公司自然更容易受歡迎，跨國唱片公司如寶麗金（已變成環球）、百代、華納、新力的市場佔有率日高。此外，香港的電臺及電視臺數目偏低（電臺只有三間十多條頻道，非收費電視更只有兩間四條頻道），更使流行音樂的播放空間受到限制。在美國有數以千計的電臺，但唱片工業的運作仍然受到媒體限制，在香港的情況自然更爲嚴重。❹在這情況下，唱片公司與電臺的關係更加微妙。唱片公司不但與電臺及電視臺有私下協議，主宰了各大流行榜，一時間大企業集團壟斷了整個市場。全球化資本主義的運作原則自然是唯利是圖，企業式的經營爲了擴大不同市場的佔有率，從不同媒體吸納資本再產更多文化商品，再搜刮受眾的剩餘價值。這就是市場邏輯。在如此情況下，唱片工業自然不會將創作置於首位，因而會出現許多文化工業的弊病，如單一化、商品化、大量複製等。❺

當跨國文化工業隨著跨國企業日漸成型，流行文化的生產就更需要作大量傾銷，符號消費自然變成了唱片公司的主要策略。因此，唱片工業對明星的銷售策略、偶像崇拜所帶來的商品效益的重視遠遠多於音樂品質。再者，唱片工業要倚賴媒體去拓建明星制

---

❹　James Lull ed., *Popular Music and Communication* (Newbury Park, London and New Delhi: Sage, 1992), pp.3-5.此外，有關歐洲的傳播業、唱片工業、文化政策和音樂創作的微妙關係，可參 Council of Europe ed., *Music Industries and Creativity* (Strasbourg: Council of Europe Publications Section, 1983).

❺　Theodor Adorno, "On Popular Music," in Simon Frith and Andrew Goodwin eds., *On Record: Rock, Pop and the Written Word* (London: Routledge, 1990).

度，電視臺電臺的播放空間變成了兵家必爭之地，❻如此關係更容易讓資本主義的運作模式滲透其中，故每年電視臺及電臺的「金曲」頒獎典禮變成了唱片公司的兵力測試已是不爭之實。隨著市場的競爭日益劇烈，唱片公司投資於明星制度的資金便愈高。因爲流行音樂的市場以青少年爲主，唱片公司便要爲歌星建立特定的形象，以包裝來吸引消費者，更以大量複製有市場價值的情歌（「冧」歌）去爲歌星建立「萬人迷」的形象。這個情況在唱片工業發展得高度成熟之時變得更爲嚴重。今日唱片公司的主要收入來源已由唱片銷量變成其他衍生工具，如版稅、商品等。❼格拉咸（Bill Graham）嘗言，從以唱片銷量轉到以版權爲主要收入會將音樂（搖滾樂）置於美國企業之中。❽換言之，流行音樂進一步商業化，當某種特定的音樂種類受歡迎時，唱片公司自然不會企圖另闢新徑，反而會一窩蜂製造同一類型產品。比方，以 1983 年至 1993 年獲選的金曲爲例，香港政策透視便曾作出研究，指出當中超過 7 成爲情歌。❾受歡迎的香港流行曲的單一化在此表露無遺。

　　唱片工業還使流行音樂面對另一個問題：欠缺創作空間。唱片商以穩健的市場策略爲主，少有製作創新另類的作品測試市場。穩

---

❻　Lull, *Popular Music and Communication*, pp.4-5.

❼　Simon Frith, "The Industrialization of Popular Music," in Lull, *Popular Music and Communication*, p.73.

❽　引自 Frith, "The Industrialization of Popular Music," p.73.

❾　潮流文化研究剖析中文金曲的內容及意識工作小組：《霸權主義下的流行文化：剖析中文金曲的內容及意義研究》（香港：香港政策透視，1994），頁 27；1984-1993 年度各年入圍情歌的比例的平均率是 73.9%。

健為上的策略使他們一再改編受歡迎的外國歌曲（包括英美、日本等地），甚至近日在所謂「原創」歌曲的潮流中，大部分的作品都極之「國際化」；即是說，有明顯的外國作品的影子。當然，這並不表示香港沒有人創作另類音樂，只不過保守的唱片公司及媒體只挑選有市場價值的商品作主力推介，而唱片公司與「金曲」排名榜的共謀更使所謂「主打歌」幾乎必然變成「金曲」。這些「點石成金」的唱片公司的運作一如其他商業機構，我們自然難以期望它們推動流行音樂。綜上所述，當大唱片公司以大灑金錢的宣傳策略建立明星制度，他們的市場佔有率日漸提高，但因主要收入轉移到唱片銷量收入以外的衍生工具，唱片的包裝遠遠重於品質。歌星的服裝及其他排場可能遠遠超過歌曲的製作費用。在如此市場運作之下，小本經營的唱片公司更難以競爭，「另類」的音樂創作更難在市場立足。正當整個世界的文化變得全球化之時，本土文化的生存空間就會日漸縮減。❿這已是大集團大企業的唱片工業佔有市場的年代。

近年全球資本主義的急速發展，香港作為高度發展的全球資本主義社會，自然會呈現出不同的文化轉型。據阿柏杜萊（Arjun Appadurai）的理論，我們可從五個坐標審察今日的全球化現象：族群、媒介、科技、金融和意識形態地形。⓫以中文流行音樂來

---

❿　可參 Masao Miyoshi, "Sites of Resistance in the Age of Global Economy," *Boundary 2* 22 (Spring 1995), pp.61-84. James Lull, *Media, Communication, Culture: A Global Approach* (New York: Columbia University Press, 1995).

⓫　Arjun Appadurai, *Modernity at Large: Cultural Dimensions of Globalization* (Minneapolis and London: University of Minnesota Press, 1996), p.33.

說，這些地形近年不斷變化。簡言之，愈來愈多中國人散居世界各地，中文流行音樂市場因而變得跨國化。科技的發展不但使工業技術跨越了國界，也使資本和文化、資訊的流動變得全球化。隨著資本的跨國化，國際間的金融地形也出現了變化，外國投資通過跨國集團而變得「本地化」，具體地影響了本地文化，而這又會使某些意識形態產生變化。如是觀之，在這種急遽流動的地形中，中文流行曲也要面對新的情勢。其中一個最重要的因素在於今日的跨國企業的運作邏輯已使唱片工業不再可以獨立運作。正如辛積（David Sanjek）在分析跨國流行音樂時所言：

> 假如流行音樂的學者及消費者要理解進化中的音樂工業，他們必須明白到亞當諾和班雅明所認識的大眾傳播的既定結構已即將消失。今日音樂工業是全球媒體經濟中的組成部分，不可能與其他工業分開來作分析。❷

辛積也借用了亞達利（Jacques Attali）的說法，指出我們在分析意識形態和製作技術之外，也要探究這個時代的工業市場結構。❸近

---

❷ David Sanjek, "Popular Music and the Synergy of Corporate Culture," in Thomas Swiss et. al. eds., *Mapping the Beat: Popular Music and Contemporary Theory* (London: Blackwell, 1998), p.173.

❸ Jacques Attali, *Noise: The Political Economy of Music* (Minneapolis: University of Minnesota Press, 1985); Sanjek, "Popular Music and the Synergy of Corporate Culture," p.173.

年美國出現不少收購合併，使音樂工業不可再自足存在。❹香港的情況雖有不同，但也有類似的結構轉型。香港的唱片公司未有出現大型的收購（近日有寶麗金變成環球），但唱片公司的跨國身分和它們在海外的千絲萬縷的關係，使它們的運作與其他媒體機構有微妙的糾結，故此整個運作方式傾向跨國、跨媒體的商業運作已是大勢所趨。鍾斯（Steve Jones）概括美國流行音樂時的說話可以用來描畫香港當前的狀況：「要在音樂工業獲得商業上的成功，商業的商業要比音樂的商業更加重要」。❺跨媒體的傾銷就更有利於這種「商業的商業」的運作邏輯。

## 跨媒體唱片工業中的香港流行曲

在全球化的年代，隨著跨國資訊流通、族群遷徙等因素，新的文化疆界開始出現，而媒體也不斷解體和重組，形成新的跨媒體相互指涉式的媒體組構。❻在香港，這種情況亦愈來愈普遍。比方，電臺與電視臺等媒體早就與流行音樂工業掛鉤，而這種關係在近年變得更爲複雜。1998 年新城電臺的郭啓華更坦白承認唱片公司在電臺買時間播放自己的歌曲，香港商業電臺的叱吒流行榜以播放率來定位的所謂「公正」的神話一下子被拆穿了。電臺與電視臺的頒

---

❹ Sanjek, "Popular Music and the Synergy of Corporate Culture," p.175.

❺ Steve Jones, "Who Fought the Law? The American Music Industry and the Global Popular Music Market," in Tony Bennett, Tony et. al. eds. *Popular Culture and Social Relations* (Philadelphia: Open University Press, 1986), p.94.

❻ Lull, *Media, Communication, Culture: A Global Approach*, pp.150-164.

獎禮其實早就是公認的「分豬肉」場合，歌手爲電視臺拍劇才能拿獎，唱片公司買時間提高播放率已不再是不能見光的事情。香港的電臺及電視臺數目偏低，不但使香港不能有更多空間播放不同種類的音樂，也使媒體主宰流行音樂的發展的論述權力更爲集中。比方，香港商業電臺近年大力推動非主流音樂，但其豁達音樂天空、組 Band 時間等未能眞正爲「非主流」音樂提供創作空間，反而只是掌握了「非主流」音樂的詮譯權力。以豁達音樂天空爲例，連串的策略顯出商臺在佔有「非主流」的同時，不外是創建其提倡「小我」的形象。當「小我」與信用咭公司掛勾並變成「id」會，以不同商品吸引觀眾入會之時，當中的意識形態已是不喻自明：電臺掌握了建構非主流音樂的權力，將非主流變成一種象徵資本（symbolic capital）或次文化資本（subcultural capital），最後電臺和消費者都可以各得其所。**⑰**雖然唱片業人士會辯稱流行音樂本質上是文化商品，但當生產及推動文化商品的機制進而利用其市場主導的身分來操控論述權力，決定流行音樂的質素和發展方向，那已再不是商不商品的問題了。比方，近年香港商業電臺組成了 id 會與信用卡集團掛鉤，宣揚所謂「小我」（id），製造出所謂「品味」，暗地裡則只鼓勵消費，並讓會員在頒獎禮上投票選舉最佳流

---

**⑰** 有關豁達音樂天空的批判，可參撕拼：〈後「豁達」的不豁達：本地非主流樂圈與商業電臺的「豁達」〉，《過渡》試刊之一（1995 年 3 月），頁 47-51；有關商業電臺與流行音樂之間的微妙關係，可參 Eric Rothenbuhler & Tom McCourt, "Commercial Radio and Popular Music," in Lull, *Popular Music and Communication*.

行曲，一方面操控了年青一代的次文化品味，[18]另一方面又有權詮釋何謂最佳歌曲。若以 1998 年舉辦的殿堂歌曲選舉中的殿堂歌詞為例，最後三強有兩首是廣告歌（〈愛的呼喚〉和〈那有一天不想你〉），以詞論詞，如〈愛的呼喚〉的水準平庸可說有目共睹，但在以「小我」品味、公正開放的「大話」掩飾的商業消費運作，卻能將之詮釋為殿堂歌詞，論述之暴力實在叫人側目。

這種外在機制支配流行音樂生產的情況也會容易做成唱片公司和監製主導歌曲創作的問題。流行歌手是由唱片公司包裝的符號化偶像已不用詳述，但近年監製主導創作的情況也愈來愈明顯。填詞人李敏便有此說法：「……不是你自己寫完喜歡便行，你是寫給歌星的，你先要經過自己那關，又要經過歌星那關，再要經過監製那關，而要成為一首受歡迎的歌還要經過觀眾那關……當填詞變為了職業之後，某程度上可以說是 copywriting」。[19]詞人很多時不但無法決定自己作品的題材，寫出來之後更有時會被改至面目全非。1998 年最受歡迎的粵語流行曲〈愈問愈傷心〉變成〈越吻越傷心〉，照理也不會是詞人林夕的意思。詞中意思顯然是「問」，歌名卻無端變成了更具浪漫賣點的「吻」，叫人啼笑皆非。此外，在〈越吻越傷心〉廣受歡迎之後，唱片公司便立刻推出複製不同版本（如蘇永康和作曲者吳國敬的合唱版、蘇永康和陳潔儀的男女合唱版），實行「物盡其用」。

---

[18] 可參 Richard Middleton, *Studying Popular Music* (Philadelphia: Open University Press, 1990), pp.747-748.

[19] 風信子：〈李敏的音樂世界〉，《中大學生報》第 110 期（1998 年 9 月），頁 26。

近年的流行曲頒獎禮也呈現出一些重要的問題，這又可從兩方面說明：金曲的「分豬肉」政治和廣告歌的興起。本來自有頒獎禮開始，甚麼十大金曲勁歌便無不是分豬肉的場合，但近年的情況卻變本加厲，變成唱片公司為歌手買時間的另一戰場。當豬肉不夠分之時，就索性增加獎項，於是十大金曲會變成十二、三大金曲（無線電視 1999 年勁歌金曲第三季季選便有十三首歌曲入選），又會出現如最佳音樂錄影帶般的「無厘頭」獎項。更大的問題是「分豬肉」政治會直接主宰了個別獎項。且以我較熟悉的歌詞為例。近年的最佳填詞人的獎項往往是林夕的囊中物，以林夕的卓越文筆本是實至名歸的，但得獎的作品卻難以叫人信服。[20]試看 1998 年最佳流行歌詞的得獎作品〈約定〉（香港電臺）和〈再見二丁目〉（香港無線電視），兩者都是林夕的作品，但前者明顯是王菲的流行曲錦上添花，而後者則是為當時初崛起而又未有機會在全年總選中獲獎的楊千嬅提供上臺的機會。要數林夕當年的出色作品，大概有很多其他選擇（以王菲的《玩具》大碟為例，〈暗湧〉便更優勝）。筆者不是危言聳聽，1999 年初的十大勁歌今金曲的頒獎禮上，最佳流行歌詞由陳少琪填詞的〈當男人愛上女人〉獲得更是叫人咋舌，這首歌一方面是無線電視自己的劇集的主題曲，另一方面是沒有獲獎的主唱歌手李蕙敏上臺表演的好機會。臺上李蕙敏感動得幾乎流淚，說明年會更加努力，填詞人陳少琪卻並無出席，一時間觀眾還以為獲獎的是李蕙敏。

[20]　朱耀偉：〈是王菲還是林夕？〉，《仙人掌》第 1 期（1999 年 4 月），頁 5-6。

　　除了上述的問題外，流行音樂工業的進一步全球化／商品化也使唱片監製、作曲及填詞人也跟歌手一樣變得「明星化」。近年由歐丁玉到黃尚偉、黃耀明（監製），由林慕德到雷頌德、吳國敬（作曲），由黃偉文到李敏、梁芷珊（填詞），音樂創作人跟歌手一樣明星化，也就像三好將夫（Masao Miyoshi）所言的全球化年代的批評家一樣，成功之後就變成名人，變作商品。❷這情況不但使某段時間由某創作人主導，唱片公司跟紅頂白，一窩蜂找當時得令的創作人創作，不但逼他們交出行貨，也扼殺了其他新晉創作人的創作空間。再者，這些身陷明星制度的創作人也許再不能相信自己在作爲音樂工業中的被動受眾之同時，也有可能主動的尋找論述空間。

　　廣告歌的興起也是媒體的全球化的另一副產品。廣告歌自七十年代已有出現，但早年的作品（如〈陽光空氣〉）是廣告歌本身大受歡迎才改爲廣告歌（又或是流行曲本身大受歡迎才被選爲廣告歌），但九十年代的廣告歌卻是跨國集團宣傳商品的推廣計畫中的一隻棋子，再不是獨立創作。背後集團財雄勢大可以大量收買電視臺和電臺的播放時段，再配合其他偶像宣傳，實行跨媒體地傾銷商品。從較早期的〈那有一天不想你〉到近期的〈Sugar in the Marmalade〉，廣告歌已變成帶動天王天后作品銷量的保證。論者可能會認爲流行音樂早就有與其他媒體掛鉤，不值得大驚小怪。早年大行其道的粵語流行曲便有不少是電視劇、電影或電臺廣播劇主題曲（如〈家變〉、〈半斤八兩〉、〈茫茫路〉等）。可是，我們不要忘記，這些作品並不

---

❷　　Miyoshi, "Sites of Resistance in the Age of Global Economy," p.77.

是單純爲了宣傳某些作品而存在，而是配合、強化、詮釋或再現某一段劇情，與一般創作分別不大，而廣告歌卻是與廣告二而爲一，且很多時是同時爲多個媒體而作（如電視、電臺廣告、卡拉 OK、廣播劇等等）。更大的問題是流行音樂的最大收入來源再不是靠銷量，甚至不是版稅，而是背後的廣告贊助和周邊商品的利潤。正如上述，香港商業電臺於 1998 年舉辦的殿堂歌詞選舉爲例，最後三強有兩首是廣告歌，廣告客戶及其背後的跨國集團對流行音樂媒體以至聽眾口味的主導已可見一斑。此外，近日就連卡拉 OK 也集團化，形成兩大陣營，分別拉攏不同唱片公司，爭取某些歌曲作「獨家試唱」，可說是以另一種形式滲到聽眾的日常生活中，令其他商業媒體對流行曲的影響無處不在。

當流行音樂工業和媒體都高度商品化之際，其他相關機構也未見能夠推動流行音樂的發展。由跨國集團支持的香港作曲家及作詞家協會（CASH）和國際唱片業協會（IFPI）等都只是關心銷量和版稅的商業機構，要其推動流行曲的多元發展無疑於緣木求魚。賴恩（John Ryan）在對美國的作曲家、作詞家及出版商協會（American Society of Composers, Authors and Publishers）的詳盡分析中，指出類似 ASCAP 和 CASH 的機構跟其他商業機構的唯一分別是它們處理的是「象徵產品」。[22]此外，ASCAP 不但未有推動流行音樂的發展，其刻板運作更堵塞了論述空間，商業掛帥的原則

---

[22]　John Ryan, *The Production of Culture in the Music Industry* (Lanham, New York and London: University Press of America, 1985), p.133.

也會使文化產品單一化。❷ ASCAP 的主導地位操控了流行音樂工業，其主要關心在於繼續操控權力遠多於推動流行音樂創作。馬丁（Peter Martin）曾經指出，1941 年 ASCAP 將版稅加倍，電臺以示抗議，於是停傳播 ASCAP 的歌曲，只播放 BMI（Broadcast Music Incorporated）和其他沒有版權問題的歌曲，但叫人意外的是聽眾竟欣然接受，不同種類的歌曲亦因這個機會而出現。❷這個現象說明了聽眾不一定不接受不同種類的歌曲，亦帶出了不同機構互相制衡的重要。香港的問題也許在於欠缺其他機構（或非機構）發揮類似的抗衡作用。

　　以上所論全球資本年代的跨媒體商品主義固然並不限於香港粵語流行曲，頒獎文化也非香港獨有的現象。在這裡重新闡述上述流行樂壇現象的原因在於說明，在全球化年代，這種跨媒體商品的文化政治已漸漸被視作香港粵語流行曲的本質，播散了香港粵語流行曲「本就如此也只能如此」的迷思，以下將嘗試按全球化中文流行音樂工業的脈絡再就此膚以討論。

# 中文流行音樂工業中的粵語流行曲

　　有論者或會認為流行音樂工業的產品雖然單一化和標準化，但為了擴大市場和維持收入，始終會提供足夠的選擇以免消費者漸漸

---

❷　Ryan, *The Production of Culture in the Music Industry*, p.132.

❷　Peter Martin, *Sounds and Society* (Manchester and New York: Manchester University Press, 1995), p.258；Ryan, *The Production of Culture in the Music Industry*, p.1.

流失。正如蘇卡（Roy Shuker）所言，唱片工業除了以大量傾銷來謀取暴利外，也必須爲消費者提供不同的新選擇（即使只是表面的包裝也好）以擴大自己的市場佔有率，故在單一化的主流中仍有讓新產品生存的空間。❷再者，在表面規範化的文化之下必然會孕育差異的抗衡力量，換言之，認同必會製造差異。❷這個說法未嘗沒有道理，但香港粵語流行曲的情況卻並不如此。在這個全球化的年代，正因上述的族群、金融、媒體等流動地形的關係，中文流行音樂工業再不劃地自限，銷售網絡亦已變得跨國化。近年的中文流行曲便顯然有跨越國界的發展，進入黃霑所謂的「滔滔兩岸潮」的時代。❷中國大陸、臺灣、新加坡和馬來西亞等地的歌手紛紛進軍香港市場，但除有少數轉唱粵語流行曲外，大部分都是以國語流行曲打入香港市場。另一方面，香港歌手以至創作人也紛紛進軍大陸和臺灣市場，但全都是轉唱／作國語歌，而有些香港歌手（如古巨基）每年出版的國語唱片要比粵語唱片更多。以塡詞人爲例，林夕、周耀輝等人都有不少國語詞作，題材更多元化（試看劉德華寫的〈笨小孩〉），水準更勝粵語作品。比方，在王菲 1999 年 9 月推出的《只愛陌生人》中，十二首歌曲中只有兩首粵語歌（對上一張大碟

❷ Roy Shuker, *Understanding Popular Music* (London and New York: Routledge, 1994), p.52.

❷ Fredric Jameson, "Notes on Globalization as a Philosophical Issue," in Fredric Jameson and Masao Miyoshi eds., *The Cultures of Globalization* (Durham and London: Duke University Press, 1998).

❷ 黃霑（1995）：〈流行曲與香港文化〉，冼玉儀編：《香港文化與社會》（香港：香港大學亞洲研究中心，1995），頁 166-167。

《唱遊》也只有三首粵語歌）。碟中有九首詞出自林夕手筆，兩首粵語
作品都是情詞，而其他國語作品雖也是以情詞為主，但也有不同類
型的題材（如〈開到荼靡〉和〈催眠〉）。此外，香港的媒體也因著眼
於廣大的華人市場而大力開拓國語流行曲的空間。比方，無線電視
發展了以播放國語流行曲為主的第八頻道，而如「勁歌金曲」般的
節目也有愈來愈多唱國語流行曲的臺灣歌星出現。黃志華早年指出
普通話歌曲將會給本地樂壇不少衝擊的預測❷可說不幸言中，而最
叫人憂心的是香港流行樂壇根本無意為粵語流行曲還以顏色。近日
國語流行曲在香港已幾乎可與粵語流行曲分庭抗禮，更大的問題是
粵語流行曲的發展不僅未如國語流行曲之多元，不少唱片公司更不
思進取，一再翻炒舊歌。不計如譚詠麟舊歌新唱般的「懷舊」作
品，近日流行的如彭羚〈情像外衣〉、莫文蔚〈冷雨〉、盧巧音
〈長夜 My Love Goodnight〉、張柏芝〈留給最愛的說話〉等都是
舊歌翻唱，蔡齡齡〈細水長流〉近年也被再三收錄（伍詠薇、趙學
而、梁漢文），梁漢文《太太！太太！》、陳奕迅《幸福》等大碟
更竟然有一半是翻唱舊歌！

　　當香港唱片市場日漸萎縮（翻版加劇了這個問題），香港流行音
樂工業不但沒有努力創作不同種類的作品以拓展市場，反而轉為著
眼於搾取周邊商品利潤，而不同類型的歌手和歌曲則通過跨國唱片
公司的網絡（或他們自己的努力）轉戰海外市場。比方，滾石唱片公
司近年便不再製作粵語流行曲，只集中火力於龐大的國語市場。不
少不同風格類型的香港歌手（如杜德偉、莫文蔚等）未能立足香港流

---

❷　黃志華：《正視音樂》（香港：無印良本，1996），頁 12。

行樂壇,卻在臺灣找到新天地。㉙這不但使香港粵語流行曲的人才流失,削弱了規範化底下的潛在差異,更進一步使人認定粵語流行曲的發展潛力不大,水準也日漸下降。於是香港粵語流行曲常給人如此的典型印象:「濫情的歌詞、憂鬱的旋律、平凡乏味的浪漫」的用完即棄式情感。㉚近來也有不少這類意見:「國內音樂人的音樂造詣比起臺灣贏了一個馬鼻,比起香港則贏了一段彌敦道」。㉛這有可能是實情,而以上的問題使香港粵語流行曲在全球流行音樂工業中被錯誤定位為必然唯利是圖的商品,不但不會縮短距離,彌敦道日後甚至會變成萬里長城。在大中華流行音樂圈中,粵語流行曲的地位日漸低落,不但在日漸全球化的市場中發展潛力遠不如國語流行曲,有潛力的人才也往往倒戈相向,到最後香港本土的市場也可能像七十年代初期般由國語流行曲壟斷。從這個角度看,一般聽眾覺得香港流行樂壇日益國際化是進步的表現,若按全球化的脈絡來說未嘗不合理。香港流行樂壇無疑更全球化,除粵語流行曲外,也有國語、歐美、日本流行曲,但以粵語流行曲的角度而言,市場逐漸狹隘,有潛質的人才不斷流失,在有限的市場中讓保守反動的人按既有的商業考慮來製造文化商品,粵語流行曲的發展前景難免變得灰暗。

---

㉙　崔曉:〈香港歌星「移民」成風〉,《明報》1999 年 9 月 14 日,C6 版。

㉚　John Nguyet Erni, "Like a Culture: Notes on Pop Music and Popular Sensibility in Decolonized Hong Kong," *Hong Kong Cultural Studies Bulletin* 8/9 (Spring/Summer 1998), pp.60-61.

㉛　葉念琛:〈令人無話可說的王菲〉,《星島日報》1999 年 9 月 14 日,A27 版。

　　香港粵語流行曲的最大問題並不在於簡單的商品化，而是在於重新鞏固了香港文化必然爲低俗的商品的源遠流長的迷思。香港一直被視爲商業掛帥的資本主義社會，故此香港的文化商品化素被認爲是順理成章的事。文化商品不一定是大量複製的劣作，香港的經濟主義也不一定使它只能囿於商品化的固有形塑，而抹煞了其他可能性。上述的大中華流行音樂圈的趨勢會給人一種錯覺，誤以爲香港流行樂壇在本質上只能容納偶像化的天王天后，而其他不爲這個狹隘膚淺的市場所容的有潛質歌手和創作人唯有到臺灣或中國大陸發展。近年不少在香港樂壇站不住腳的歌手在臺灣卻有一席之地，這個現象使人（甚至香港人自己）都認爲香港不過是全球經濟中的一間大跨國公司，唯利是圖是唯一可以奉行的原則，於是不同風格類型的歌手和創作人只能向外他求。這種片面的想法使人誤以爲香港粵語流行曲只能在中文流行曲的大範疇之下作爲一個小分類，擔當大量複製商品歌曲的任務，而其他種類的中文流行曲則非被棄諸邊緣的粵語流行曲所能染指的。這正是香港粵語流行曲所要抗拒的迷思。

# 抗衡空間的（不）可能性

　　面對上述困境，香港粵語流行曲又可以如何應變？喜歡香港粵語流行曲的人又是否可以抗拒大潮流？以下將參照三好將夫〈全球經濟中的抗衡位置〉（"Sites of Resistance in the Global Economy"）

一文，嘗試描畫香港粵語流行曲的可能抗衡位置。㉜在正式進入
「抗衡位置」的討論之前，我們有必要釐清一些流行音樂理論的不
同看法。首先，亞當諾（Theodor Adorno）可說是最常為人引用到
流行音樂研究的理論家，文化工業的理論看來亦可以順理成章的用
來分析香港流行音樂，更特別的是這也變成了唱片公司解釋它們那
種流水作業、唯利是圖的運作邏輯的藉口。亞當諾用來分析流行音
樂的論點大概是認識文化工業理論的人所耳熟能詳的，簡言之，作
為文化工業的一種流行音樂只不過製造一些虛假的需要，並為冷漠
服從的聽眾提供一種逃避現實的麻醉劑。久而久之，這些聽眾不但
習慣了千篇一律的複製品，更會抗拒任何不熟悉的產品，而那些看
來較有個人風格的另類作品也不過是提供一種虛假的個體性來供人
消費，跟其他大量複製的商品沒有兩樣。㉝以上大概是文化批評家
用來批評流行音樂的商品化最常見觀點，但當唱片工業也認同這些
論點之時，情況就變得更為微妙了。比方，作曲填詞人可以說流行
音樂不外是商品，沒有市場的話，流行音樂根本不能生存，彷彿他
們是為了流行音樂的發展和聽眾的利益才大量複製這些商品。流行
音樂本質一定如此嗎？在上述的全球化文化工業的商品生產的脈絡

---

㉜ 誠如陳清僑博士在評論拙文時指出，這篇文章分成兩大部分，而兩部分的
關聯還有待發展。拙文的目的正是希望在資料研究和理論成規之間的鴻溝
上搭橋鋪路，填補香港粵語流行曲研究的匱缺。然而，我得申明我一直相
信「之間」（in-between）其實是一種「斷裂」（disjuncture），搭橋鋪路
不是靠兩方面都略略兼顧，而是要兩方面同時介入。

㉝ Theodor Adorno, *The Culture Industry: Selected Essays on Mass Culture,*
edited by J.M. Bernstein (London: Routledge, 1991), pp.44-45.

之下，流行音樂還可以發揮積極的社會作用嗎？還是只如法蘭克福
學派所言，只是作為我們生活的麻醉劑，讓我們在無聊的時候在卡
拉 OK 自我宣洩，或在空虛之時跑去「追星」，又或靠購買明星愛
用的名牌而獲得虛假的滿足？

　　以上連串叫人洩氣的話並不是要說香港流行音樂已是無望發
展。借用詹明信（Fredric Jameson）的話來說，「最深刻的悲觀是
真正力量的來源，我們必須對這個體系保持深刻和連續的悲觀」。
❸❹回顧流行音樂的發展，我們便可相信在悲觀中也可以找到力量。
羅爾（James Lull）在檢討美國流行音樂的發展時便曾指出：「在
美國，音樂作為一種反對形式的歷史可說是從殖民時代一直伸延至
今日」，「而音樂也許比任何其他文化形式更能提供廣泛傳播而又
集中的反對聲音」。❸❺無疑香港（其他地區也一樣）流行音樂一直為
跨國集團壟斷，但其間也不是不可能有不同種類的另類作品。亞當
諾視流行音樂必然為單一化的低劣商品，但我們卻無法否認文化工
業產品的水準也可以相距甚遠。雖然香港流行樂壇一直以情歌為主
導，但當中也有不少其他種類的出色作品（如 80 年代樂隊組合的作
品）❸❻。此外，亞當諾的看法雖可用來解釋香港流行音樂的運作模

---

❸❹　Fredric Jameson, "Conversations on the New World Order," in Robin
　　Blackburn ed., *The Failure of Communism and the Future of Socialism* (New
　　York: Verso, 1990)，中譯引自張京媛譯：《馬克思主義：後冷戰時代的思
　　索》（香港：牛津大學出版社，1994），頁 19。

❸❺　Lull, *Popular Music and Communication*, pp.5-6.

❸❻　可參朱耀偉：《光輝歲月：香港流行樂隊組合研究》（香港：匯智，
　　2000）。

式，但不同理論家亦已先後指出在文化工業的氛圍之下，受眾仍然可能有空間發展出不同的聆聽方式，**⑰**其中也有一些批評家觸及次文化的自我風格和抗衡力量。**⑱**然而，我們也要認清，這些次文化理論與香港的流行音樂的情況有很大分別，未必完全適用於香港。比方，賴斯曼（David Riesman）認爲有多數（majority）和少數（minority）兩大類聽眾，而少數聽眾對流行音樂有他們自己獨特的要求，**⑲**對唱片工業持批判態度有別於亞當諾所言的那種「多數聽眾」，即是說少數是主動，而多數則是被動的。李格斯（Keith Negus）將這個論點連繫到賀爾和溫奴（Paddy Whannel）的論點之上，**⑳**指出這類「少數聽眾」主要是指年青一代，他們可以在商業化的流行音樂中創造他們用作表達自己思想情感的空間。**㉑**這種抗衡與創造在賀迪（Dick Hebdige）的次文化理論中，更可以變成一種有意義的生活風格。**㉒**我們無法否認今日的香港流行音樂工業中仍有上述的「少數聽眾」，年青一代作爲少數的說法卻不太適用。

---

**⑰** 詳參 Keith Negus, *Popular Music in Theory* (Hanover and London: Wesleyan University Press, 1996), pp.12-35.

**⑱** Dick Hebdige, *Subculture: The Meaning of Style* (London: Methuen, 1979), Stuart Hall and Tony Jefferson, *Resistance through Rituals: Youth Subculture in Postwar Britain* (London: Hutchinson, 1976).

**⑲** David Riesman, "Listening to Popular Music," in Frith and Goodwin, *On Record: Rock, Pop and the Written Word*.

**⑳** Negus, *Popular Music in Theory*, pp.13-14.

**㉑** Stuart Hall and Paddy Whannel, *The Popular Arts* (London: Hutchinson, 1964), p.276.

**㉒** 詳參 Hebdige, *Subculture: The Meaning of Style*.

年青人是唱片商人大量傾銷的對象，而他們也往往最沒有要求，並不如上述理論家所認為的有主動批判能力。再者，正如奇勒（Gary Clarke）指出，次文化理論將重點放在少數，忽視了多數受眾的可能參與。⑬張伯斯（Iain Chambers）則反而把矛頭指向主流音樂，認為唱片工業的產品也可被聽眾挪用來表達自己意願的一種象徵抗衡。⑭張氏的論點類似笛雪透（Michel de Certeau）和費斯克（John Fiske），也與費理夫（Simon Frith）一樣認定流行音樂不一定會限定聽眾的詮釋，聽眾仍可在他們的日常生活的實踐中以自己的方式挪用流行音樂。⑮就算是強調霸權的學者葛蘭西（Antonio Gramsci）也曾指出，雖然大多數歌曲並非是「由人民或者人民所寫」，人民仍可按迎合他們自己「思想感情」的模式選擇地及創造地接收這些歌曲。⑯這正是賀爾（Stuart Hall）的符合（preferred）、協商（negotiated）和抗衡（oppositional）閱讀的著

---

⑬　Gary Clarke, "Defending Ski Jumpers: A Critique of Theories of Youth and Subcultures," in Frith and Goodwin.

⑭　Iain Chambers, *Urban Rhythms: Pop Music and Popular Culture* (London: Macmillan, 1985).

⑮　詳參 Michel de Certeau, *The Practice of Everyday Life* (Berkeley, Los Angeles, London: University of California Press, 1984), John Fiske, *Understanding Popular Culture* (London and New York: Routledge, 1991), Simon Frith, *Sound Effects: Youth, Leisure and the Politics of Rock n'Roll* (New York: Pantheon, 1981).

⑯　Antonio Gramsci, *Selections from Cultural Writings* (London: Lawrence and Wishart, 1985), p.195.

名說法中的抗衡閱讀。**㊼**

　　當然，流行音樂在日常生活中的確可以引起不同反應，我們可以在淋浴時引吭高歌，可以在失意時在卡拉 OK 盡情發洩，也可以在塞車時哼歌解悶。可是，問題是那是否等於唱片工業的商品化主導力量不再存在？當我們尊重受眾的接收的主動性，認為青少年在卡拉 OK 引吭高歌時可以有自己的認同和姿態之際，也不能因此認為無必要介入流行音樂工業。正如葛斯保（Lawrence Grossberg）所言，除了受眾會以自己的方式重新建構文本之外，文本也會建構適合自己的受眾。**㊽**再者，莫利（David Morley）也曾指出，「重新詮釋意義並不等於中心媒體機制建構讓受眾詮釋的文本那種論述權力」。**㊾**香港的情況就更加複雜。正如上述，香港的年青一代並不像五十年代的英國般是主動的少數聽眾，香港另類音樂的發展更是遠不如歐美國家的眾聲對唱。到今時今日，仍然只有馴化了的搖滾可以說是流行中的另類。更甚的是，正如摩利所言，中心媒體機制往往會主宰了甚麼是主流，甚麼是非主流的權力。可是，我們也得明白當商品化邏輯已是無孔不入之時，消極的抗拒就有如因噎廢食，故此最重要的問題是賀爾的「抗衡閱讀」如何在中心媒體機制之中定位。全球資本主義使香港流行音樂工業的發展步入死胡同，

**㊼**　Stuart Hall, "Encoding/Decoding," in *Culture, Media, Language: Working Papers in Cultural Studies 1972-1979* (London: Hutchinson, 1980).

**㊽**　Lawrence Grossberg, *We Gotta Get out of this Place: Popular Conservatism and Postmodern Culture* (New York: Routledge, 1992), p.41.

**㊾**　David Morley, "Active Audience Theory: Pendulums and Pitfalls," *Journal of Communication* 43:4 (1993), p.16.

但也可能為尋找抗衡空間提供了新契機。以下將按研究氛圍、網上創作和獨立製作三方面論述。

要抗衡上述有關流行音樂的問題，公共批評空間的開拓是至為重要的。⑩賀爾著名的抗衡閱讀除了要受眾的主動參與，也有賴一個流行音樂評論的氛圍。然而，近年香港流行曲的批評空間卻不但沒有增加，反而日漸縮減。報章上的樂評專欄日少，不少有水準的樂評人的「地盤」也被抽起，只能在不同報章雜誌所提供的極為有限的空間繼續零敲碎打。無疑不少雜誌仍有樂評的部分，但大多是所謂「豆腐塊」樂評，高水準的樂評人無用武之地，濫竽充數的偽樂評人要不索性大話西遊，要不就大讚／彈天王天后的服飾化妝。黃志華對近年的「豆腐塊」樂評便有一針見血的批評，他認為這些只得三四百字的「豆腐塊」樂評有三大弊端：一、養成很多音樂盲或音樂「愚民」；二、使創作人變得寂寞，不能按批評改進；三、樂評人質素容易變劣。⑪在如此情況下，樂評對流行音樂工業的抗衡作用便會被淡化，難以轉化為具介入主流流行樂壇的力量的抗衡論述。

要建立良好的批評氣氛，又要從不同層面開始。除了爭取報章雜誌的公共批評空間外，也要推動香港流行音樂研究。目前有關香港流行音樂的研究已經不多，集中於粵語流行曲的就更幾乎有如蛇

---

⑩ 朱耀偉：《光輝歲月》、《香港流行歌詞研究：七十年代中期至九十年代中期》（香港：三聯書店，1998）、〈假大空的頒獎文化：香港流行樂壇頒獎禮觀感〉，《明報》1998 年 2 月 1 日，D6 版。

⑪ 黃志華：〈「豆腐塊樂評」隨想曲〉，*CASH Flow* 26（1998 年 7 月），頁 5-6。

毛。因為研究不多，有志於研究粵語流行曲的學生往往因參考資料
的匱乏而卻步不前，而研究生的情況就更為嚴重。在筆者任教的學
院中，以粵語流行曲為題的本科生論文尚佔少數，但研究所的論文
則付諸厥如。粵語流行曲研究的匱乏的另一原因是學科區分的桎
梏，周旋於音樂、社會、傳播、中文等系科的粵語流行曲研究，最
後是各方面都不討好。就算往香港藝術發展局申請出版或研究資
助，在文學藝術和音樂之間也不知妾身誰屬，最後往往變成棄婦。
在如此僵化的科際區分中，粵語流行曲的研究自然難以會有健康的
發展。要建立流行音樂的公共批評空間，也有賴打破既存的科際框
限。

　　除了流行音樂研究外，電子媒介也可以提供另一種批評空間。
在近年互聯網的高速公發展之下，全球化變得無孔不入，但互聯網
亦同時造就了另類的創作和批評空間。正如莎辛（Saskia Sassen）
在討論電子空間時所言，互聯網雖是由大企業操控，但有時卻也可
作為對抗經濟權力和商業化的空間。❷近年有不少有關香港流行音
樂的網頁，雖然很大部分不外是唱片公司的宣傳伎倆或個別樂迷的
偶像崇拜，但當中也有不少對香港流行音樂研究的發展來說是很有
價值的，因而對主流流行樂壇可以產生一種健康的抗衡。其中有些
網頁是有關個別歌手或樂隊組合資料的整理（如「我們就是這樣聽達
明一派長大的」：http://www.hkid.com/people/chip/tmp/index.html/），有些是
某類型歌曲的結集（如「主題曲放送地帶」：http://www.cs.cityu.edu.hk/

---

❷　詳參 Saskia Sassen, *Globalization and Its Discontents* (New York: The New
　　Press, 1998), pp.190-194.

~fthchan/），有些則很多元化，既有收集歌詞，也有開放的評論地帶和新曲新詞及舊曲新詞的創作空間（如「超級音樂地帶+歌詞庫」：http://homepages.ihug.co.nz/~coolman/lyrice.html）。這些網頁不但爲有志研究香港流行曲的人提供了不少寶貴的參考資料，也可以補足報章雜誌的評論空間的匱乏。除此之外，某些網頁又可以作爲流行音樂工業以外的創作空間，讓不同人士公開自己的作品。比方，由「超級音樂地帶+歌詞庫」發展出來的「改篇歌詞市場」便有不少業餘詞人的創作，其中個別作品水準可能更勝職業詞人（「原創音樂市場」：http://www.rewritelyrics.com/）。假如唱片公司能減少跟風，只找明星詞人塡詞，而把機會給與有潛質的業餘網上詞人，他們未嘗不可以爲流行樂壇注入新意。要言之，互聯網爲對香港流行音樂有興趣的人提供了可以負擔的自我空間，讓他們可以在主流機制以外自由的創作和評論。假若能夠健康的發展下去，網上創作和評論空間應可作爲抗衡主流流行音樂工業的其中一個據點。

　　此外，在有音樂人爲了市場利益而活之同時，也有非主流音樂人以抗衡大潮流、批判社會現實及作爲被壓抑的大眾的發言人爲己任。比方，在美國便有地下電臺、地下歌手、地下唱片出版以至地下報紙報導，❸形成了一種主流以外的聲音。香港也一直存在著這種非主流音樂。從代表庶民的夏金城、尹光到代表反叛批判的重金屬樂隊，一直都擔當著逆寫流行音樂史的任務，在主流之外以自己的聲音抗衡主流的大合唱。雖然他們未曾眞正改變主流樂壇的運作，水準也良莠不齊，卻也算肩負著抗衡「單一化」的任務。在抗

---

❸　Lull, *Popular Music and Communication*, p.8.

衡唱片工業只著眼於商業利益的市場運作邏輯而言，獨立小公司的
確能夠發揮一定的作用。正如李格斯所指出，獨立小公司（small
independent companies; "indies"）更勇於出版新的音樂種類。比
方，在美國獨立小公司便曾帶動了節奏怨曲、搖滾和 salsa 等音樂
種類。㉞隨著鐳射唱片的製作成本下降，獨立小公司的發展空間理
應更大。較早前香港便有如獨立時代般的公司出版了不少有別於主
流風格的作品（如黃秋生、Black Box 等），可惜後來卻被大公司
收購，失去了其邊緣製作的獨特條件。正如費理夫所指出，這些小
公司彷彿變成了大公司的「星探」。㉟本應有更大發展空間的黃秋
生便因要融入主流，其個人創作過早夭折，Black Box 也很快便分
道揚鑣，部分成員轉到臺灣在幕後發展，粵語流行曲的人才又正如
上文所述的流失了。在香港這個跨國資本主義發展得高度成熟的社
會中，任何有市場價值的都很快會被收購兼併，於是九十年中期出
現過一陣子的另類音樂和樂隊潮流也很快便被商品化得提早死亡
了。上述的夏金城也在近年連續推出兩張大碟和不停出騷，不但殺
雞取卵式的搾取自己的市場價值，也使近二十年的樂壇神話毀於一
旦。要言之，獨立小公司的製作也要受制於市場原則，「非主流」
也可按「主流」的運作模式來生產，故我們不能過分樂觀地以為

---

㉞　節奏怨曲（Gillett 1983）、搖滾（Chapple and Garofalo 1977）和 salsa
　　（Laing 1985）等音樂種類（Negus 1996: 42-43）。

㉟　Simon Frith, *Sound Effects: Youth, Leisure and the Politics of Rock n'Roll*
　　(New York: Pantheon, 1981).

「非主流」一定是另類抗衡的保證。**❺❻**再者，正如馮禮慈在《小路

---

**❺❻** 在唱片工業不斷製造不同商品以擴大市場佔有率之際，「非主流」可能會
變成另一種商品（比方，美國的「後現代」搖滾已經變成一種銷售策略；
可參 Andrew Goodwin, "Popular Music and Postmodern Theory," *Cultural
Studies* 5 (May 1991), p.188）。臺灣媒體工作者林怡伶在討論臺灣的非主
流音樂時嘗言，「主流」和「非主流」「實際上同樣都是經過精確目標市
場設計的商品」（林怡伶：〈複製或原真？主流與非主流流行音樂之事實
與迷思〉，《中外文學》第 25 卷第 2 期（1996 年 7 月），頁 11）。換言
之，「非主流」可能只是另一種市場策略，不外是要吸引另一類受眾，進
一步擴大市場佔有率。王一在分析當代中國唱片市場時也有類似的見解，
論定中國「新音樂」（指以崔健、騰格爾爾等人為代表的搖滾音樂）旨在突
破中國流行音樂固有的甜歌與躁歌的模式，給商業化的文化工業注入了新
鮮血液」，但最後「它的生存與發展卻也已納入商業音樂的運行機制」
（王一：《音樂在世紀末的中國》（北京：中國社會出版社，1994，頁
213-214））。近年「非主流」也曾在香港一度變成主流音樂中常見的術
語，豁達音樂天空推介非主流歌曲，獨立時代、非池中等唱片公司（大唱
片公司的子公司）紛紛推出「非主流」唱片，一時間「非主流」唱片彷彿
變成了「主流」。1996 年 2 月，郭啓華加盟華星任娛樂副經理，鍾錦培
（獨立時代負責人）亦加盟華星，先後推出了《非常林奕華》、《山海
經》等另類唱片。當市場效益不佳之時，如此「另類」製作公司便迅速解
散（例如華星曾成立 Capital 部門出版另類唱片，但其後因高層出現變動
而結束），以不損害唱片公司的商業利益為原則。郭鍾兩人在數月間便離
職，標誌著非主流音樂的一場「滑鐵盧」（潘國靈：〈非主流音樂慘遭滑
鐵盧〉，《明報》1996 年 6 月 16 日，D9 版）。鍾錦培指出，「香港仍
未成熟可以容納不同種類的音樂」，而資深音樂人陳少賢更斷言，「搞
另類音樂，如果單靠香港市場，一定死梗」（葉蘅：〈非主流：順流？逆
流？〉，《東方日報》（1996 年 6 月 2 日），「東方星期日」，頁
10）。一時間電臺、唱片公司紛紛推介，銷路不好之餘便認定另類音樂沒
有市場。沒有市場便等於沒有生存空間？在唱片工業的唯利是圖運作邏輯
之下，答案可能是肯定的，但在音樂創作人的角度而言，那卻可以是一種

上──香港另類音樂的腳步》勾畫八十年代以後香港另類音樂的特色時指出，「香港另類樂手未必有足夠的實力或水準」，「有部分另類樂手實力很有限，水準並不高，相比起一些主流歌星甚至還有所不如」。❺⑦馮禮慈道破了「另類」即高水準不外是一廂情願的迷思，而我們以另類或非主流的獨立製作作爲抗衡據點時也要以此爲鑑。

# 後話：美麗的迷思

除了開拓上述的抗衡據點以外，我們也要認清和抗拒一些有關流行音樂的迷思，否則就有如捕風捉影，最後只會徒勞無功。本文的論點容易使人覺得要抗衡流行音樂那種商業至上的運作邏輯，我們有必要建立本土的非主流音樂，抗衡大量複製的主流情歌商業爲

---

來自悲觀的力量。一直以來，「另類」、「非主流」音樂都被人過分簡化爲一些不賣錢的音樂，但我們且莫忘記「主流」音樂也可以不賣錢。從另一面看，不賣錢的不一定是「非主流」音樂。正如有「誠意」的電影往往被人吹捧爲「藝術」電影，有「市場」的電影則被目爲「商業」電影，音樂「另類」、「非主流」與否大多是以其市場價値來作定斷。這種二分法當然是一種迷思，所謂「非主流」應該有「非」（counter）（逆）主流的能力，而不在於其賣錢與否，銷量好的作品未嘗不可以有「非主流」的力量。對香港流行樂壇有重要影響的八十年代初的校園民歌、八十年代中期的樂隊熱潮及九十年代中期的獨立製作潮流無不以「非主流」的姿態出現，但當中全部都與高度商業化的活動掛鈎。從另一角度看，「非主流」也未必一定是高質作品。

❺⑦ 馮禮慈：〈小路上──香港另類音樂的腳步〉，夾附於唱片《自主音樂圖鑑》（香港：音樂傳訊唱片公司，1996）。

上的生產邏輯，藉此讓粵語流行曲在中文流行音樂的疇畛中有更多元化的發展。雖然這個方向有可取的地方，但我們也要注意當中所可能隱含的美麗迷思。首先，上文所談的抗衡論述不是單方面批判主流音樂而推動非主流音樂。主流 vs.非主流，又或商業 vs.創作、丑角 vs.英雄的虛假二分，正如費理夫所言，其實只是一個假象，❺甚至是使流行音樂不能進步的原因。❺假如我們以另類／非主流便等於高水準，主流便等於商業化為「非主流」的定義，當中所牽涉的排他性和暴力根本不下於主流的商業運作。梁穎詩曾經指出，地下音樂「有著一種在資本主義以外的次文化特質」，「對非本質

---

❺ Simon Frith, "The Good, the Bad, and the Indifferent: Defending Popular Culture from the Populists," *Diacritics* 21:4 (1991), p.106.

❺ 一直以來，當「非主流」或「另類」音樂主流化、商業化之後，都會被一向喜歡另類音樂的人批評，此等人視「主流」音樂為洪水猛獸，任何沾上它的人都會變得低俗。於是有「Rock 友叫本地樂隊散 band」，有人認為達明一派唱電影主題曲是商業化，有人會指責 Beyond 出賣了地下樂隊（參〈Rock 友叫本地樂隊散 Band〉，《音樂通信》第 43 期（1987 年 4 月 17 日），頁 10-11；〈要奔向商業大道嗎？〉，《音樂通信》第 21 期（1986 年 10 月 20 日），頁 9；〈Beyond 談 Beyond〉，《唱片騎師》第 2 期（1990 年 12 月），頁 37-39）。黃志華說得好，一般人對「非主流」的理解大抵不出以下五項：1.是各大傳媒不願推介的；2.是各大唱片公司皆認為賣不了錢的；3.是大眾覺得「怪難」、「偏激」的作品；4.是一些抗拒有商業因素的小圈子音樂人搞的作品；5.是一些想通過音樂來傳達政治、社會信息的作品（黃志華：〈難為「主流」「另類」定分界〉，《突破》（1996 年 2 月），頁 45）。這些不同的理解無疑概括了「非主流」的個別特徵，但正如黃氏所言，商業化了的「非主流」音樂未必一定不好，以「主流」與「非主流」來作為作品之好壞的指標顯然是一種謬誤。

化地發展音樂的紋理，以質疑霸權論述及落實於生活的微觀政治，產生極爲重要的積極作用」。⑩梁氏的定義的確能夠點出「反霸權」、「既是顛覆性又是從屬性」之特徵。然而，我們也不能忽略主流音樂未嘗不可以「質疑霸權論述」。梁氏以 May Ip 及黑鳥爲例，固然是能代表具有顛覆力的地下音樂，但我們且不要忘記也有地下音樂如馮禮慈所言是不夠水準的。⑪所以我們在抽取梁氏有關地下音樂的「反霸權」、「顛覆性」的定義之時，也不要過分簡化的爲地下音樂劃地自限，否則只會建構出另一個「另類」／「地下」／「非主流」的神話。⑫

---

⑩　梁穎詩：〈飛逝的烏托邦〉，陳清僑編：《情感的實踐：香港流行歌詞研究》（香港：牛津大學出版社，1997），頁 97。

⑪　馮禮慈：〈小路上——香港另類音樂的腳步〉。

⑫　馮禮慈以「另類」作爲地下、非主流、獨立、自主音樂的統稱，而至於「另類」的定義，他則指爲「主流以外的音樂」（〈小路上——香港另類音樂的腳步〉）。這個定義固然十分中肯，但我們要進一步細究「以外」的含意，才可以釐清「非主流」的複雜定位。以上已曾指出梁穎詩視「地下音樂」爲資本主義「以外」的一種文化，因而「很尊重與聽眾之間的平等溝通」（梁穎詩：〈飛逝的烏托邦〉，頁 104）。無疑純自資出版的組合（如黑鳥）可以不依靠唱片公司，也不需要以媒體作爲推介自己作品的場所，而他們那種「歡迎翻版」以推介自己音樂的精神也是令人欽佩的。這一切也的確是在「資本主義」的唱片工業以外才可能的。然而，他們的音樂對「主流」音樂的衝擊有多大？聽眾的數量有多少？有人可能會認爲他們的音樂可以作出「抗衡」，但抗衡的又是甚麼？社會現象？政治文化？若這種抗衡只停留在小眾圈子，那麼它與亞當諾（Theodor Adorno）所言的的文化工業那種變成了麻醉劑的特質又有何不同？這種音樂無疑可以爲小眾提供身分認同，作爲一種象徵或文化資本（symbolic or cultural capital）（Shuker, *Understanding Popular Music*, pp.246-250），甚至可以

在認清非主流的迷思之外，我們也有必要重新考慮「流行」的意涵。在今日的音樂工業中，「流行」往往用銷量和收益來衡定，是商業上的成功的同義詞。⑥若從字源的角度考慮，「流行」（popular）一詞在拉丁文中有「屬於人民」的意思，故亦有譯作「庶民」，而其重點則在於人民的認識和欣賞。班奈特（Tony Bennett）指出流行文化根本不能以「人民」或「流行」的既存意思來定義，因為這些詞語的意思本身也必然受到流行文化領域中的鬥爭影響，故他認為最佳的說法是「人們喜歡的」便是「流行」。⑥他同時指出「人們」在此相當含混，但我們的目的不應在於定義甚麼是「人們」，而是通過連繫不同社會力量，形成抗衡權力圈的一種廣泛聯盟來構築起「人們」，⑥這也是重點所在。因此，「流

---

保存一種可能是高水準的音樂風格，但它所保證的抗衡卻未曾真正出現。它對主流音樂的衝擊激不出一絲漣漪，對社會政治文化的批判也未能真正體現，還要有賴如梁氏一文之文化研究為它發聲，並將之納入學院架構之中，而學院架構之運作與資本主義其實又沒有不同。這連串的問題叫我們驚覺在文化的論述之中，根本就無真正「以外」的立足之地。「以外」只能是一種論述姿態，而其目的該是以「抗衡」、「批判」為武器，闢出主流和非主流以外的「第三空間」為主。我們對「非主流」的理解不應停留在內／外，主流／非主流的抑／或辯證之上，非黑即白的情況從來只是騙人的大話。

⑥ Deanna Robinson, Deanna et. al., *Music at the Margins: Popular Music and Global Cultural Diversity* (Newbury Park, London and Delhi: Sage, 1991), p.10.

⑥ Tony Bennett, et. al. eds., *Popular Culture and Social Relations* (Philadelphia: Open University Press, 1986), p.19.

⑥ Bennett, *Popular Culture and Social Relations*, p.20.

行」文化的重點既在於它是否能夠吸引受眾，也同時在於其介入、質疑及批判主導文化權力的潛能。麥度頓（Richard Middleton）在其《流行音樂研究》（*Studying Popular Music*）中，曾經整理出兩種比較多人採納來分疏流行音樂的方法：實證主義和社會實質主義。前者是指在大眾媒介中最廣泛傳播的便爲流行音樂，而後者則是指流行音樂有一種關乎「人民」的不變性質：人民抑是主動積極的主體或是被支配、被欺騙的一群。⑯麥度頓指出這個看法仍有問題，而「流行音樂」只有在整個音樂場域中才會變得清晰，而這個場域又是不停變動的。⑰正如張伯斯所說，當代流行文化是「可塑的」（plastic）；張氏借用了羅蘭巴特（Roland Barthes）的說法，指出「流行文化像一層有彈性的薄膜般，散於我們的日常生活的平面及行爲之上，將它們連結成一平凡的形狀」。⑱正正由於其「可塑性」的特質，流行文化或流行音樂都是不停演化的，曾經具備上述「流行」的批判精神的音樂被體制同化以後，便可能很快失去那種精神，這也是我們研究「流行」音樂時所要注意的。

假如我們將主流、非主流和「流行」音樂的關係置於雅達利（Jacques Attali）的音樂政治經濟論述中的「流浪者」和「家臣」的對比的脈絡來看，也許可以引出不同的洞見。按雅達利的看法，流浪者與家臣之別不在於其服務之對象（雖然後者有特定之服務對象，但前者也會被人挪用作不同用途），甚至不在於其創作質素（雖然流浪者

---

⑯ Middleton, *Studying Popular Music*, p.5.

⑰ Middleton, *Studying Popular Music*, p.7.

⑱ Chambers, *Urban Rhythms: Pop Music and Popular Culture*, p.206.

可能有更大自由度，家臣可以在流浪者身上取得靈感，作爲其創作泉源，但流浪者不可能反過來在家臣身上獲得甚麼），而是在於創作的活力。❻❾從這個角度來看，非主流音樂就像流浪者一般，抗衡機制的限制以保活力，但卻無可避免會爲人挪用，而其中某些流浪者亦會變成家臣，只爲某機構服務。從另一角度看，許多流浪者都會慢慢失去活力，變成家臣，但另一「流浪者」也會隨之出現。比方，六七十年代的西方，搖滾樂一直是抗衡的表徵，但當其日漸體制化之後，在八十年代末期其抗衡的位置（就算只是神話也好）已由 Rap 代替了。就算是搖滾本身也因爲科技的進步，開始引入不同樂器，出現了不少同種類的搖滾（如 punk rock、art rock）等，隱含了其與建制那種既離亦合的微妙關係。❼⓿「主流」或「非主流」也好，都可以只是按一定成規大量生產樣板音樂，音樂的好與壞該在於其創作活力，不在於其「主流」／「非主流」。「非主流」若能以其抗衡、批判的力量作爲「主流」的靈感，也許整個機制便可以得到新的活力。這個道理大概無人不知，但問題是「非主流」慢慢變成了代表「抗衡」、「不妥協」的標籤，彷彿與主流的情歌勢不兩立。這不但強化了主流和非主流之二分，也忽略了兩者的相同性質及互動之可能。流行音樂是「不停變動」的場域，而在流浪者與家臣的相互轉化，在主流與非主流的互動之間，也許我們可以開拓出一種「第三空間」，讓流行音樂發揮其「可塑性」的特質。

按上述的「流行」的意涵來看，香港流行曲的問題在於被圈定

---

❻❾　Attali, *Noise*, pp.18-22.

❼⓿　Lull, *Popular Music and Communication*, pp.9-10.

爲只重「流行」的商業成分，失去其「可塑性」。唱片業人士、音樂創作人以至受眾也視此爲不辯自明的事實。香港素被認爲因爲欠缺政治權力而要改向經濟發展，這種「補償的邏輯」❼正是粵語流行曲被典型化爲中文流行曲中的邊緣文化商品的始作俑者。在全球化的中文流行曲的場景中，香港粵語流行曲於是淪爲商業至上的商品，而「流行」的其他可能性唯有交給國語流行曲。其實，正如費理夫所言，「所有流行音樂（不單是著名的本土音樂，也包括米高積遜和麥當娜）的政治意涵都是關乎協商之事(a matter of negotiation)」。❼準此，我們要拆解的不是流行音樂的商業建構，而是在全球化的中文流行音樂工業中，香港粵語流行曲被典型化爲必然是商業掛帥，必然是低劣的大量複製商品的迷思。（這也許同樣是香港文化所要面對的難題。）最後，筆者也要澄清在全球化的脈絡中談粵語流行曲並不是要鼓吹本質主義式的本土流行音樂。我們得明白在全球化文化論述的生產場景中，本土本身也可能變成商品。誠如費理夫在討論流行音樂和本土化的問題時所指出，「現在本土的差異並不來自本土的歷史或傳統，而是在於全球市場中的位置」；「本土並非代表群體、安全感及眞理，它所描畫的是資本、勞工、符號和聲音的不停移動，以及我們的無根和遷徙的共有經驗的背景」。❼本文中的「粵語流行曲」可說是一種有關策略性本質主義（strategic essentialism）的觀念，並無意凸顯粵語流行曲的實質差異，反而希

❼ Rey Chow, *Ethics after Idealism: Theory - Culture - Ethnicity - Reading* (Indianapolis and Bloomington: Indiana University Press, 1998), p.171.

❼ Robinson et al, *Music at the Margins*, p.287.

❼ Frith, "The Good, the Bad, and the Indifferent," p.23.

望引出其「不停移動」的「可塑性」，朝向粵語流行曲以至中文流
行曲的更多元發展。我們有理由相信，假如粵語流行曲能打破其固
有形塑，既從內興革主流情歌的生產，也向外更多元化的開拓不同
的論述空間，它不但會在中文流行曲佔更重要的地位，也可以帶動
中文流行曲在全球流行音樂工業的發展。

# 小城大說：
# 後殖民敘事與香港城市

## 前言：後殖民論述與城市空間

> ……所有城市都是一個結構，但我們永不應該嘗試或希望填滿這個結構……❶

羅蘭巴特（Roland Barthes）

　　晚近後殖民論述在香港十分流行，有關香港人的本土文化和身分認同的理論變成了文化研究的主要題目。後殖民論述又與空間疆界的關係非常密切，薩依德（Edward Said）在其名著《東方主義》（*Orientalism*）的 1995 年版的後話中，便將歷史和社會意義的爭逐與疆界的爭逐掛勾，❷可說將《東方主義》所強調的時間向

---

❶ Roland Barthes, "Semiology and the Urban," in Mark Gottdiener and Alexandros Lagepoulous eds., *The City and the Sign* (New York: Columbia University Press, 1986), p.97.文中所有外文引文皆由筆者中譯。

❷ Edward Said, "Afterword to the 1995 printing," *Orientalism* (London: Penguin, 1995), p.332.

度（歷史）導向空間向度。薩依德的《文化與帝國主義》（*Culture and Imperialism*）更詳細分析了文化、地理與權力的複雜關係。❸在其《後現代地理》（*Postmodern Geographies*）和《第三空間》（*Thirdspace*）中，蘇亞（Edward Soja）更對晚近批評理論的空間化作出了條分縷析。❹空間的輪廓、界限和地理往往被用來作為身分認同的論述工具。❺積高絲（Jane Jacobs）的話可以作為論述與空間的關係的最佳註腳：「地圖變成了帝國想像的空間性的決定性意符。」❻難怪熟悉文化理論的作家亦開始以地圖為小說題材（如董啟章的《地圖集》）。然而，又正如積高絲所指出的，在近年的社會理論中，空間（the spatial）既無處不在又像並不存在，❼即是說，「空間」常被不同論述以不同方式挪用並轉化為不同的論述工具。在如此脈絡中，空間變成了文化帝國主義論述與去殖民的抗衡

---

❸ Edward Said, *Culture and Imperialism* (New York: Alfred Knopf, 1993).

❹ Edward Soja, *Postmodern Geographies* (London: Verso, 1989), *Thirdspace: Journeys to Los Angeles and Other Real-and-imagined Places* (Cambridge: Blackwell, 1996).

❺ Anthony Vidler, *The Architectural Uncanny: Essays in the Modern Unhomely* (Cambridge: MIT Press, 1992), p.167; 轉引自 Jane Jacobs, *Edge of Empire: Postcolonialism and the City* (London and New York: Routledge, 1996), p.3.

❻ Jane Jacobs, *Edge of Empire: Postcolonialism and the City* (London and New York : Routledge, 1996), p.20.

❼ Jacobs, *Edge of Empire*, p.3; 積高絲援引了以下兩篇文章印證其論點：Doreen Massey, "Politics and Space/Time," in *New Left Review* 196 (Nov. – Dec., 1992), pp.65-84 及 Neil Smith and Cindi Katz, "Grounding Metaphor: Towards a Spatialized Politics," in Michael Keith and Steve Pile eds. *Place and the Politics of Identity* (London and New York: Routledge, 1993), pp.67-83.

論述的共有論述工具，其中本土、鄉土和城市都是重要的空間隱喻。空間隱喻爲本土身分認同提供了想像媒介，其中城市更是與香港這種大都會的所謂「本土」文化密不可分的。（近年香港有不少有關「城市」的文化項目，前身爲藝穗節的「乙城節」便是一例。❽）在晚近的去殖民論述中，城市空間是一些後殖民大都會（如香港、新加坡）抗衡論述的本土據點，城市遂亦成爲兵家必爭之地。九七問題及近年的後殖民論述的勃興使香港文化論述集中於本土文化身分等課題，從這個脈絡來看，「城市」變成了近年香港文化研究的熱門題目也是有跡可尋的。「城市」既作爲香港文化論述的要素，很自然也會變成香港文學的熱門題材。本文會嘗試按後殖民論述的理論框架，爬梳近年香港小說的城市敘寫，藉此揭示後殖民敘事與「城市」的微妙關係。

# 從現代到後現代城市

在後過渡期的香港文學中，「城市」可說是不可不提的題目。王德威在分析國族論述與鄉土文學的關係時，曾經援引後殖民理論家察特基（Partha Chaterjee）的說法，指出與其將鄉土主題化（thematicize），不如將其問題化（problematize）。❾此說法亦適

---

❽　「乙城節」於 1999 年 1 月 8 日至 1 月 31 日舉行，「乙」兼有「閱讀」和「一個」的意思，可以說是一次重繪香港城市空間的嘗試。

❾　王德威：〈國族論述與鄉土修辭〉，《如何現代·怎樣文學》（臺北：麥田人文，1998），頁 164。詳參 Partha Chaterjee, *Nationalist Thought and the Colonized World* (London: Zed, 1986), pp.38-39.

用於香港的城市論述之上，本文的目的正是要將「城市」問題化。
在許多後殖民國家（如非洲諸國）中，後殖民國族論述是以鄉土作爲
建構本土論述的據點，但香港這個後殖民城市，在殖民時期已經發
展成比其殖民者先進的全球資本主義社會，再加上香港未如其他後
殖民地般，有其獨有的殖民前文化，鄉土變得難以作爲本土論述的
主要課題。鄉土的本土想像便要由城市來取代。王德威所言甚是：
「形之於文學，我要說香港偏處於鄉土／國土的大敘述之外，卻營
造了極有特色的城市文學。」❿「城市」是香港文化的一個重要問
題，是一個流動不定的論述空間，可以帶出不同形塑底下的文化邏
輯。王德威〈香港——一座的故事〉（以下簡稱〈香港〉）一文已對
近年香港小說的城市敘寫作出了詳盡的分析，⓫在這一節的有限空
間中，筆者無法亦無意詳論這些敘寫，反而希望借再解讀王德威的
文章的個別重點和例證來作爲本文的論述起點，藉此勾畫出香港小
說的城市再現與後殖民論述的文化政治的微妙關係。

　　〈香港〉以張愛玲《傾城之戀》爲論述香港小說的城市書寫的
起點，但嚴格而言，《傾城之戀》的香港可說只爲范柳原與白流蘇
的戀愛故事的背景，充其量亦只是張愛玲的香港生活的紀念。香港
的自覺意識要到六十年代崑南的《地的門》和劉以鬯的《酒徒》才
算具備雛型，但眞正的城市文學的自覺實驗則要到七十年代西西的
《我城》才正式開始。（〈香港〉頁 286）我在此無意細論《我城》

---

❿　　王德威：〈香港——一座的故事〉，《如何現代‧怎樣文學》，頁 282。
　　以下引述此文只在文中標明頁碼，註釋恕不繁出。
⓫　　王德威：〈香港——一座的故事〉，頁 279-305。

的香港圖象及其衍嬗，反而希望將重點放在從《我城》到〈浮城誌異〉的敘事轉型。在《我城》中，七十年代的香港城市雖然已發展爲晚期資本主義社會，一切注重包裝——「也許是要把整個城市寄出去參加展覽」⑫。作者也有運用後現代小說常見的拼貼手法，但故事中香港城市的不同剪影還是能夠連繫起來，以建立「我」的主體性爲主導論述。何福仁曾以「清明上河圖」和長卷視點解讀《我城》的結構，探析作品的移動視點的特色，但最重要的是視點雖然是移動的，但始終是以「我」爲主體，「從『我』的多種視點帶出『城』的諸貌」。⑬作者雖然不是再現，而是表現香港城市，但還是可見她是借其小說的敘事來寄予她「對一個城的懷念與希望」，⑭故事中的城市雖然變動不定，但作者的敘事還是穩定的。

　　到了八十年代的〈浮城誌異〉，主體性被作者打破了，香港變成了一座「懸空的城市」，再無深度和歷史感。王德威的話簡明的概括了這種轉變：

> 從「我城」到「浮城」，從城市主體的追尋建立到城市主體「不可承受之輕」的變形飄浮，很可以看作是西西與香港現代與後現代意識的一次對話。（〈香港〉頁289）

王氏的論點正好彰顯了香港小說的城市書寫從現代到後現代的轉

---

⑫　西西：《我城》（臺北：允晨，1989年版），頁116。

⑬　何福仁，〈《我城》的一種讀法〉，載《我城》，頁220-223、頁230。

⑭　何福仁，〈《我城》的一種讀法〉，頁234。

變。小說中的「浮城」又可分兩個角度看：小說中的城市所呈現的
後現代文化邏輯和小說敘事的後現代意識。前者主要是源自詹明信
（Fredric Jameson）所言的晚期資本主義的後現代社會那種「無內
指性」、「無歷史感」的文化邏輯，⑮後者則是這裡的重點，有必
要作進一步說明。「後現代」已是公認的難以釐清，「後現代小
說」自然亦無定論。麥希奧（Brain McHale）在其《後現代小說》
（*Postmodernist Fiction*）的序言中，便認爲根本沒有後現代小說家
喜歡這名稱。比方，常被稱爲後現代小說的代表人物的巴夫（John
Barth）便覺得這名稱蹩腳得很。⑯然而，麥希奧在書中還是清理出
後現代小說的一些特色，其中「刪除」（erasure）便是重點之一。
「刪除」借自德希達（Jacques Derrida）的解構理論，在此主要是
指將小說敘事中的事件刪除（即將事件變得疑問化），使小說敘事自
我解構，而小說的敘事能力亦被根本的疑問化。⑰在〈浮城誌異〉
中，西西借馬格里特（Margeritte）的繪畫來虛構浮城的異事，如
王德威所言，是「以虛擊實，以小說的浮游衍異來挪揄所謂的歷史

⑮ Fredric Jameson, *Postmodernism, or, The Cultural Logic of Late Capitalism*
(Durham: Duke University Press, 1992), pp.16-25.

⑯ Brain McHale, *Postmodernist Fiction* (New York and London: Methuen, 1987),
p.3.

⑰ McHale, *Postmodernist Fiction*, pp.99-105.「文本套文本」的「中國盒」
（Chinese boxes）式設計是後現代小說的另一特點，目的是要使讀者對敘
事層次產生混亂，而再現的觀念亦因而崩潰（pp.112-114）。此外，拼貼
也是後現代小說的一大特色，它具備「元素雜交」的傾向，並可顛覆既存
的敘事和指涉模式；參閱賀淑瑋：〈拼貼後現代：小說〉，《中外文學》
第 23 卷第 11 期（1995 年 4 月），頁 56-72。

大說」（〈香港〉頁 289）。換言之，作者的敘事變成自覺的虛構，不但表現浮城，還刪除了本身的敘事。虛實的被疑問化，將城市與敘事的界限也泯除。從《我城》到〈浮城誌異〉，城市與敘事的關係有了根本的轉變，標誌著香港城市從現代到後現代的過渡。❸〈浮城誌異〉的敘事方法無疑有後現代的意味，故事中的城市也有後現代無根飄浮的特色，但敘事和城市之間的關係還是穩定的。從敘事和城市的關係的角度看，也斯、董啓章和心猿的作品又各自呈現出不同特色，爲香港小說的城市敘事帶出了另一向度。以下將循此問題賡予討論。

## 後現代與後殖民：城市、歷史、虛構

假如說〈浮城誌異〉表現出城市書寫的後現代意識，我想九十年代的香港城市小說已進入後殖民意識的階段。也斯、董啓章和心猿的城市小說一方面呈現出後現代敘事體的自覺運用，另一方面又表現出後殖民論述的批判意識。後現代與後殖民的關係錯綜複雜，無法在此細表，此處將只集中在兩者的「後」所共有，那種具顚覆既存模式的力量的「開創空間的姿態」（space-clearing gesture）來作分疏。❹在小說方面而言，這種「開創空間的姿態」可算是突破

---

❸　這段期間也有施叔青的香港三部曲，但正如王德威所言，故事並沒有突破傳統敘事的論述方式（王德威：〈香港——一座的故事〉，頁 292），因此未能帶出後過渡期香港城市與敘事的相互文本的微妙關係。

❹　此語引自 Kwame Anthony Appiah, "Is the Post- in Postmodernism the Post-in Postcolonial?" in *Critical Inquiry* 17 (Winter 1991), p.348. Appiah 同時指

小說一貫的敘事形式，不再按轍往跡，朝向「開放形式」的嘗試。
按葉維廉的說法，「開放形式」可分爲四個層面：結構的解放、文
類的爭戰、對藝術規位的反思和托寓行爲的死亡。[20]也斯、董啓章
和心猿的城市小說在這四個層面都有不同發揮。也斯的《記憶的城
市·虛構的城市》、董啓章的《地圖集》、心猿的《狂城亂馬》都
突破了一般小說模式，不但沒有嚴謹的敘事結構，更幾乎可以說是
沒有小說的傳統情節。《記憶的城市·虛構的城市》是旅人在他鄉
的邊記邊論，《地圖集》是仿歷史文本，《狂城亂馬》則是狂亂的
插科打諢，都可以說是從小說的敘事結構中解放出來，既甩脫了傳
統敘事的情節要求，也跨越文類，變成奇特的跨文類文本：《記憶
的城市·虛構的城市》的遊記，《地圖集》的地理史料和《狂城亂
馬》的電影漫畫。[21]在這些作品之中，小說的規位被作者以不同形
式打破，而且小說敘事再無托寓，即文本中的意符不再指向意指，
而是回指意符本身。與〈浮城誌異〉不同，這些作品中的城市再不

---

出後現代與後殖民的後也可能同時變做一種風格，一種可供消費的文化／
身分商品，參 pp.346-349. 同時可參朱耀偉：《後東方主義》（板橋：駱
駝，1994），頁 21-30. 有關後現代與後殖民的複雜關係，同時參閱
Linda Hutcheon, "The Post Always Rings Twice: The Postmodern and the
Postcolonial," *Textual Practice* 8 (1994), pp.205-238.

[20] 詳參葉維廉：〈現代到後現代：傳釋的架構〉，《解讀現代·後現代》
（臺北：東大，1992），頁 34-41。

[21] 卡勒（Jonathan Culler）早在七十年代便預計小說會朝「非文類」（non-
genre）的方向發展，參閱 Jonathan Culler, "Towards a Theory of Non-genre
Literature," in Raymond Federman ed., *Surfiction: Fiction Now... and
Tomorrow* (Chicago: Swallow Press, 1975), pp.255-262.

能與敘事分開，敘事不停回看敘事本身，即不是以後現代意識的敘事虛構城市，而是城市是虛構和虛構是城市已是合而為一。傳統小說敘事再現現實的能力早已在後現代小說中變得充滿疑問，「再現」瓦解了，代之而起的是「刪除」、「文本套文本」、「拼湊」等。這些作品除了有著對小說敘事的高度自覺外，也呈現出對後殖民文化理論的敏銳觸覺。後殖民小說本與後現代小說一脈相承，應以顛覆、解構既存敘事模式為主。比方，紐曼（Judie Newman）便曾指出後殖民小說的最大特點是利用「文本互涉」來達到不同效果，如混合不同文類（如簡愛 Jane Eyre 會與恐怖電影中的喪屍一起出現），以其相互文本解構文學的象牙塔，又或叫讀者「反時序」的反思艾略特對莎士比亞的影響，目的都在顛覆殖民論述的敘事模式。㉒上述一類作品印證了王德威有關世紀末的中文小說的四則預言中的「歷史的抒情詩化」，變成一種「詩與史的混成辯證」。㉓重要的不是歷史是否真實，而是在「混成辯證」中，真假已不能也不必分開。

此外，正如許多後殖民批評家所指出，在後現代社會看似多元、開放的空間中，實際上仍然隱藏了不公平、限制和暴力。何克思（bell hooks）便一再強調，所謂「邊緣」必須具備一種「不安全感」，要不停對表面開放的空間抱懷疑的態度。㉔因此，在近年

---

㉒ Judie Newman, *The Ballistic Bard: Postcolonial Fictions* (London, New York, Sydney, Auckland: Arnold, 1995), pp.192-193, p.6.

㉓ 詳參王德威：《小説中國》，頁 210-214。

㉔ bell hooks, *Yearning: Race, Gender and Cultural Politics* (London: Turnaround, 1991), p.149.

的去殖民論述中，空間的問題仍舊十分敏感，種族播散
（dissemiNation）、後殖民年代的新文化空間和弱勢社群的抗衡策
略是其中一些重要的問題。㉕後殖民小說也會將這些問題置於敘事
之中，不再專奉恪守既存的成規，藉此顛覆殖民論述的敘事模式。
上述三篇小說亦分別呈現出這方面的特色，並以不同方式重寫香港
的城市空間。首先，也斯的《記憶的城市・虛構的城市》運用了後
殖民文學常用的「旅遊」（travel）文體，㉖有著濃厚的「寫在家國
以外」（writing diaspora）的味道。也斯對後現代和後殖民理論瞭
如指掌，自能夠充分利用「家國以外」的氛圍，將記憶化為虛構，
將城市變成文本。（據羅蘭巴特的說法，在作為文本的城市中，意符不會
指向穩定的意指，而是不停指向其他意符。㉗簡言之，城市的指涉是開放的衍
異（differance）過程，故城市跟虛構都是文本。）表面上像遊記的故事不
是以香港為主要場景，但卻能借後殖民論述那種在家國以外重認自
己家園的角度，凸顯記憶和虛構在香港的城市建構中的重要性：

---

㉕　有關後殖民小說與後殖民時期的空間重組的關係可參 Rosemary Marangoly
　　George, *The Politics of Home: Postcolonial Relocations and Twentieth-century
　　Fiction* (Cambridge: Cambridge University Press, 1996), pp.101-197.

㉖　後殖民批評家對「旅遊」（travel）文學有很不同的看法，正面的如「可
　　以排置權力的既有安排」，負面的如不外是時髦的理論工具。前者可參
　　Trinh T. Minh-ha, *When the Moon Waxes Red: Gender and Cultural Politics*
　　(New York and London: Routledge, 1991), p.188; 後者可參 Iain Chambers,
　　*Migrancy, Culture, Identity* (New York and London: Routledge, 1994), p.3.有
　　關的討論可參 Jacobs, *Edge of Empire*, pp.6-7.

㉗　Barthes, "Semiology and the Urban," p.94.

於是你踏上歸程，經過一個又一個城市，探訪一個又一個友人，嘗試回到你原來生活的城市。妖怪和魔障，不在外途的海島，而在你嘗試回去而回不去的地方。你執著記憶，它們又好似逐漸變成虛構。㉘

記憶本來可以重述歷史，但在後現代社會中，正如也斯自己所言，「……懷舊並不是指向歷史，而是指向歷史的消失」。㉙當記憶和虛構被自覺的混爲一談，敘事和城市之間的穩定關係也就蕩然無存了。

我們可以發現，九十年代香港小說中的城市不再劃地自限，更完全脫離了再現香港的次第，甚至不再停留於如何虛構香港的論述方式之上，而是進而考量虛構與香港之間的相互關係。從這個角度看，董啓章的《地圖集》可說是解構了虛構與真實的二分。董啓章的《安卓珍尼》、《雙身》等作品已充分顯示出他對文化理論的掌握，而他在 1997 年推出《地圖集》更別有一番含意。作者在九七回歸前夕重繪想像式的香港地圖的嘗試，與後殖民批評家指出邊緣性（種族性別階級）已不能以從前的地理位置來定義，而是要考慮後殖民時期種族移徙及全球化的新空間組構的論點剛好不謀而合。㉚作者把歷史空間化（〈香港〉頁 293）的嘗試亦與如薩依德的《文化與帝國主義》般的後殖民論述有眉目互通之處。「香港的存在原就

---

㉘　也斯：《記憶的城市・虛構的城市》（香港：牛津大學出版社，1993），頁 217。

㉙　也斯：《香港文化》（香港：香港藝術中心，1995），頁 25。

㉚　Jacobs, *Edge of Empire*, pp.33-34.

可疑，也就無所謂消失」（〈香港〉頁 293）更可以說是對香港文化理論的直接回應。❸再者，從副題「一個想像的城市的考古學」來看，「想像」、「考古」在「城市」中混爲一談，眞假虛實變得充滿疑問。在解構既存的眞假虛實觀念之外，《地圖集》也對後殖民論述有關空間、地理論述的關係有自覺的書寫。要是《記憶的城市・虛構的城市》將城市變成文本，《地圖集》可說將之變成了「僞文本」（pseudo-text），帶出了城市的指義系統「既由符號，也由非符號因素所左右」的信息。❸

心猿的《狂城亂馬》更是有關香港文化理論的虛構化，在敘與事之間狂書亂寫，將後殖民論述及其相關的文化課題一一展現我們眼前。從蘭桂坊、中國會、雀仔街、陸羽茶室到藝術中心，有如是一次香港「本土」（實在是全球和本土的混合體）地方的拼湊。這次被展覽的更不單是城市，還有理論。從政治現實、媒體文化／文化的媒體化、文類互動、雅俗混雜到性別含混、易服等，又儼如文化理論大展覽。與其說這是小說，倒不如說這是理論的小說化。九十年代的香港城市小說，不但城市變了，小說也變了。小說的敘事模式漸漸跨越媒介，嘗試不同種類的混成虛構。《記憶的城市・虛構的

---

❸ Ackbar Abbas 曾以「消失的政治」來分析香港文化，認爲香港意識在九七香港行將消失之際才出現；參 Ackbar Abbas, *Hong Kong: Culture and the Politics of Disappearance* (Hong Kong: Hong Kong University Press, 1997).

❸ 「僞文本」一詞借自 Raymond Ledrut, "Speech and the Silence of a City," in Mark Gottdiener and Alexandros Lagepoulous eds., *The City and the Sign* (New York: Columbia University Press, 1986), p.120. 引文引自此書編者的導言（p.17）。

城市》和《地圖集》的跨越文類已如上述，而《狂城亂馬》的主角
老馬的職業是攝影記者也不是偶然的。《狂城亂馬》的敘事方式很
富電影感，作為一部「小說」，在敘事方面反更類近電影的鏡頭調
動。心猿在「後記」中便承認這是「好像 Cult Movie 那樣的東
西」。❸心猿在〈影像迷宮〉一章寫道：「在這些照片裡所建構的
那個年代裡……現在過去都混在一起了」。❸熟悉布希亞（Jean
Baudrillard）理論的讀者都知道，影像的發展可分四個層次：反映
現實、遮掩或扭曲現實、遮掩現實的匱缺、與現實全無關係。❸就
算未到影像與真實之間全無關係的地步，《狂城亂馬》已不再嘗試
遮掩現實的匱缺。虛構之下也再無現實，於是老馬在故事的結尾問
道：

> ……是真實地隱藏在那熱鬧人潮中間，抑或是那只是一個自
> 己創造出來的名叫紐約水的角色？是一個他望著窗外熱鬧的
> 倒數而創造出來的、懂得在都市迷宮用各種詭計生存下去的
> 角色？
> 又抑或自己本來就是一個女子，不過以自己接觸過的中年朋
> 友加以對七十年代的想像而假想了一個叫老馬的角色，再由
> 他去假想一個活在九十年代的今天的名叫紐約水的角色出
> 來？（頁 245）

---

❸　心猿：《狂城亂馬》（香港：青文，1996），頁 246。

❸　心猿：《狂城亂馬》，頁 196。

❸　Jean Baudrillard, *Simulations*, trans. Paul Foss, Paul Patton and Philip
　　Beitchman (New York: Semiotext(e), 1983), p.11.

故事中的答案是「可以肯定的是：老馬在窗前等待著……」。敘事的意指被無止境的推後（deferred），而文中的狂城亦因而變成了不停衍異的意符。王德威認為《狂城亂馬》是一部「後現代的總匯式作品」（〈香港〉頁 296），但我更感到文化理論為作品在後現代總匯的無深度中提供了一種「深度」，一種像真、虛擬的「深度」。我們也是否就如老馬，以自己的想像而假想了一個叫香港的城市，再由它去假想一個「香港」的本土故事？

　　董啓章的近作《V 城繁勝錄》將問題更推進一步，作者這次甚至不再在虛構之上糾纏，索性來一次文本套文本、虛構中虛構，藉此書寫 V 城的「歷史」。正如作者在序中所言：「夢華之繁勝，書中之書，城市中的城市，倒影中的倒影，看之無窮盡頭，如時間之不知所終。」❸⑥作者在書中從城市的建築空間寫到文化空間，而從敘述者的無法又無需確定的多重分裂身分（劉華生、維、維多你亞、維朗尼加、維安娜等）來看，城市不再是按敘事的論述方式呈現出來。作者以後現代式的拼貼手法呈現香港這個「伎藝之城」，羅列了香港的明星、電影、電視劇，表面上這帶出了人已變成符號的信息，但從「小食之城」中的菊花茶、火麻仁來看，已是不知人變成了符號，還是符號變成人的境地了。以菊花茶、火麻仁這些物化人來說，我們已進入了後人類（posthuman）的年代了。姑勿論那是人還是物，董啓章跨越未來，到五十年後回憶香港的「歷史」，再一次叫我們記住記憶／歷史不外是虛構的。假如小說還是敘事體

---

❸⑥　董啓章：《V 城繁勝錄》（香港：香港藝術中心，1998），頁 5。

的話，❸《V 城繁勝錄》不但解構了自己，也解構了以上的香港城市小說。城市原來只是被虛構來代替歷史感的一種背景。

《記憶的城市·虛構的城市》、《地圖集》、《狂城亂馬》和《V 城繁勝錄》等九十年代香港城市小說都體現了跨越文類，朝向不同敘事體交相運用的特色，香港城市彷彿有了不同向度的呈現，故事中的文化理論和後殖民意識也叫人感到這些小說彷似有其城市托寓。可是，我們必須記住，這些故事的重點在於不停「刪除」自己，一再提醒我們敘事體的虛構性質。換個角度看，這些故事中的「香港」可能是後殖民論述的其中一個題目，不會因其「虛擬的內指性」而與其他題目有所不同。以爲小說中的城市可以作爲身分認同的據點，未免只是渴求本土身分的後殖民香港論述的一廂情願。

# 小說大話：
## 香港城市敘事與「新保守神話」

從《傾城之戀》以香港的淺水灣酒店爲主要場景開始，香港城市作爲主題至今仍深印香港人的腦海。但正如心猿所言，在淺水灣見證范柳原和白流蘇的戀情的那面牆「早就已經不是那面牆了」。❸從前香港的暫留居心態已在七十年代開始演變爲視香港爲家的情感認同，隨著香港步入後過渡期，香港的城市空間更日漸爲人看

---

❸ 這裡說的是現代小說，中國傳統小說常被指有別於西方"novel"的史詩敘事傳統，反而傾向抒情傳統。參見浦安迪（Andrew Plaks）：《中國敘事學》（北京：北京大學出版社，1996），頁 8-13。

❸ 心猿：《狂城亂馬》，頁 223。

重，在不同範疇中變成了建構本土空間的據點。從《我城》、《浮城誌異》、《記憶的城市・虛構的城市》到近日的《狂城亂馬》、《V城繁勝錄》，香港的城市變得愈來愈不眞實，彷彿在叫人感到過去的城市較爲眞實，較能給人穩定的安全感。然而，我們且不要忘記一方面「歷史中有小說，小說中有歷史」❸，而另一方面「小說不建構中國[香港]，小說虛構中國[香港]」。❹小說本來就是虛構的敘事體，但也許出於周蕾所言的「原始情欲」，現代電影出現之後，銀幕上的影像給人浮面之感，知識分子回歸文字文化來尋找「眞實」，❹而小說敘事的文字便彷彿變得更有「深度」，更接近原來的「眞實」。再加上如詹明信的批評家強調第三世界文學作爲國族寓言（national allegories）的迷思，❹於是小說成了大說，負起了建構大話（grand narrative）的任務。無論是現代主義式的以

---

❸ 此說出自吳晗，轉引自浦安迪：《中國敘事學》，頁31。

❹ 王德威：《小說中國——晚清到當代的中文小說》（臺北：麥田人文，1993），頁5；引文中的「香港」乃筆者所加。

❹ Rey Chow, *Primitive Passions: Visuality, Sexuality, Ethnography, and Contemporary Chinese Cinema* (New York: Columbia University Press, 1995), pp.17-18.

❹ Fredric Jameson, "Third World Literature in the Era of Multinational Capitalism," *Social Text* 17 (Fall 1986), pp.65-88. 詹明信認爲第三世界文學必然爲國族寓言（national allegory）的說法引來了不少後殖民批評家的激烈批評，其中阿默特（Aijaz Ahmad）的文章最常爲人討論，參見 Aijaz Ahmad, "Jameson's Rhetoric of Otherness and 'the National Allegory'," *Social Text* 17 (Fall 1987), pp.3-25. 此文後來收入阿默特的 *In Theory: Classes, Nations, Literatures* (London and New York: Verso, 1992)，而 *Public Culture* 6 (Fall 1993)又有多篇文章回應此書的看法。

「我」寫「城」，或是後現代式的虛構浮城，又或是後殖民式的再思本土的城市空間，「香港」都是這些城市小說揮之不去的陰影。從近期的《狂城亂馬》、《地圖集》或《Ｖ城繁勝錄》，我們可以見到城市小說不再建構香港城市，甚至不是虛構香港城市，得出有關香港城市的大話，而是將眞實與虛構徹底的疑問化，同時書寫「眞實的虛構」和「虛構的眞實」，將大說變回小說。假使再按傳統敘事模式解讀這類後殖民敘事，我們便無法把握當中的眞象。傳統的敘事理論（如敘事角度、結構等）在這些故事中再無意義。這些作品也告訴我們，城市小說的特色應在多元流動而不在深度：

> ……都市正文的特徵就在於——任何符徵的都因被閱讀的角度不同，而出現了多元符指，或者，根本失去語意學上的意義……更重要的是，都市是一個變幻、流動的基地，沒有甚麼東西可以駐足不移，也不可能將它永遠填滿充實……[43]

作爲意符的都市空間是流動的，不應也不能指向穩定的城市建構，後殖民本土論述以此爲據點，只是一個美麗的迷思。喬治（Rosemary George）在評論殖民和後殖民小說時曾經指出：「所有小說／虛構（fiction）都是想家的」，同時「所有想家之情都是小說／虛構」。[44]易言之，小說都是希望給我們一種「在家」的歸

---

[43]　林燿德：《敏感地帶——探索小說的意識眞象》（板橋：駱駝，1996），頁 98。

[44]　George, *The Politics of Home*, pp.1, 199.

屬感，故「家」是思想上，而不是地理上的想像式地方。從這個角度看，近年香港城市小說的「城市」未嘗不是要在這無根浮城的借來時空之中，給我們一種「在家」的感覺的想像隱喻。然而，我們還得記住，「家」其實可能並不純淨。在去殖民的抗爭中，本土（the local）可能乃由全球所操控，本土位置與商品化的全球化過程必有關連，故並不純淨，未必可以作為抗衡論述的未受污染的據點。⑮後殖民身分、本土、空間、城市等觀念無不與全球資本主義的論述生產有關，在某個角度來看，都是全球資本主義的商品化運作邏輯的產品。從這個角度看，後殖民論述的興起可能是為了配合全球資本主義的發展，本土乃由全球支配，後殖民小說中的城市或鄉土亦是全球性論述的產品。若我們按近年香港小說中的城市來批評香港社會的問題，我們必須同時明白，這些作品也不得不植根於為它們提供論述空間的全球資本主義之中。與其說從前的城市較為穩定實在，倒不如說是近年敘事的文化邏輯隨著後殖民和全球資本

---

⑮　Jacobs, *Edge of Empire*, p.36. George Marcus, "Past, Present and Emergent Identities: Requirements for Ethnographies of Late Twentieth-Century Modernity Worldwide," in Scott Lash and Jonathan Friedman eds., *Modernity and Identity* (Oxford: Blackwell, 1992), p.313.假使我們將積高絲的說法置放在後殖民批評家戴力克（Arif Dirlik）的後殖民論述與全球資本主義的理論架構中，城市空間與全球資本主義的文化邏輯的關係更是呼之欲出。戴力克認為後殖民論述近一、二十年的興起其實是要配合全球資本主義的伸張，後殖民論述所提供的抗衡其實淡化了被殖民者的顛覆力量，並將邊緣變得「多孔」，讓全球資本主義更易滲入。詳參 Arif Dirlik, "The Postcolonial Aura: Third World Criticism in the Age of Global Capitalism ," *The Postcolonial Aura: Third World Criticism in the Age of Global Capitalism* (Boulder: Westeview Press, 1997), pp.52-83.

主義的發展而有了根本的轉變。

上述的「在家」的感覺亦叫人想起班雅明（Walter Benjamin）著名的〈說故事的人〉（"The Storyteller"）的說法：小說不同於故事，後者的作者和讀者是集體創作和欣賞，而前者的作者和讀者都是孤獨的個體，因而小說會表現出一種「超越的無家感」（transcendental homelessness）。**㊻**既然小說的本質不能也不必給人在家的感覺，以香港小說中的城市作後殖民論述的本土空間可能已將小說變成了大話。我們不應忘記著名後殖民作家魯斯迪（Salman Rushdie）所言：

> 我們假裝我們是樹，並常談及根。看看你腳下，你不會找到穿過你腳掌生長的樹。我有時會想，根不外是設計出來，使我們安於本位的一個保守神話。**㊼**

假如根是一個保守神話（conservative myth），香港城市小說中的「城市」大概可以說是一個新保守神話。一直以來，香港都沒有自己的文化的根，不能像鄉土文學般尋根，只能將建立本土論述的希望建基在一個浮城之上。矛盾的是浮城給人的卻是「不在家」的無根感覺。但我認為這種「不在家」的感覺正是近年香港城市小說給我們的最寶貴啓示。表面看來，以上小說中崩裂無向、虛浮表面的

---

**㊻** Walter Benjamin, "The Storyteller," *Illuminations* (New York: Schocken Books, 1969), pp.83-110.

**㊼** 轉引自 George, *The Politics of Home*, p.199.

城市彷似能夠「再現」香港。要是如此，無論這些小說如何後現代、後殖民，我們還未有脫離「再現」的範疇，後現代、後殖民亦變成追上潮流的表現技巧。若要體現後現代、後殖民「開拓空間」的精神，我們有必要把問題推進一步：這些斷裂、無內指性的敘事並不再現香港城市，並不是要給我們「在家」的感覺；反之，城市在虛構中崩裂，兩者的不定關係給人一種「不在家」的不安全感，叫我們不能輕易沉醉於根的「保守神話」之中。馬丁及毛旱迪（Biddy Martin and Chandra Mohanty）如此解釋「不在家」的感覺：

> 「在家」是指人在熟悉安全和受保護的界限中生活，「不在家」則是發現家只是將人連在一起的幻象，安全不過是建基於排除了壓迫和抗衡的特殊歷史之上……㊽

「不在家」的感覺未嘗不是前進的力量，它可以提醒我們，「家」可以是使我們安於現狀，接受現實的假象。

那麼我們還為甚麼要論述城市小說？為了建構本土論述？是的話，那又是否可能？「為香港說各式各樣的故事，是『說出』香港存在、延續意義的重要手段」（〈香港〉頁 300）？還是因後殖民論述興旺，本土論述、城市空間變成重要問題，所以引起的一種職業

---

㊽　Biddy Martin and Chandra Mohanty, "Feminist Politics: What's Home Got to Do with It?" in *Theresa de Lauretis ed., Feminist Studies/Critical Studies* (Bloomington: Indiana University Press, 1986), p.197.

需要？也斯的話一語道破了有關香港的城市敘事的最重要問題：

> 香港的故事？每個人都在說，說一個不同的故事，到頭來我
> 們唯一可以肯定的，是那些不同的故事，不一定告訴我們關
> 於香港的事，而是告訴了我們那個說故事的人，告訴了我們
> 他站在甚麼位置說話。㊾

假使本文能夠告訴讀者筆者站在甚麼位置說話，那已算是有所成
就。

---

㊾　也斯：《香港文化》，頁4。

# 香港流行歌詞中的
# 「香港」本土意識

## 前　言

　　1997 年香港政權交接前後，全球興起一陣香港熱，大家都將注意力放在這個前所未有的一國兩制試驗品之上，亦將後過渡期有關香港文化身分認同的討論推上高峰。踏入九十年代以後，有關香港文化的研究有如雨後春筍，生機可說是空前的蓬勃。可是，1997回歸過後，香港本土意識卻有如旅遊業一樣，過高的期望爲現實所幻滅了，原來的文化身分論述就像旅遊區的貨品一樣，變得無人問津。正如阿巴斯（Ackar Abbas）所言，1997 以前有關香港文化身分的辯論，因爲渴求快答案，往往只得出不是「中國性」（Chineseness）便是中西混雜的陳腔濫調。❶熱鬧過後，一切回復平靜，也許在這時回首前塵，更能感受後殖民的氛圍。其實香港的本土意識或身分認同仍是在興起（emerging）的過程中，論述紛雜，眾聲喧嘩。著名流行音樂批評家費理夫（Simon Frith）嘗言：

---

❶　Ackbar Abbas, "Hong Kong: Other Histories, Other Politics," *Public Culture* 9 (Spring 1997), p.296.

「身分認同是流動的，是過程而不是完成物……」❷與其奢望表現出香港文化的「大話」（grand narrative），倒不如在不同範疇作不同的「小說」（*petit recit*）❸，再將這些論述實踐拼湊為非單一的「香港」圖象。本文正是嘗試探析香港粵語流行歌詞中的本土意識的嬗變，希望藉此拼貼出「香港」本土意識的建／解構過程。香港粵語流行曲可以作為這過程的其中一種重要見證。

# 七十年代：從〈鐵塔凌雲〉談起

眾所周知，七十年代是香港飛躍發展的時期。資本主義生活模式日趨成熟，人民生活水準上升，再加上免費電視的蓬勃發展，直接催生了香港的本土流行文化，統一了香港人的品味。❹電視的迅速發展不但帶動了粵語電影和粵語流行曲的中興，❺也直接為 1967 年暴動以後，香港政府所努力營造的「香港」身分提供了人民共有

---

❷ Simon Frith, 'Music and Identity,' in Stuart Hall and Paul du Gay eds., *Questions of Cultural Identity* (London, Thousand Oaks, New Delhi: Sage, 1996), p.109.

❸ 「大話」和「小說」的觀念借自李歐塔，詳參 Jean-François Lyotard, *The Postmodern Condition: A Report on Knowledge* (Minneapolis: University of Minnesota Press, 1984).

❹ 可參考周華山：《電視已死》（香港：青文，1990），頁 1-5。

❺ 有關七十代電視與電影的關係，可參考龔啓聖、張月愛：〈七十年代香港電影、電視與社會關係初探〉，載《七十年代電影研究》（香港：市政局，1984），頁 10-13；有關電視與中文歌的關係，可參考周華山：《電視已死》，頁 71-98。

的場域，使香港人開始自覺到本土意識的問題。田邁修（Matthew Turner）曾經指出 1967 年暴動以後，「公民身分」、「社會」等觀念首次大量播散，目的不外是反共的宣傳。繼後的香港節、大會堂亦都是朝向一種香港的本土意識，藉以淡化港人的反殖情緒和民族情感。❻在此之前，香港人對本土的普及文化未有自覺的認同，甚至一向看不起自己的本土文化，而在七十年代初可說因緣際會，在社會政治環境因素及媒體的發展的改變之下，催生了「香港」文化，擺脫了香港從前只是過境的借來地方的身分。1967 年的暴動引發了一股移民潮，而〈鐵塔凌雲〉正是這個社會現象的註腳，見證了七十年代初「香港」意識的雛型。〈鐵塔凌雲〉作爲許冠傑的第一首廣東歌也許不是偶然的。許冠傑本身就是香港本土文化的一個範例，他日後的作品可說具體呈現了從無到有的「香港」意識的肇始與轉化。許冠傑代表著戰後成長的香港人（他雖不是土生，卻是土長），❼可說見證了香港那種獨特的文化發展過程。在六十年代歐西音樂風潮中成長，自己夾過 Band，兼具高等教育水準的許冠傑正是中西混雜、既草根又精英的新一代香港文化的範例。在電視節目《雙星報喜》首次獻唱的〈鐵塔凌雲〉出自背景與許冠傑相似的兄長許冠文手筆，正好表現出當時電視這個媒體創造港人新感性的能力。由《雙星報喜》發展而成的《鬼馬雙星》帶動了粵語片的

---

❻ Matthew Turner, "Hong Kong Sixties/Nineties : Dissolving the People," in Matthew Turner and Irene Ngan eds., *Hong Kong Sixties: Designing Identity* (Hong Kong: Arts Centre,1994), pp.13-19，中文版見頁 2-5。

❼ 許冠傑 1948 年於廣州出生、兩歲時隨家人來港定居，先後就讀於鑽石山永康小學、牛池灣恩光小學、聖芳濟中學及香港大學（心理系）。

潮流，而〈鐵塔凌雲〉和電影《鬼馬雙星》的主題曲及插曲亦直接
啓動了粵語流行曲的發展。〈鐵塔凌雲〉是許冠文外遊歸來的感
想，卻正好與當時尚未成型的「香港」本土意識遙相呼應：

> 鐵塔凌雲，望不見歡欣人面；富士聳峙，聽不見遊人歡笑；
> 自由神像，在遠方迷望，山長水遠，未入其懷抱，
> 檀島灘岸，點點銀光，豈能及漁燈在彼邦？

（許冠傑唱，許冠傑曲，許冠文詞）

千山萬水之後的「此時此處此模樣」寫下了紮根香港的意識，將香
港作爲「散居」（diaspora）的中途暫留居的心態扭轉過來，〈鐵
塔凌雲〉正是「香港」本土意識的七十年代初期序曲。然而，在這
種意識成型以前，香港社會日趨穩定，香港人的自覺意識也很快被
經濟發展所轉移了。

七十年代初香港經濟全面起飛，但貧富縣懸殊的問題依然嚴
重，社會問題未有解決，香港粵語流行歌詞所體現的「香港」本土
意識仍然只是六十年代延伸。正如黃志華所言：「在七十年代，人
們較普遍接受粵語流行曲以通貨膨脹、生活艱難、金錢問題、黃賭
毒等社會負面現象爲題材。」❽許冠傑早期的作品正是反映七十年
代經濟飛躍發展之下的不公平財富分配。許冠傑的作品不外發展了

---

❽　黃志華：〈一種文化的偏好？論粵語流行曲中的諷刺寫實作品的社會意義
　　與藝術價值〉，載冼玉儀編：《香港文化與社會》（香港：香港大學亞洲
　　研究中心，1995），頁182。

五六十年代香港粵語流行曲的草根式民粹式宣洩，他最重要的成就並不在於拓展〈鐵塔凌雲〉的「香港」意識，而是成功將諷刺時弊的社會問題歌提升到雅俗共賞的層次，破除了粵語流行曲難登大雅之堂的迷思。這一系列作品使七十年代的香港社會問題全面地展現出來：如寫交通問題的〈香港交通歌〉、寫治安的〈拍拖安全歌〉（許冠傑）、寫色情事業的〈掃黃奇趣錄〉（張武孝）、寫新區問題的〈新區自嘆〉（張武孝）、寫吸毒問題的〈追龍〉（尹光）等，不一而足。千瘡百孔的香港社會在七十年代經濟發展、百業興旺、朝氣勃勃的香港圖象之下隱約可見，而粵語流行歌詞中的本土意識則只以民粹式抗衡爲主，嚴格而言可說是香港民間日常生活方式的呈現多於自覺的本土意識。七十年代香港人辛勤工作、刻苦創業，在面對急劇轉變的社會之際，一方面不滿現實，另一方面又對香港這些年來的經濟成就感到自豪。唱片工業的急速壯大正是後者的具體呈現，而當中以民粹式抗衡爲最典型的本土意識正好反映了七十年代香港人的雙面心態。香港人的身分認同在六七十年代之交由政治因素引發，卻迅即被經濟因素將重心轉移，而更全面的集體身分認同還要待八十年代初的歷史契機才全面出現。

# 八十年代初期：香港香港

八十年代標示著香港粵語流行歌詞的「香港」圖象的重要轉化階段。香港社會經歷了十多年的經濟增長，已經變得相當富裕，人們生活富足。諷刺的是〈鐵塔凌雲〉那種本土意識肇始於港英政府的形塑，但卻要待中英就香港前途作出談判的日子才眞正紮根。香

港人要到燃眉切膚之際才意識到自己在肥滿的幻象之下，根本從未知道何去何從。香港的經濟神話雖然塑造了肥滿的大香港意識，但香港人在中英談判之際亦體會到不能自主的迷惘，因而在文化上努力填補身分認同的匱乏。普及文化自然立即負上重任。〈獅子山下〉可說標示著從同舟共濟到本土意識的自覺建構的重要過渡。香港電臺製作的《獅子山下》早在七十年代初已開始播映，一直表現著一種「為小市民說話的傳統」，❾在《狂潮》、《家變》等大型長篇電視劇的虛擬富貴世界之外，展示了金雕玉砌的現實底下的另一圖象。1979 年推出的同名主題曲更是上述從同舟共濟到本土意識的重要過渡：

> 人生中有歡喜，難免亦常有淚，
> 我地大家在獅子山下相遇上，總算是歡笑多於唏噓……
> 同處海角天邊，攜手踏平崎嶇，
> 我地大家用艱辛努力寫下那不朽香江名句……
>
> （羅文唱，顧家煇曲，黃霑詞）

這首詞打開了八十年代香港流行文化全面反思「香港」意識的序幕。八十年代的「香港」詞作不再限於以諷刺時弊來紓解對現實之不滿的作品，而是已經進入自覺地建構本土意識的年代。

除了香港前途問題之外，商業掛帥的唱片工業必然有其商業考

---

❾ 有關《獅子山下》的詳情，可參考馬傑偉：《電視戰國時代》（香港：次文化堂，1992），頁 154-157，引文引自頁 154。

慮才會全面展開有關「香港」的作品。七十年代末期，臺灣興起了一陣校園民歌熱，這股熱潮稍後更席捲香港，〈橄欖樹〉、〈歡顏〉、〈踏浪而來〉叫人記憶猶新。為迎合當時的潮流，唱片公司紛紛推出校園民歌，而校園民歌往往以城市為主題，電臺又先後舉辦多次城市民歌創作比賽，一時間「香港」意識終於如香港這個城市般，最後也要由商業因素來催生。「香港」意識反諷地靠外來勢力的入侵才得到機會開拓自己的論述空間。1981 至 1982 年間，《香港城市民歌創作歌集》、《香港城市組曲》等大碟相繼推出，而電影也在同一歷史脈絡之下紛紛推出「香港」電影，如《家在香港》的電影又有〈我熱愛香港〉、〈美麗古怪島〉等主題曲和插曲，更進一步助長了「香港」風氣。這類作品可籠統分為兩類，其中一類是對「香港」這片樂土的自豪，可以〈香港香港〉為例：

> 香港，我心中的故鄉，這裡讓我生長，有我喜歡的親友共陽光。路上人在跑，趕呀趕，幹勁令我欣賞，這裡有許多好處沒法講，說一聲香港香港，你永遠是尋夢鄉，香港香港，你那色調難忘……

> （陳美齡唱，翁家齊曲，鄭國江詞）

除了這類浮面的禮讚以外，較為深入的探討可數《香港城市組曲》的「地方性」作品。在這一系列作品中，「香港」再非虛浮的意符，再不是從前那種過境暫留居或借來的地方。歌手詞人開始借香港這個地方來重認自己的情感，無論是〈淺水灣的早晨〉、〈南丫島的故事〉又或〈夢到沙田〉又或〈彌敦道的塵埃〉都呈現出一種

「在地」的文化想像，雖然那種想像仍未算深入。

　　另一方面，八十年代有關香港社會的歌曲也隨著社會轉型而有所改變，不再強調生活艱難，反而著重消費感性。❿七十年代那種最具本土庶民特色的「香港」作品變成了有關資本主義、消費感性的普遍作品，而「香港」的獨特本土成分的虛位轉而由有關政治前途的作品填補。八十年代初中英談判展開，戴卓爾夫人在人民大會堂前摔了一交，香港股壇隨即摔得更為慘烈，香港人驚覺到與中國大陸的關係難捨難離，對前途的迷惘一方面繼續由經濟發展來掩飾，一方面由普及文化來宣洩。當時港人信心面臨崩潰，移民潮再起，人心不穩，南華足球隊降班可以引發騷亂，的士罷駛更做成暴動，一時間彷彿回到 1967 年的局勢。在如此局面之下，香港粵語流行曲有高呼群策群力的〈東方之珠〉、有憂心繁華只是暫借的〈借來的美夢〉、有寧願不想前途，表現駝鳥精神的〈醉〉、有借古喻今引來反思的〈晚風〉、也有沿〈鐵塔凌雲〉、〈獅子山下〉的脈絡，以團結人心為號召的〈香江歲月〉等。八十年代初政治情況的轉變令香港人不能再停留於民間意識／生活風格，被迫面對自己的身分，「香港」在不同的就位之下有不同形態，本土意識的論述儼然已進入了意識形態的階段。及後人心略定，「留」港「溜」港已是壁壘分明，流行曲更可以放心在不同崗位上建構「香港」意識。其中一部分更匯合校園民歌的另一重要源流——鄉土情懷——所代表的故鄉情感，勾畫出中港聯結的心態；〈吾鄉吾土〉、〈鄉愁〉、〈根〉等無不代表港人重認自己的根的嘗試。

---

❿　黃志華：〈一種文化的偏好？〉，頁183。

八十年代初期衍生了不同的「香港」意識，既有借香港本土地方來建構的文化認同，也有跨中港的文化想像，不同聲音共存，但各種意識形態還只具雛型，更全面的本土意識還有待歲月的琢磨。

# 八十年代中後期：你還愛我嗎？

香港流行樂壇在八十年代中期出現了一次重要潮流：樂隊組合的興起。樂隊潮流的其中一項重要特色是以唱非情歌為主，而樂隊組合又引入了一批新晉詞人，這些詞人都在七十年代末八十年代初成長，設身處地感受過「香港」的本土意識的轉變，故「香港」在他們的作品中得到更大的論述空間。無論「留」港的建構跨中港想像或「溜」港的移民論述都有新的發展。前者體現了香港與中國重建關係時的迷惘，後者則流露出移民海外者的懷鄉，可見「中國」仍是建構「香港」本土意識時揮之不去的陰影。

在樂隊組合中，黑鳥的作品便幾乎全是關於「香港」意識的，其中有呈現六七十年代的民粹式抗衡（如〈發火〉），也有重塑香港歷史（如〈南音：香港史話〉）和反思中港關係（如〈胡不歸〉）的作品。其他樂隊組合的作品亦可代表這個時期有關「香港」的兩種主要心態。其一是八十年代初移民潮的餘波。從小島樂隊到凡風樂隊的轉變便最能表現從紮根香港到散居海外的港人心路歷程。小島是樂隊潮流的第一浪，而在他們的第一張大碟中，〈小島傳說〉可說是點題之作。區新明填的詞顯然是重新肯定香港這個東方小島的傳奇：

記載於古書中奇事，遠遠東方墨綠深處，
藏著那似故事無名小島。那裡欠缺紛爭不平事，
那裡只得幕幕歡笑，無論冷暖，惡善從頭開始
My Fantasy, My Fantasy……

(小島唱、區新明曲詞)

一年之後小島拆夥 (後來重組已是後話)，區新明與崔炎德另組凡
風，主打歌變成了〈中國飯店〉：

棄國籍已定數，居留異地走漫長路：
重拾以往事與舊好，到中華樓。
唯願這裡事再令我，拋卻舊日尋覓的夢，
回望這個夢已漸老，怕再想……

(凡風唱，區新明曲詞)

這類講移民辛酸的歌曲可說是八十年代中後期的香港「非本土」
(散居) 意識的典型例子。〈今天應該很高興〉更是此類作品的經
典佳作：

鬧市這天，燈影串串，報章說今天的姿采媲美當天。
用了數天，反覆百遍，我將心聲附加祝福，信箋寫滿。
偉業獨自在美洲，很多新打算，瑪利現活在澳洲，天天溫
暖……今天應該很高興，今天應該很溫暖，只要願幻想彼此
仍在面前……

(達明一派唱，黃耀明、劉以達曲，潘源良詞)

這類講香港人散居海外的作品，矛盾地正是多年前〈鐵塔凌雲〉的另一面。「香港」意識經歷多年的自覺建構，還是抵不了八十年代初的政治轉變，因而引發了另一次移民潮。歌神許冠傑亦重披〈鐵塔凌雲〉的戰袍，高唱移民不好的〈悶到透〉、〈我是太空人〉，但詞中的信息已從正面的肯定「香港」意識轉為負面的否定移民。作為表徵著六七十年代香港興起階段的許冠傑，在重新書寫「香港」本土意識之際，卻要面對政治脈絡的轉變，因而經濟發展（七十代的重要因素）再不是「香港」的唯一考慮。中英草簽以後，香港必須面對回歸中國的問題，故八十年代中後期又出現了一系列與「中國」難解難分的「香港」情懷。這類家國寓喻可說是樂隊組合的「香港」圖象中的另一重要類型。

　　與八十年代初重認鄉土（如〈根〉）的作品不同，這個時期的中港情懷混入了疑惑、矛盾和惶恐。Beyond 的〈大地〉便與以往的〈長城謠〉、〈黃河的呼喚〉等對中國的浮面禮讚不同，有著濃厚的感傷調子：

> 在那些開放的路上，踏碎過多少理想，
> 在那張高掛的面上，被引證了幾多，
> 千秋不變的日月，在相惜裡共存，
> 姑息分割的大地，劃了界線⋯⋯
>
> （Beyond 唱，黃家駒曲，劉卓輝詞）

最有現實觸覺的樂隊組合達明一派在這方面自然亦有所發揮，〈你還愛我嗎？〉便直接提出了香港人心裡的疑問：

> 你還愛我嗎？我怎麼竟有點怕？
> 現況天天在變化，情感不變嗎？……
> 我愛你嗎，我願能知道，就讓我不必繼續驚怕……
>
> （達明一派唱，黃耀明曲，潘源良詞）

這首詞當然是寫香港重歸中國時的惶惑，但未嘗不可同時解讀爲海外港人的心聲，作爲這一時期跨中港的「香港」圖象的一個註腳。

除了以上兩種主要論述之外，這時候還有香港城市組曲的地方性的繼續發展。不能或不願移民的人一方面要重新考慮與中國的連繫，另一方面又要重新肯定香港的本土性，其中達明一派的〈馬路天使〉、〈美好「新世界」〉（「新世界」是八十年代香港青少年最愛流連的商場之一）等作品便是以香港的城市空間爲場景，充滿在地都市味道的作品。這些味道卻滿罩惶惑的氛圍，其中〈說不出的未來〉可說是這類作品的經典例子：

> 霧裡看都市，憂傷與灰暗，人們在抱怨天氣，互說風光。
> 我對你傾訴，但充滿了隔膜，似是我故作寂寞在一角。
> 愛上了電視，不需要思索，模糊面對工作，
> 日夜去奔波，偶爾看齣戲，漆黑裡歡樂，我愛你那歌曲天天播。曾話過賽馬不禁跳舞自由，曾話過這裡不變我會逗留，你問我，我爲何，說不出對未來的感覺……
>
> （夏韶聲唱，李壽全曲，劉卓輝詞）

在外向移徙、內向肯定或北向重認都未能解決現實問題之際，1989

年卻來了一次比 1967 及 1982 更大的衝擊，催生了一種前所未有地自覺的「香港」意識。

# 一九八九：誰來愛我們？

1989 年的六四事件使香港流行樂壇出現了一次根本但短暫的轉變，在六四事件以後的一年間，主流作品竟然變成是有關香港與中國前途的作品。無論是從前一直有唱家國寓喻式作品的達明一派、夏韶聲，抑或是一向唱主流情歌的歌手，如譚詠麟、黃凱芹以至黃霑等，都爭相推出有關六四的作品，填詞人亦不甘後人，紛紛推出同類詞作，一時間彷彿不寫六四的便不是詞人。然而，政治熱情不是詞作質素的保證，政治作品與大路情詞都一樣是良莠不齊的。大部分這類作品都只是商品化的家國情懷，對「香港」的前路去向大概沒有任何啟示，反而再一次證明唱片工業只是商業運作，任何「有意義」的題材也可用來賣錢。這大概是這一窩蜂的同類作品帶給我們的最大教訓。當然，這個浪潮也不是沒有帶來值得一提的作品。達明一派的《神經》、盧冠廷的《1989》都是概念大碟，其中 1990 年推出的《神經》可說是有關六四事件的最高水準之作，諷刺立體而全面，可說是香港人一次對外反思和對內自省的寶貴經驗。比方，〈你情我願〉、〈皇后大盜〉是寫香港和英國的關係，〈天問〉、〈諸神的黃昏〉寫六四的沉痛，〈講嘢〉寫香港身處中英之間的妾身未明景況，〈十個救火的少年〉批判港人臨陣退縮的劣根性、〈排名不分先後左右忠奸〉拼湊出香港的漫畫式圖像，整張大碟展現了後八九時期香港人的憤怒、無奈、懦弱、自

欺……比起〈為自由〉或《1989》裡面大部份作品那些慷慨激昂的浮面吶喊或黃霑的《皆因一經過六四》那種混水摸魚的玩票式心態，《神經》便更顯突出，可說是香港人意識的最深刻暴露。經歷了 1989 年，香港人終於被迫成長，不再天真的問〈你還愛我嗎？〉，不再輕易相信〈你情我願〉，也經歷了〈中國飯店〉的辛酸。〈誰來愛我們〉是這段時期港人的複雜心態的最後輓歌：

> 這邊廂，人們疾呼聲高漲；那邊廂，人們踏進機場。
> 留下我等待，流落暗街上。這邊廂，人們在掩飾真相，
> 那邊廂，人們令鬥爭漫長……
> 孩子被遺棄，與街燈踮上，聽著遠方隱約的絕唱，
> 夢想，無復昨模樣，冷看落漠城無路向。

（黃翊唱，李建達曲，陳少琪詞）

陳少琪的詞寫出了香港人這個天真的孩子終於被遺棄了，卻又在遺棄中被迫成長和面對生活，而此亦直接啟動了九十年代更有系統的不同論述。可惜的是，六四事件喚醒了港人的自覺意識，卻也暴力地統一了不同思考，使「香港」被形塑為要爭取民主的同質想像社群(imagined community)⓫。1989 之後的一兩年間，「香港」意識像提早來了一次「大清貨」，於是達明一派在《神經》中過早走到創作生涯的盡頭，香港人也斷送了七八十年代面對政治時的天真。

---

⓫ 「想像社群」一詞借自 Benedict Anderson, *Imagined Communities: Reflections on the Origin and Spread of Nationalism* (London: Verso, 1983).

# 九十年代：從香港情懷到愈夜愈美麗

在人心惶惶的多事之秋，許冠傑深感歌手的責任是要團結人心，故在他 1990 年推出的《香港情懷》大碟中有多首歌曲直接提到香港，其中有抗拒移民的香港神話式作品〈香港製造〉，有紓解九七恐懼的狂想式作品〈發開口夢〉，也有祝願明天會更好的口號式作品〈千載願望〉。一言以敝之，就是勸喻香港人要〈同舟共濟〉：

> 香港是我心，一顆不變心。
>
> 實在極不願，移民外國做二等公民……
>
> 香港是我家，怎捨得失去它，
>
> 實在極不願，移民外國做遞菜斟茶。
>
> 緊緊抱著結他，傾出這心裡話，
>
> 但願藉著這番話，齊齊共你發洩一下。
>
> 但願日後獅子山下，人人團結，永不分化……

（許冠傑曲詞唱）

從〈鐵塔凌雲〉到〈同舟共濟〉，許冠傑的歌唱事業已成為香港樂壇的傳奇，但香港的命運像經歷了一個循環，一切似在原地踏步。「香港」本土意識根本從未真正成型，不外是一直跟著政治及／或經濟情況走，在不同時候幻化為不同形塑。雖說從〈鐵塔凌雲〉到〈同舟共濟〉，「香港」意識並無多大變化，但香港人期間走過的路卻帶來了難以磨滅的烙印。許冠傑退休，大概亦明白九十年代的

香港社會已是時不與我，不再是單純的民粹式抗衡便可團結人心。
1989 年逐漸遠去，九十年代的「香港」論述卻在港人治港五十年
不變的口號下變得百花齊放。借用吳俊雄的分法，這個時期出現了
三種有系統的論述：1.共識資本論述；2.愛國回歸論述；3.社會民
生論述。⓬這時候「香港」本土意識已是如其政治一樣，分黨分
派，不再是天真的零敲碎打。

在如此脈絡之中，香港粵語流行歌詞的香港圖象看來亦有更多
空間顯現自己。若說許冠傑是七十年代「香港」意識的代表，樂隊
組合是八十年代的代言人，那麼九十年代初最具「香港」精神的應
數音樂工廠。1991 年音樂工廠先以〈皇后大道東〉登陸香港，揭
開了他們的「香港」計畫的序幕。〈皇后大道東〉得到了空前的成
功，而林夕的詞亦廣為人讚賞，甚至被認為可以作為香港身處中英
之間的夾縫性的論述範例：⓭

> 有個貴族朋友在硬幣背後，青春不變名字叫做皇后，
> 每次買賣隨我到處去奔走，面上沒有表情卻匯聚成就。
> 知己一聲「拜拜」遠去這都市，要靠偉大同志攪攪新意思，
> 照買照賣樓花處處有單位，但是旺角可能要換換名字……
>
> （羅大佑、蔣志光唱，羅大佑曲，林夕詞）

---

⓬ 吳俊雄：〈尋找香港本土意識〉，《明報月刊》（1998 年 3 月），頁
29。

⓭ 可參周蕾：《寫在家國以外》（香港：牛津，1995），頁 113-115。

〈皇后大道東〉的確寫出了香港人的複雜文化狀況，但文本以外的處境卻更能道出九十年代「香港」與中國的新關係。正如黃志華所言：「這一年最教人振奮的是音樂工廠的創業作〈皇后大道東〉，卻不料原來是讓滾石登陸香港的先鋒部隊。」❹「香港」不外是跨國唱片工業進軍「中國」的踏腳石。

在九十年代初最全面展現中港圖象的概念大碟《首都》中，音樂工廠呈現了後過渡期的香港政治場景。〈首都〉、〈飛車〉的跨中港文化想像，〈母親 I〉、〈母親 II〉的重歸母體的情感等都延伸了達明一派的家國寓喻。難怪音樂工廠繼而全力支持黃耀明出版《信望愛》和《借借你的愛》，而在這兩張大碟中，主要只是延伸了達明的跨中港反思，其中有回首六四的〈舞吧！舞吧！舞吧！〉，有反思中港臺關係的〈你真偉大〉和〈藕孖根〉，有自省香港處境的〈哪裡會是個天堂〉，有借上海喻香港的〈不夜情〉，也有暗示遠走的〈邊走邊唱〉等，種類繁多，各取所需。歌曲質素無疑頗高，但所呈現的「香港」情懷卻未有發展，只給一種作為後六四的精神治療劑的感覺。日後回看音樂工廠變成滾石唱片，繼而再大舉進軍大陸市場，不久更不再推出粵語歌（背棄香港？），當中的意識形態已是不喻自明：「香港」變成全球資本主義拓展市場的工具，身分認同已不再是自發的反思，而是如經濟商業一樣的精心計算，有如施碧娃（Gayatri Spivak）所言的「身分作為商品」。❺

---

❹ 黃志華：《正視音樂》（香港：無印良本，1996），頁 10。

❺ Gayatri Chakravorty Spivak, "Acting Bits/Identity Talk," *Critical Inquiry* 18 (Summer 1992), p.798.

同理，BMG 唱片公司支持「劉以達以夢」，碟中亦有同類型歌曲，如〈「植」民地〉、〈作不了主的愛人〉、〈同林鳥〉、〈明珠的婚姻〉等，無不是達明時期作品的複製，可說是將達明的家國寓喻的剩餘價值來一次全面清貨。回首前塵，有關「香港」的多元思考早在 1989 以前已達到高峰，在 1989 後來了一次「晒冷」（show-hand）以後，矛盾地竟像揠苗助長，「香港」本土意識已是油盡燈枯。

　　經歷了九十年代初期港人回歸前搵快錢的日子，香港流行樂壇在九十年代也有一些轉變，興起了一陣非主流音樂的潮流，呈現出較爲獨特的「香港」想像，其中較爲突出可數黃秋生。黃秋生作品風格接近黑鳥，《支離疏》和《地踎搖滾》都有強烈的以民爲主的色彩（其中郭達年也有爲黃秋生創作）。可惜，從「獨立時代」到加入滾石，從自己創作到加入主流樂手詞人，黃秋生作品的個人風格亦過早夭折了。除了達／明延續了樂隊潮流的政治干預和黃秋生再現了黑鳥的社會民主式抗衡精神以外，九十年代初還有軟硬天師（葛民輝和林海峰）這個奇怪的組合。他們一方面轉化了許冠傑式的文化潮流紀實，同時也紀錄了「香港」的新文化想像。軟硬天師最大的特點是能夠捕捉香港青少年的心聲，在他們的筆下，許冠傑式的現實批判全面「年輕化」，演化出拜物主義的〈川保久齡大戰山本耀司〉、拜偶像的〈廣播道 Fans 殺人事件〉、毒品問題〈十四號天空城〉、愛滋病的〈點拜要大家笠〉等，可說是九十年代香港這個後現代社會的青少年文化的大拼湊，一方面展現了九十年代獨特的社會問題，另一方面又呈現了社會問題日漸「年青化」的危

機。⑯此外，軟硬的批判還直指媒體（〈叱咤勁歌金曲〉）、國族（〈中國製造〉）、感情（〈愛式〉）等，其戲謔充分展現了九十年代香港那些「被遺棄的孩子」在成長期所要面對的問題。這些問題遠比七十年代複雜，再非簡單的經濟增長的神奇數字便可以掩飾得了。他們作品中展現出「香港」的新一代生活風格和民間意識，寫出了家國寓喻式作品的系統論述所缺少的天真，可說是流行樂壇的一陣清流。

「香港」情懷在回歸前的最後一擊以黃耀明《愈夜愈美麗》最為漂亮。這一趟他的作品不用瞄準北方，轉而回頭思考「香港」自己的境況，反為給人一種「香港」意識「迴光反照」的感覺。這隻以「愈夜愈美麗」為題的概念大碟寫出了九七臨近，香港人那種徬徨無主的心態，〈天國近了〉、〈下世紀有嬉戲〉、〈當美麗化作灰塵〉無不是港人的末世心態，就連重唱徐小鳳作品〈風雨同路〉也多了微妙的反諷。此外，1996 年達明一派重組推出《萬歲萬歲萬萬歲》，其中〈青春殘酷物語〉反諷地表述出達明一派與香港人自覺已經不再青春，〈月黑風高〉繼續把〈愈夜愈美麗〉推進夜深，而〈晚節不保〉的歌名可能巧合地是達明的心聲，也可能是香港人在九七前的最後自嘲：暗指香港人寧願沉醉於〈甜美生活〉所要解構的那種所謂「甜美」的生活之中。。從〈鐵塔凌雲〉到《香港情懷》，許冠傑呈現了香港本土意識那種從出現到消失到再出現的循環，而從《繼續追尋》到《萬歲萬歲萬萬歲》，達明及達／明

---

⑯　嚴格來說，這不算是一種系統論述，而較接近吳俊雄所言的「生活風格」、「日常意識」和「意識形態」；參吳俊雄，頁 24-25。

（劉以達和黃耀明分開發展後的作品）的作品也呈現了後過渡期香港意識的追尋到失落到晚節不保或甜美生活。「香港」意識或許是愈夜愈美麗，但到底最後是晚節不保或是甜美生活還有待歷史證實。

從音樂工廠、黃秋生、軟硬天師等連串有關「香港」的意識，我們可以見出愛國愛港、社會民主、共識資本主義等系統論述各有市場，但背後無不被跨國資本主義的新唱片工業機制所精心操控。達／明的創作失去動力，黃秋生的風格過早夭折，軟硬天師也分道揚鑣盡早融入跨國資本主宰的媒體大家庭，就如他們歌曲中的青少年對象一樣，年紀雖輕卻早已不再天眞。「香港」不外是跨國企業的共識資本論述下的一個幻象。從 1991 年便有人高呼「承諾過不變的繁榮，最後在晚空角落化流星」（〈香港最後探戈〉）到 1997 年的「你沒法遠走高飛，飛不出這牆，忘記方向、忘記眞相」（〈大時代〉），香港人跳過了回歸前最後探戈，早就知道要「忘記眞相」。忘記眞相之後自可享受「甜美生活」，但當然所謂「甜美生活」也可能是香港人二十多年來在政治經濟因素之下，努力天眞地建構自己身分，到最後「晚節不保」的結果。賀爾（Stuart Hall）的話正好用來總結香港流行歌詞中的本土意識的嬗變：「正正因爲身分認同乃在論述之中，而不是論述之外建構的，我們有需要將它理解爲特定的發聲策略在特定的論述形構中的特定的歷史和體制位置中的產物。」⓱

---

⓱　Stuart Hall and Paul du Gay eds., *Questions of Cultural Identity* (London, Thousand Oaks, New Delhi: Sage, 1996), p.4.

# 後話：一九九七

正如上述，「香港」本土意識的尋找早在 1989 以前已達到了高峰，1997 本應是熱鬧的一年，最後卻如旅遊業一樣出奇地冷淡。人們總預期九七會帶來翻天覆地的轉變，爲「香港」注入新養分，可惜最後卻以反高潮告終。九七回歸，最有「香港」意識的作品可能是劉德華以國語唱的〈中國人〉。[18]作爲四大天王，劉德華代表香港唱片工業的肥滿；作爲九七聲勢滑坡的天王，他也代表著唱片工業的悲劇英雄式窮途末路。〈中國人〉當然可以說是民族情感的表現，但一直以來那種「香港」的中國人的獨特文化身分卻在這以民族大話掩飾的北向想像中蕩然無存。當民族情感在〈中國人〉到達高峰，〈鐵塔凌雲〉所代表的香港本土意識與身分認同也終於正式告終。這場「香港」遊戲由政治因素啓動，於政治因素的主導中達到高峰，再以 1997 的政權交接而落幕，整個過程與晚近的文化理論倒有雷同之處。[19]早期香港粵語流行歌詞傾向民族主義式的愛國情懷，到後來隨「香港」本土意識之出現，又被形塑爲一種本土文化。到八十年代，這種本土意識有不同發展，按移民論述

---

[18] 〈中國人〉作爲香港家國情懷的範例的重要性，從《情感的實踐；香港流行歌詞研究》（香港：牛津，1997）的「序論」的編者要在張美君的〈回歸之旅：八十年代以來的香港流行曲中的家國情〉未提及而急切要作補充可見一斑；見頁 19。

[19] 有關後殖民論述近年的發展所可能隱含的問題，可參 Homi Bhabha, "Editor's Introduction: Minority Maneuvers and Unsettled Negotiations," *Critical Inquiry* 23 (Spring 1997), pp.431-459.

（diasporic discourse）、身分危機（identity crisis）和重認故土等
方向作不同發展，一時間彷彿從來只屬邊緣他者的香港獲得了自我
身分。過分理想的事物卻往往不是眞實的，九十年代的經驗告訴我
們一切已爲跨國資本主義所操控，無論唱片工業或文化身份認同的
論述也好。誠如戴力克（Arif Dirlik）所言，他者論述是因配合跨
國資本主義的發展，將文化邊緣變得容易爲中心所吸納而出現的。
❷米切爾（Tony Mitchell）曾借用阿柏杜萊（Arjun Appadurai）的
全球文化經濟理論，分析意大利、歐洲中部、澳洲和紐西蘭等地的
流行音樂中的本土身分認同，指出「族群地形」（ethnoscapes）和
意識地形（ideoscapes）爲重要的因素。以香港的情況來說，由九
七因素所主宰的「金融地形」和「媒介地形」其實也同樣重要。❷
要是如此，香港粵語流行歌詞中的「香港」圖象從來不是香港人自
己可以主宰的。

　　後九七香港粵語流行歌詞的「香港」圖象的匱乏不知算否圓滿
的結局。如上所述，「香港」本土意識可說是有如巴里巴（Etienne

❷　Arif Dirlik, "The Postcolonial Aura: Third World Criticism in the Age of
　　Global Capitalism," *Critical Inquiry* 20(Winter 1994), pp.328-356.

❷　Tony Mitchell, *Popular Music and Local Identity* (London and New York:
　　Leicester University Press, 1996). 有關阿柏杜萊的理論，詳參 Arjun
　　Appadurai, "Disjuncture and Difference in Global Cultural Economy," *Theory,
　　Culture, Society* 7 (1990), pp.295-310. 中譯本參葉蔭聰譯：〈全球文化經濟
　　中的斷裂及差異〉，載陳清僑編：《身分認同與公共文化》（香港：牛津
　　大學出版社，1997），頁 65-82。

Balibar）所說的「虛構的種族性」（fictive ethnicity）❷，而它的出現是港英政府在暴動之後淡化民族情感的政治策略，矛盾地它的出現是以其消失（不是真正「香港」）為先設的。經歷了二十多年的政治、經濟形塑，港人一直甘願天真的在政治經濟所畫定的虛擬空間中尋找，到最後又消失於〈中國人〉之中。只希望阿巴斯所言會是事實：「『香港的終結』在另一意義上正是香港的開始。它是一種對香港歷史與文化特異性的濃烈興趣的開始，從而改變了在此之前幾乎專一迷戀於香港經濟成就的狀況。」❸因 1997 而出現的「香港」意識的新一次「分解」（借用田邁修的詞語）是否可以意味阿巴斯所言的新開始還有待歷史證實。在當下的情勢而言，一再天真地隨政治經濟而蛻變的港人身分及普及文化，以不再天真的姿態刻意奉迎政治及經濟因素，到底是消失還是出現，到底是「晚節不保」還是「甜美生活」的開始都是本文所不能也不欲解答的疑問。然而，我們可以判定，如吳俊雄所言，「香港人不再愚昧，尋找本土意識也不再天真純潔。」❹

---

❷　有關「虛構的種族性」詳參 Immanuel Wallerstein & Etienne Balibar eds., *Race, Nation, Class: Ambigouos Identities* (London: Verso, 1991), p.96.

❸　阿巴斯（Ackbar Abbas）著，陳碧麗譯：〈香港文化的消失與發現〉，《明報月刊》（1998 年 3 月），頁 19。

❹　吳俊雄，〈尋找香港本土意識〉，頁 29。

# 引用曲目（按文中引用的先後次序）

| | 唱 | 曲 | 詞 | 年份 |
|---|---|---|---|---|
| 〈鐵塔凌雲〉 | 許冠傑 | 許冠傑 | 許冠文 | 1974 |
| 〈香港交通歌〉 | 許冠傑 | 黃霑 | 許冠傑/黎彼得 | 1976 |
| 〈拍拖安全歌〉 | 許冠傑 | 黃霑 | 許冠傑/黎彼得 | 1976 |
| 〈掃黃奇趣錄〉 | 張武孝 | 不詳 | 陳劍雲 | 1977 |
| 〈新區自嘆〉 | 張武孝 | 粵樂 | 黎彼得 | 1977 |
| 〈追龍〉 | 尹光 | 不詳 | 尹光 | 1977 |
| 〈獅子山下〉 | 羅文 | 顧嘉煇 | 黃霑 | 1979 |
| 〈我熱愛香港〉 | 陳潔靈 | 黃霑 | 黃霑 | 1983 |
| 〈美麗古怪島〉 | 陳潔靈 | 黃霑 | 黃霑 | 1983 |
| 〈香港香港〉 | 陳美齡 | 翁家齊 | 鄭國江 | 1982 |
| 〈淺水灣的早晨〉 | 蔡美璞 | 韋然 | 韋然 | 1982 |
| 〈南丫島的故事〉 | 黃汝燊/龍映霞 | 韋然 | 韋然 | 1982 |
| 〈夢到沙田〉 | 黃秀儀 | 李煥鑛 | 韋然 | 1982 |
| 〈彌敦道的塵埃〉 | 鄭子固 | 韋然 | 韋然 | 1982 |
| 〈東方之珠〉 | 甄妮 | 顧嘉煇 | 鄭國江 | 1981 |
| 〈借來的美夢〉 | 彭建新 | 彭建新 | 鄭國江 | 1982 |
| 〈醉〉 | 夏韶聲 | 黃良昇 | 潘偉源 | 1983 |
| 〈晚風〉 | 葉倩文 | 黃霑 | 黃霑 | 1985 |
| 〈吾鄉吾土〉 | 古倩雯 | 古倩雯 | 古倩雯 | 1982 |
| 〈鄉愁〉 | 泰迪羅賓 | 泰迪羅賓 | 潘源良 | 1984 |
| 〈根〉 | 盧冠廷 | 盧冠廷 | 盧國沾 | 1984 |
| 〈發火〉 | 黑鳥 | 改編 | 狂是漢 | 1986 |

| 〈南音：香港史話〉 | 黑鳥 | 改編 | 民眾社 | 1984 |
|---|---|---|---|---|
| 〈胡不歸〉 | 黑鳥 | WATERS | 狂是漢 | 1987 |
| 〈我是太空人〉 | 許冠傑 | 劉以達 | 陳少琪 | 1988 |
| 〈小島傳說〉 | 小島 | 區新明 | 區新明 | 1985 |
| 〈中國飯店〉 | 凡風 | 區新明 | 區新明 | 1986 |
| 〈今天應該很高興〉 | 達明一派 | 劉以達 | 潘源良 | 1988 |
| 〈悶到透〉 | 許冠傑 | Cover Me | 林振強 | 1987 |
| 〈大地〉 | Beyond | 黃家駒 | 劉卓輝 | 1988 |
| 〈長城謠〉 | 羅文 | 羅迪 | 盧國沾 | 1983 |
| 〈黃河的呼喚〉 | 鄭少秋 | 顧嘉煇 | 盧國沾 | 1983 |
| 〈你還愛我嗎？〉 | 達明一派 | 黃耀明 | 潘源良 | 1988 |
| 〈馬路天使〉 | 達明一派 | 劉以達 | 陳少琪/黃耀明 | 1987 |
| 〈美好新世界〉 | 達明一派 | 劉以達 | 陳少琪/黃耀明 | 1987 |
| 〈說不出的未來〉 | 夏韶聲 | 李壽全 | 劉卓輝 | 1988 |
| 〈皇后大盜〉 | 達明一派 | 劉以達/黃耀明 | 周耀輝 | 1990 |
| 〈天問〉 | 達明一派 | 劉以達 | 周耀輝 | 1990 |
| 〈你情我願〉 | 達明一派 | 劉以達/黃耀明 | 周耀輝 | 1990 |
| 〈諸神的黃昏〉 | 達明一派 | 劉以達 | 陳少琪 | 1990 |
| 〈講嘢〉 | 達明一派 | 劉以達 | 周耀輝 | 1990 |
| 〈十個救火的少年〉 | 達明一派 | 黃耀明 | 潘源良 | 1990 |
| 〈排名不分先後左右忠奸〉 | 達明一派 | 不詳 | 周耀輝 | 1990 |
| 〈為自由〉 | 群星 | 盧冠廷 | 唐書琛 | 1989 |
| 〈誰來愛我們〉 | 黃翊 | 李建達 | 陳少琪 | 1989 |
| 〈香港製造〉 | 許冠傑 | Mamoru Taniguchi | 簡寧 | 1990 |

| 〈發開口夢〉 | 許冠傑 | E.Verhees/D.Martrnoff | 陳少琪 | 1990 |
|---|---|---|---|---|
| 〈千載願望〉 | 許冠傑 | Phil Collins | 簡寧 | 1990 |
| 〈同舟共濟〉 | 許冠傑 | 許冠傑 | 許冠傑 | 1990 |
| 〈川保久齡大戰山本耀司〉 | 軟硬天師 | Blow/Green/Malheney/Hutchison/Westbrock | 軟硬天師 | 1990 |
| 〈廣播道 Fans 殺人事件〉 | 軟硬天師 | Hiroaki Serizawa | 軟硬天師 | 1993 |
| 〈十四號天空城〉 | 軟硬天師 | S.Greenbery | 軟硬天師 | 1990 |
| 〈點解要大家笠〉 | 軟硬天師 | f.lymmon./.m.levy | 軟硬天師 | 1993 |
| 〈叱吒勁歌金曲〉 | 軟硬天師 | JamesWong/C.Y. Kong | 軟硬天師 | 1993 |
| 〈中國製造〉 | 軟硬天師 | C. Y. Kong | 軟硬天師 | 1992 |
| 〈愛式〉 | 軟硬天師 | Fabio Carli/C.Y. Kong | 軟硬天師 | 1992 |
| 〈皇后大道東〉 | 羅大佑/蔣志光 | 羅大佑 | 林夕 | 1991 |
| 〈首都〉 | 羅大佑 | 羅大佑 | 林夕 | 1992 |
| 〈飛車〉 | 羅大佑 | 羅大佑 | 林夕 | 1992 |
| 〈母親 I〉 | 曾路得 | 羅大佑 | 林夕 | 1992 |
| 〈母親 II〉 | 黃耀明 | 羅大佑 | 林夕 | 1992 |
| 〈舞吧!舞吧!舞吧!〉 | 黃耀明 | 黃耀明/黃偉光 | 魏紹恩 | 1992 |
| 〈你真偉大〉 | 黃耀明 | 黃耀明/蔡德才 | 周耀輝 | 1992 |
| 〈黐孖根〉 | 黃耀明 | 黃耀明 | 周耀輝 | 1992 |
| 〈哪裡會是個天堂?〉 | 黃耀明 | 蔡德才 | 林夕 | 1992 |
| 〈不夜情〉 | 黃耀明 | 羅大佑 | 林夕 | 1993 |
| 〈邊走邊唱〉 | 黃耀明 | 黃耀明/蔡德才 | 林夕 | 1993 |
| 〈「植」民地〉 | 劉以達與夢 | 劉以達 | 陳少琪 | 1992 |
| 〈作不了的愛人〉 | 劉以達與夢 | 劉以達 | 林夕 | 1992 |

| 〈同林鳥〉 | 劉以達與夢 | 劉以達 | 周耀輝 | 1992 |
| 〈天國近了〉 | 黃耀明 | 黃偉光 | 林夕 | 1995 |
| 〈下世紀再嬉戲〉 | 黃耀明 | 黃耀明/葉德才 | 周耀輝 | 1995 |
| 〈月黑風高〉 | 達明一派 | 劉以達/黃耀明 | 周耀輝 | 1996 |
| 〈青春殘酷物語〉 | 達明一派 | 劉以達 | 林夕 | 1996 |
| 〈晚節不保〉 | 達明一派 | 劉以達 | 林夕 | 1996 |
| 〈甜美生活〉 | 達明一派 | 劉以達 | 林夕 | 1996 |
| 〈中國人〉 | 劉德華 | 陳耀川 | 李安修 | 1997 |

# 全球化城市的本土神話：
# 《玻璃之城》的香港圖象

## 緒言：後殖民城市

　　一九九七未有帶來翻天改變，但卻將香港文化論述推上前所未有的高峰。在後過渡期間，回歸中國的問題逼使香港人重新思考與中國人的認同及／或差異，而這種身分認同／差異帶出了有關本土文化身分、空間等課題。近年後殖民論述的興起彷似可以爲香港論述帶來了發聲的理論架構，而在後殖民論述的脈絡中，空間（space）、位置（place）與身分認同／差異的關係是十分重要的課題。在香港這個全球資本主義的大都會中，「城市」可說是最重要的空間隱喻之一。「城市」既作爲香港論述的要素，很自然也會變成香港文化的熱門題材。「城市」的重要性在香港藝穗會於一九九九年初舉辦的「乙城節」便可見一斑。「乙城節」的前身是藝穗節，「乙」兼具「一個」和「閱讀」的意思，可見目的是要以城市爲本位，借重新閱讀來爲香港這個後殖民城市正名。據《乙城節指南》的說法，「乙城」位於舊維多利亞城（目的顯然是正名和圈定城市

正位），當中又隱含了重繪香港文化地圖的嘗試。❶因此，節目彷彿很有本土性（《乙城節指南》中有「乙城」的詳細街道圖），但「乙城節」的最大特色卻不是其本土性，而是其商業定位。「乙城節」不但有食肆優惠，更與信用咭公司合辦「乙城節萬事達咭大抽獎」，可見本土其實已為全球資本所入侵，兩者已互為關鎖，只係一事。韋亦信和狄辛拿也奇(Rob Wilson and Wimal Dissanayake)在《全球／本土：文化生產與跨國想像》（*Global/Local: Cultural Production and the Transnational Imaginary*）的導言中引述了可口可樂公司「我們不是多國(multinational)，而是多重地方(multilocal)的」的名句，提醒我們本土／地方已經變成是「虛擬和多市場導向」(multimarketed)的，❷而本土論述當中的抗衡政治卻被拋諸腦後了。

積高絲(Jane Jacobs)《帝國邊緣：後殖民主義與城市》（*Edge of Empire: Postcolonialism and the City*）對後殖民論述與城市的辯證關係已有詳細分析，指出在反殖民的抗爭中，本土（the local）往往會被推為「未受帝國力量影響的純淨倖存空間」：

在如此形構中，本土是被用作同化社會性地建構的身分認同

---

❶　香港藝穗會：《乙城節指南》（香港：香港藝穗會，1999）。

❷　Rob Wilson, and Wimal Dissanayake eds., *Global/Local: Cultural Production and the Transnational Imaginary* (Durham and London: Duke University Press, 1996), p.2.

和按逆霸權（counter-hegemonic）的模式重寫邊緣性。❸

然而，這種全球與本土的二分其實有其固有的問題。在最壞的情況中，本土乃由全球所操控，並不純淨，也不可作爲抗衡的未受污染的據點。❹積高絲進而指出，本土位置與商品化的全球化過程必有關連。❺假使我們將積高絲的說法置放在後殖民批評家戴力克（Arif Dirlik）的後殖民論述與全球資本主義的理論架構中，我們可以進一步探析城市空間與全球資本主義的文化邏輯的關係。戴力克認爲後殖民論述近一二十年的興起其實是要配合全球資本主義的伸張，後殖民論述所提供的抗衡其實淡化了被殖民者的顚覆力量，並將邊緣變得「多孔」，讓全球資本主義更易滲入。❻三好將夫（Masao Miyoshi）嘗言，跨國企業爲了利益，會將文化經濟化，

❸  Jane Jacobs, *Edge of Empire: Postcolonialism and the City* (London and New York: Routledge, 1996), pp.34-35; Elspeth Probyn, "Travels in the Postmodern: Making Sense of the Local," in Linda Nicholson, *Feminism/Postmodernism* (London and New York: Routledge, 1990), pp.176-189.

❹  Jacobs, *Edge of Empire*, p.36; George Marcus, "Past, Present and Emergent Identities: Requirements for Ethnographies of Late Twentieth-century Modernity Worldwide," in Scott Lash and Jonathan Friedman eds., *Modernity and Identity* (Oxford: Blackwell, 1992), p.313.

❺  Jacobs, *Edge of Empire*, p.36.

❻  Arif Dirlik, *The Postcolonial Aura: Third World Criticism in the Age of Global Capitalism* (Boulder: Westeview Press, 1997), pp.52-83.

將社會和政治活動轉化爲經濟，文化亦會變成商業計畫。❼易言
之，後殖民身分、本土、空間、城市等觀念無不與全球資本主義的
論述生產有關，在某個角度來看，都是全球資本主義的商品化運作
邏輯的產品。戴力克雖然認定本土必然爲全球所影響，但他並不完
全否定本土的作用。本土仍然可作爲去殖民抗衡論述的據點，但那
必須是一種「批判的本土主義」（critical localism），即必須同時
作爲推翻過去承襲而來的不平等和壓迫的據點。❽以下將嘗試解析
《玻璃之城》所呈現的城市圖象，並進一步連繫到虛擬與眞實、全
球與本土的問題，讓我們思考本土文化與城市論述在後／新殖民時
期的文化邏輯，並闡釋香港的城市圖像是怎樣的一種本土論述，以
及能否做到戴力克「批判的本土主義」的要求。❾

---

❼ Masao Miyoshi, "'Globalization,' Culture, and the University," in Fredric
Jameson and Masao Miyoshi eds., *The Cultures of Globalization* (Durham and
London: Duke University Press, 1998), p.259.

❽ Dirlik, *The Postcolonial Aura*, pp.96-102.

❾ 筆者有必要在此申明，本文所用的「敘事」（narrative）是乃按結構主義
與詮釋學以降的理論角度，有著相當廣泛的含意。歷史可以是一種「敘
事」，電影也可以是一種「敘事」。文中所論的《玻璃之城》原本便屬電
影，但差不多同期亦推出了文本形式類似小說敘事的「劇本」，而這種近
年十分流行的新／跨文類正好可以作爲香港敘事模式的嬗變的例證。小說
與電影既爲「後五四時代中國文化的最重要文化媒體」，敘述聲音與電影
影像的互動亦爲當代文化研究的重要課題（Ellen Widmer and David Der-
wei Wang eds., *From May Fourth to June Fourth: Fiction and Film in
Twentieth-century China* (Cambridge and London: Harvard University Press,
1993), pp.9-10），《玻璃之城》或可爲後殖民敘事理論帶來另一角度的啓
示。

# 小城大話：「玻璃之城」的過去與現在

　　《玻璃之城》可算是香港城市系列的「後殖民」註腳，爲香港回歸中國的城市論述作出了有趣的總結。由羅啓銳與張婉婷的編導組合製作的《玻璃之城》於 1998 年 10 月在香港首映，同名的「劇本與圖集」亦於稍後時間推出（羅啓銳），爲 1998 年乏善足陳的香港電影界提供了一些話題。《玻璃之城》以 1996 年除夕作序幕，借男女主角（黎明和舒淇）於倫敦幽會時遇上交通意外身亡展開故事，接下去的劇情是以香港大學爲主要場景，借男女主角各自的兒女爲兩人辦理後事而勾起了一段橫跨六十與九十年代的愛情故事，再以 1997 年香港回歸的璀璨煙花爲閉幕的場景。故事中六七十年代與九十年代經常並置，看來編導是要形成一種相互文本，凸顯九十年代香港這個「玻璃之城」的虛浮。導演不厭其煩的用玻璃幕牆上倒影的城市影像來提醒觀眾，香港這顆閃爍的東方之珠不外是堂皇美麗卻流於虛浮脆弱的玻璃城市。正如張婉婷自己所言：

> 我們原來處身於一個閃爍燦爛的玻璃之城，一切的耀眼光輝和幻像，都會刹那間在你的眼前灰飛煙滅……❿

九十年代的香港有如玻璃幕牆上的影像，美麗得來虛幻，璀璨得來短暫。當然，編導的野心不止於此，六十年代至九十年代的社會轉

---

❿　Cinnie：〈張婉婷 羅啓銳：重拾昔日情懷〉，《電影雙周刊》第 510 期（1998 年 10 月 28 日），頁 38。

變、文化知識的墮落也是他們要帶出的主題。正如上述，故事中的六七十年代與九十年代經常並置，處處要突出優雅的六七十年代與失格的九十年代的對比。如此的蒙太奇在故事中一再出現：香港大學學生宿舍高桌晚宴從前的楚楚衣冠與現在的隨便裝扮、港大女生當年的優雅與今日的貪歡、從前維多利亞公園的保衛釣魚臺運動的宏揚大義與今日街頭排隊買樓的貪圖小利、六七十年代火紅歲月的熱血激情與九十年代商業社會的冷漠狡詐，不一而足。在故事中，九十年代的香港儼如艾略特（T.S. Eliot）筆下的荒原，只是博「股」通「金」、市儈勢利的文化沙漠。可是，只要我們粗略的回顧一下過去二三十年的香港小說中的城市敘寫，便可以輕易察覺到香港城市的「虛浮」並不是九十年代的專利。比方，西西早在1974年的《我城》中，已經有「也許是要把整個城市寄出去參加展覽」的說法，而在 1986 年所寫的〈浮城誌異〉又以「一座懸空的城市」來形容香港，也斯在其《記憶的城市·虛構的城市》中指出「香港是一個失憶的城市」，❶可見自七十年代香港開始變成晚期資本主義社會以來，香港城市一直以來都是重包裝、無深度和無歷史感的。那麼，為何編導仍要一再強調九七前後的香港是一個「玻璃之城」呢？

　　《玻璃之城》可說是羅啓銳與張婉婷的編導組合的一次後殖民書寫。羅張組合一向擅於以自己的個人經驗化為浪漫的故事，《非

---

❶　西西：《我城》（臺北：允晨，1990），頁 116；西西：《手卷》（臺北：洪範，1988），頁 13；也斯：《記憶的城市·虛構的城市》（香港：牛津大學出版社，1993），頁 35。

法移民》、《秋天的童話》和《八兩金》無不以他們的生活經驗爲
主幹。近年的《宋家王朝》嘗試史詩式的敘事，卻來得雷聲大雨點
小，空有堂皇架構而未見神采。這次的《玻璃之城》可算是兩類作
品合而爲一：一方面從他們自己的生活經驗出發（香港大學的學生生
活），另一方面又將現代中國的龐大史詩式敘事縮窄到香港從殖民
到回歸的歷史，將大話（grand narrative）融入小城之中。小城的大
話乃建基於他們自己的生活經驗之上，爲了成就過去那段理想的老
好日子，故事中的過去永遠都是美好的，而過去與現在便被簡化爲
截然清晰的二分；試看張婉婷的驚人說法：

> 我想是因爲社會氣候影響，令他們變得自我與功利，現在很
> 少學生眞正爲理想、興趣而讀書，他們選的科目都以賺錢作
> 爲大前提。我們從前有很多同學選讀英國文學，如今則以工
> 商管理居多。⓬

羅啓銳亦就此作出和應：

> ……再加上生活於現今的泡沫社會中，人人也變得不切實
> 際，只顧眼前利益，賺快錢，沒作長遠打算。其實有很多成
> 功人士選讀的都是一些看來不太實際的科目，如英國文學，
> 但其實這些才是令他們的思維得以發展的知識。⓭

---

⓬　Cinnie：〈張婉婷 羅啓銳：重拾昔日情懷〉，頁 39。
⓭　Cinnie：〈張婉婷 羅啓銳：重拾昔日情懷〉，頁 39。

無可否認，兩人有關應為興趣而讀書的說法十分有理，但問題卻在於兩人分別以不同的謬誤來證明他們的說法。張婉婷將英國文學與工商管理變成過去與現在、興趣與功利的二分對比，可說是將情況過分簡化，羅啓銳則完全毋視殖民地的精英教育和英文性（Englishness）的影響。在編導嘗試以建構真實的六七十年代來批評虛浮的九十年代的過程中，以上那膚淺得叫人失笑的謬妄二分卻在故事中變得合理——至少編導覺得合理。為了敷陳這個大話，編導又一再重申「真實性」，一再強調何東女生宿舍的確見證了香江歲月，更不忘以九十年代高科技虛擬從前未受全球資本主義的高樓大廈玷污的中環夜景。高科技的虛擬數碼影像使人目眩，一切彷彿變得「真實」。**⑭**在「真實」大話的合理化之下，其他不再重要：於是黎明在談戀愛時的髮型外貌和今日如出一轍，但到保釣示威時則突然變得長髮披肩；舒淇則只須把頭髮束起便轉瞬由六十年代活到九十年代，一口廣東話卻依舊講得不純正。

## 後現代虛擬、後殖民深度？

男女主角黎明和舒淇（我堅持用黎明和舒淇而不用兩人戲中的名字港生和韻文，因為兩人在戲中的角色叫人感覺他們仍是黎明和舒淇遠多於港生和

---

**⑭** 吉本滿博指稱：「高科技的數碼影像可以『回到從前』的製成從未真正發生的『紀錄片』，輕易騙到人類的感官，事件在真實空間的存在被影像的真實時間存在（the real-time presence）遮掩了；那已不再是真假，而是像真(plausible)和不像真(implausible)的問題了。」參 Mitsuhiro Yoshimoto, "Real Virtuality," in Wilson and Dissanayake eds., *Global/Local*, p.111.

韻文）是九十年代香港媒體文化的符號，卻在故事中負責建構六七十年代的「眞實」幻象。他們在故事中的九十年代身分反而是要表現九十年代的虛浮和不眞實，而有趣的是人們一再詬病的正是兩人的扮相不眞實。從六十到九十年代，兩人在外貌上幾乎沒有分別。（大概兩人作為年輕人的偶像而不願化老粧，也可能是編導不願兩人以年老的扮相示人，以免流失了年輕觀衆。這一類以市場爲本的電影敍事必然與浮面的包裝扯上關係。）更奇怪的是兩人作爲九十年代香港這個全球資本主義發展得高度成熟的社會的消費符號，卻又以他們一貫的九十年代外型來建構所謂「眞實」的六七十年代，而這「眞實」又再被用來對比九十年代的「虛假」，當中的弔詭已是不喻自明。影像之下的底蘊更是呼之欲出：今日的電影工業正是由故事中的玻璃城市那種無深度、無內指性的全球資本主義文化邏輯所主宰的。❶再者，《玻璃之城》的插曲"Try to Remember"本來代表六七十年代的老好日子，但在現實中卻與典型的九十年代主題曲〈今生不再〉用同樣手法包裝。黎明主唱的"Try to Remember"甚至成爲香港無線電視勁歌金曲的最受歡迎慈善金曲（最多聽衆投票支持），但票卻顯然是投給黎明，而不是給"Try to Remember"或其代表的六七十年代（黎明已連獲這個獎項數次）。反諷的是，今日的媒體文化卻是以故事中那六七十年代的精英作爲支柱，故事中以虛浮的消費符號（偶像明星）所建構的六十年代其實不外迎合今日電影工業那種符號消費的

---

❶ 有關晚期資本主義的後現代消費文化的特徵，可參 Fredric Jameson, *Postmodernism, or, the Cultural Logic of Late Capitalism* (Durham: Duke University Press, 1991), pp.1-54.

運作邏輯。換言之，那是建構在無內指性的符號消費之上的一種
「眞實」，另一種可供消費的商品。故事中以此「眞實」批判九十
年代的「虛浮」，彷彿能以六十年代的歷史時空爲這個玻璃城市添
上深度，但這種批判既要迎合無內指性的符號消費，那麼「深度」
未嘗不可以說是另一種滿足觀眾的消費。故事中的九十年代是虛浮
的，六十年代是沉實的，卻原來六十年代是按九十年代的要求來建
構的，實不過是由虛倒影的幻像。從這個角度來看，如以下的批評
雖然合理，但卻有點捉錯用神了：「黎明和舒淇的扮相既不合年
齡，服飾亦沒有時代感，根本令人難以信服。」❶在講求符號消費
的年代，「令人信服」只是觀眾的一廂情願。吉本滿博（Mitsuhiro
Yoshimoto）嘗言：「在新的全球空間中，眞實（the real）與想像
（the imaginary）的二分的重要性遠不及像眞（plausible）和不像
眞（implausible）、實在（the actual）與虛擬（the virtual）」。❶
「眞實」、「深度」都可以變成一種可供消費的文化符號。

在《玻璃之城》中，我們看到了「過度眞實」（hyperreal）的
城市，無論單純的六七十年代或肥滿的九十年代都顯得「過度眞
實」。❶借用布希亞（Jean Baudrillard）的術語，《玻璃之城》中

---

❶　鍾怡雯：〈玻璃之城〉，《電影雙周刊》第 511 期（1998 年 11 月 12
日），頁 62。

❶　Yoshimoto, "Real Virtuality," pp.111-112.

❶　「過度眞實」一詞借自布希亞；據布希亞的說法，後現代社會的符號與眞
實已再無關係，他只是沒有原本的摹本：類象／擬仿（simulacrum）。因
爲符號與現實再無關係，眞實與想像、現實與虛構的對立消解了，類象／
擬仿所呈現的眞實可以比眞實更眞實，形成一種「過度眞實」。參 Jean
Baudrillard, *Simulations* (New York: Semiotext(e), 1983), pp.11, 142.

的玻璃幕牆並不是有如鏡子般倒影出香港城市的浮面「景象」
（scene），而是有如屏幕般顯現我們也不能不屬其中一份子的
「猥褻」（obscene）。❶除了呈現出後現代消費社會的香港圖象
外，更重要的是《玻璃之城》告訴我們，後殖民身分、本土城市的
追尋無不與後現代符號消費的文化邏輯掛勾：無內指性、斷裂、無
深度……本土身分或城市空間都會是無內指性的意符（並無貶
義），它們並不像從前的意符般指向意指，而是以其本身的虛浮體
現本土身分及城市論述的淺薄。活在玻璃之城中的人，早已成了如
此的意符。從這個各角度看，《玻璃之城》為今日香港的後殖民敘
事提供了寶貴的啓示：後殖民敘事未必以深度為重，表面的本土文
化身分和空間的追尋可能只是一種虛擬的深度，而其運作邏輯實際
上是服膺於後現代社會的符號消費的。易言之，在後殖民香港的敘
事體中，後現代敘事不講求深度和內指性的特徵表面上已由本土文
化的虛擬深度追尋所取代。

　　《玻璃之城》印證了王德威有關世紀末的中文小說的四則預言
中的「歷史的抒情詩化」，變成一種「詩與史的混成辯證」。❷重
要的不是歷史是否真實，而是在「混成辯證」中，真假已不能也不
必分開。傳統敘事再現現實的能力早已在後現代論述中變得充滿疑
問，「再現」瓦解了，「刪除」（erasure）、「文本套文本」、
「拼湊」等敘事策略取代了再現，但在如《玻璃之城》的電影／劇

---

❶　Jean Baudrillard, "The Ecstasy of Communication," in Hal Foster ed. *The Anti-Aesthetic*. (Seattle: Bay Press, 1983), pp.129-133.

❷　王德威：《小說中國》（臺北：麥田，1993），頁 210-214。

本敘事中，文字的「深度」和影像的「即時性」卻共同虛擬出一種
「內指性」，將我們帶回再現的層次中。我們不會奢求在王家衛那
些後現代作品中找到的內指性卻又會在《玻璃之城》般的後殖民敘
事中陰魂不散。後殖民敘事應以顛覆、解構既存敘事模式為主，如
利用「文本互涉」來混合不同文類，以其相互文本解構文學的象牙
塔，又或叫讀者「反時序」的反思艾略特對莎士比亞的影響，目的
都在顛覆殖民論述的敘事模式。❹然而，在《玻璃之城》的拼貼和
文本互涉中，我們看不見任何顛覆既存敘事模式的傾向，編導反而
一再嘗試再現真實的六七十年代，建構曾經真實的香港城市。這種
後殖民敘事可說呈現了後殖民的「後」的另一種含意，即阿派亞
（Kwame Anthony Appiah）所指出的後現代消費主義的「後」所隱
含的其中一種意涵：「後」變成一種風格，一種可供消費的文化／
身分商品，即本土、他性都只是文化／論述商品。❷

　　在《傾城之戀》這個常被用作香港城市以至懷舊論述的範例
中，當日范柳原和白流蘇所見過的那道牆，雖或沒有在戰爭中隨文
明毀掉，卻早已被重建為外貌與昔日淺水灣酒店一模一樣的餐廳商
場，後面還建有多層豪宅，所謂「本土」的城市空間早已變成全球
資本主義與本土空間的混成空間。本土／全球已再不能分開。在分
析後殖民主義與城市的關係時，積高絲強調真實的本土與具挪用
（appropriation）力量的全球的二分本身已是一種有問題的懷舊心

---

❹　Judie Newman, *The Ballistic Bard: Postcolonial Fictions* (London, New York, Sydney, Auckland: Arnold, 1995), pp.6, 192-193.

❷　Kwame Anthony Appiah, "Is the Post- in Postcolonial the Post- in Postmodernism?" *Critical Inquiry* 17 (Winter 1991), pp.346-356.

態。㉓因為兩者其實是互相包含著對方，故重要的應該是未被商品化的本土和商品化的全球之間的動力辯證關係。周蕾亦曾提醒我們：

> 只有當我們嚴肅地對待香港「經濟主義」與「物質主義」的「病態」、淫溢的質性，才能看清中心與常談／共處（commonplace）之間糾纏不清的互動關係……㉔

《玻璃之城》卻是將未被商品化的本土和商品化的全球生硬的分開，借懷舊影像和「經濟主義與物質主義的病態」九十年代的對比虛擬出六七十年代那彷似未被商品化的本土時空。實際上，在香港這個從一開始已是由經濟主義帶動的海港城市中，「經濟、商業和殖民性都是香港的『根源』：它從來不曾有過另外的社會架構」。㉕換言之，未被商品化的「本土」是經常已經（always already）失去的。倘使我們從這個角度看，自不難發現《玻璃之城》的六七十年代記憶不僅是虛構，還矛盾地是建基於對香港的歷史發展的失憶

㉓　Jacobs, *Edge of Empire*, p.36.

㉔　Rey Chow, *Ethics after Idealism: Theory-Culture-Ethnicity-Reading* (Bloomington and Indianapolis: Indiana University Press, 1998), p.177；中譯引自周蕾：《寫在家國以外》（香港：牛津大學出版社，1995），頁132。

㉕　Chow, *Ethics after Idealism*, p.176；中譯引自周蕾：《寫在家國以外》，頁130。

之上的。㉖

# 從原始情欲到本土神話

「文本之外別無他事」㉗，德希達（Jacques Derrida）如此教訓我們。不論眞實或虛擬都只是文本，最重要的是我們如何詮釋。㉘若用李歐塔（Jean-François Lyotard）的說法，在有關小城的大話中，一切不外是另一次論述遊戲。問題是編導不甘心安分的玩這一個遊戲，而要在不質疑全球資本主義的電影工業的遊戲規則的情況下，爲城市覓回深度，爲香港尋找失落了的身分。可惜，「理想主

---

㉖ 洛楓曾如此分析香港懷舊電影的記憶和失憶：「過去，香港的歷史和文化，由於殖民地的教育制度，以及商業化的經濟與生活本質，都在有意無意之間遭受刪削、塗抹、誤解，以至湮滅難存，造成一種歷史失憶的狀態，而所謂懷舊熱潮，從社會意識的層面看，有時候實在是一項追尋記憶的過程，把失落還原、將空白填滿，縱使把持的只是一些稍縱即逝的影象、聲色和流光，但透過美化與過濾的幫助，人們仍能於這些光影之間辨認自我，並尋得慰藉和認同。」（洛楓：《世紀末城市：香港的流行文化》（香港：牛津大學出版社，1995），頁 74-75。）洛楓從尋找記憶的角度論懷舊，所用的記憶和失憶的重點與本文有所不同。本文所要強調的是《玻璃之城》那種建構出失落的本土性，再藉填滿這種匱缺來將本土與全球的二分合理化的問題。

㉗ Jacques Derrida, *Of Grammatology* (Baltimore: Johns Hopkins University Press, 1974), p.158.

㉘ 德希達曾以蒙坦（Montaigne）的話爲題銘，指出詮釋詮釋比詮釋事物更重要；詳參 Derrida, "Structure, Sign and Play in the Discourse of Human Sciences," in *Writing and Difference* (Chicago: The University of Chicago Press, 1978), p.278.

義經常都建基於暴力。」㉙德希達曾引波特萊爾（Charles Baudelaire）的話警告我們：

> 我清楚看見他的目的是要在做好事之時也得點好處，同時獲取四毛錢和上帝的心，經濟地贏得天堂。簡言之，免費領取慈善家的證書。㉚

同時獲取四毛錢（票房）和上帝的心（觀眾和批評家的好評：爲城市覓回深度，爲香港尋找身分）固然美妙，但實際上又是否可能呢？故事中的六七十年代充滿著殖民社會的不平等，但編導爲了凸顯其比九十年代優勝之處，只著力美化當時的文化（如六十年代女子大學生的貴族運動棍網球），而對當時社會的不平等卻避而不談（如以「英文性」爲尊的精英教育，以至學生宿舍戲耍新生那種霸權式的雄性文化），保釣事件亦變成了黎明展示其突然而來的長髮（熱血憤怒的表徵）的背景，其他一切欠奉。那是否只是一種無深度的懷舊、視過去必然爲美好的「原始情欲」？這種視過去、原始必然爲美好的「原始情欲」本身已是排他性的，㉛且又會將過去才是純淨，未經污染的「根」的假

---

㉙ Chow, *Ethics after Idealism*, p.xxiii.

㉚ Jacques Derrida, *Given Time: I, Counterfeit, Money* (Chicago: University of Chicago Press, 1992), p.31.有關這段話和他者論述之間的複雜關係，詳參朱耀偉：《當代西方批評論述的中國圖象》（板橋：駱駝，1996），頁238-239。

㉛ Rey Chow, *Primitive Passions: Visuality, Sexuality, Ethnography and Contemporary Chinese Cinema* (New York: Columbia University Press, 1995), pp.19-23.

象合理化。魯斯迪（Salman Rushdie）曾經指出，「根」不外是想像出來，使我們安於本位，不敢前進的一個「保守神話」。❸無論是「原始情欲」或「保守神話」也好，最大的問題是這會建構出一個全球化城市的本土神話，使人忘記了「本土」論述不外表面上為城市覓回深度，為香港尋找身分，根本就未有做到如戴力克所言的推翻過去承襲而來的不平等和壓迫。姑且不談那種經常強調「我們是最好的」（We're the best!）的精英心態，編導的論述建構了一個浪漫化的過去，但這一方面掩飾了當時的社會問題，另一方面又隱含著排他的意識形態：他的六十年代美好，她的七十年代熱血，八九十年代在玻璃之城成長的你／妳，對不起，遲了進場的你／妳只好多等二十年，因為你／妳的年代還未夠久遠，你／妳還未站到論述生產的中心。

且看在九十年代成長的影評人林童的說法便可知兩代人截然不同的心態：

> ……但倒過頭來問我們這一代做了些甚麼，倒不如問問他們塑造了一個怎樣的香港，一種怎樣的港式文化，一種怎樣的家國觀念。簡單的透過鏡頭剪接將八、九十年代成長的一代套上投機炒賣的影像，不單簡單化了，也太抬舉了。試問香

---

❸ 魯斯迪（Salman Rushdie）嘗言：「我們假裝我們是樹，並常談及根。看看你腳下，你不會找到穿過你腳掌生長的樹。我有時會想，根不外是設計出來，使我們安於本位的一個保守神話。」轉引自 Rosemary Marangoly George, *The Politics of Home: Postcolonial Relocations and Twentieth-century Fiction* (Cambridge: Cambridge University Press, 1996), p.199.

港的投機炒賣，與七十年代成長，掌握香港經濟、政治命脈
的精英又怎會分得開⋯⋯㉝

作爲既得利益者的精英，不知是否出於罪疚感，努力的貶抑九十年
代的虛浮城市，但在將過去浪漫化之時，因爲瞄準的是他們成長的
六七十年代，他們又將權威重新授予自己。難怪林童再問：

> 編劇與導演，又可有意識到九十年代的玻璃之城有多大程度
> 就是他們那一代廿多年來建造的成果？又可有意識到美化七
> 十年代知識分子的故事，只突顯了他們和我們這一代一樣，
> 對這個充滿玻璃的城市有一種無奈、脆弱的無力感？㉞

與其問編導有沒有意識，我認爲倒不如觀察他們在嘗試美化六七十
年代的香港之時，如何使自己忘記以上引文所道出的殘酷現實。陳
清僑曾引詹明信（Fredric Jameson）有關烏托邦的理論來說明香港
人如何「否想」未來，㉟我想在這裡可以借詹明信的論點再解讀後
殖民香港敘事的特點。《玻璃之城》不但否想未來，也藉懷舊來否
想現在，忘掉了在「九十年代的玻璃之城有多大程度就是他們那一

---

㉝　林童：〈我們上一代，究竟塑造了一個怎樣的《玻璃之城》？〉，《電影
　　雙周刊》第 510 期（1998 年 10 月 28 日），頁 41。

㉞　林童：〈我們上一代，究竟塑造了一個怎樣的《玻璃之城》？〉，頁
　　41。

㉟　陳清僑：〈否想未來〉，王宏志、李小良、陳清僑：《否想香港：歷史文
　　化未來》（臺北：麥田人文，1997），頁 275。

代廿多年來建造的成果」的同時，從前所踏的單車已變成私人飛機，載著他們衝出西環，直飛康橋，享受經濟主義帶給他們的成果。正如陳清僑所引述，詹明信認為追尋烏托邦的過程的結果是「發明了一種稱為烏托邦的欲望本身」，而「這欲望所追求的正是欲望本身」。❸❻六七十年代正是一種編導欲望所追求的欲望，是一種「被建構出來的失去」（a constructed loss），存在的理由便是作為已失去的。在渴望尋到要追求的欲望（desiring the desire）的過程中，六七十年代和九十年代都是虛擬的類象（沒有原本的摹本）。在《玻璃之城》這個「香港」論述遊戲中，我們看到的不是真實的六七十年代或虛浮的九十年代，而是編導的欲望。

　　九七回歸和後殖民文化研究的勃興直接啓動了一場有如音樂椅的「香港」遊戲，人們爭相為「香港」作重新定義。這場遊戲還未結束，誰能就位還有待下回分解。

---

❸❻　陳清僑：〈否想未來〉，頁 280；原文見 Fredric Jameson, *The Seeds of Time* (New York: Columbia University Press, 1994), p.75.

# (不)眞實香港：後殖民香港電影的「全球／本土」文化身分

## 引言：本土文化想像

在 1997 回歸前的後過渡期中，香港人的身分認同可說是香港文化研究的最熱門課題，而回歸的特殊脈絡也使「中國」變成了香港文化想像不可或缺的因素。比方，李焯桃已經詳細分析了八十年代港產片中的中國父親形象。❶除「中國」在九十年代仍然是香港文化論述的要素之外，九十年代香港電影又出現了另一種特殊的身分認同。自從成龍、周潤發和吳宇森成功進軍好萊塢之後，最廣泛爲人談論的是香港本土身分在全球電影工業中的轉變，以及與東方主義、後殖民主義等理論有關的議題。香港身分和「中國性」的複雜關係，以及兩者在好萊塢電影的奇妙共謀便是近年的熱門課題。「中國性」及本土／全球的辯證已廣泛爲人談論，然而，另外一種

---

❶ 李焯桃：〈父親的陰影：八十年代香港新電影的中國脈絡〉，香港市政局編：《第十四屆香港國際電影節：香港電影的中國脈絡》（香港：市政局，1990），頁 77-85；有關九十年代香港電影中的中國顯影，詳參丘靜美：〈跨越邊界：香港電影的中國顯影〉，鄭樹森編：《文化批評與華語電影》（臺北：麥田人文，1995），頁 185-214。

奇特的後九七香港本土文化想像卻較少為人注意。

近來香港出現了一連串以重新探討香港認同和歷史的電影，其中較重要的例子可數張婉婷導演的《玻璃之城》、許鞍華導演的《千言萬語》、陳果導演的《香港製造》、《去年煙花特別多》和《細路祥》三部曲等。除了周潤發和成龍在好萊塢獲得空前成功而又帶出了有關東方主義和全球／本土的辯證，陳果三部曲一類作品又啟動了有關本土身分認同的當地人視野之外，《玻璃之城》、《千言萬語》和《心動》等作品也呈現了一種很獨特的混雜本土文化想像。與其他有關香港文化身分認同的省思不同，這些電影重視本土香港多於中國性，但戲中的香港卻又不全然本土。從以上三部電影的選角便可見出戲中的本土香港其實已經變得十分「混雜」。（由於論點與戲中角色的對白口音有關，本文針對的是粵語版本。）在《玻璃之城》中，女主角舒淇飾演六十年代香港大學學生，但卻說著帶濃烈國語口音的廣東話。在《千言萬語》中，男主角之一的李康生也是來自臺灣，他更因不懂說廣東話而要由人配音。在《心動》中，中日混血兒金城武也像舒淇一樣說著十分不純正的廣東話。雖然這些並非本土香港演員，但他們在上述作品中卻全部扮演土生土長的香港人。當然，外來演員一直在香港電影中擔當重要角色，但重視香港本土歷史而又由外來演員扮演本土香港人的情況卻始終惹人關注。❷本文並無意鼓吹真純的本土性，反之，以下將會借這些

---

❷ 第二十四屆香港國際電影節（2000 年 4 月）的主題便是香港電影中的跨越邊界，電影節目錄的「引言」已曾指出從四十年代起香港電影已有跨越邊界的現象，然而在電影節選映的作品中並無以重現香港歷史為主題之作。

例子引出混雜和（不）眞實的本土文化想像，並藉此考量那對全球化年代的中國性所可能帶來的啓示。

# （不）真實的本土性

在進一步討論香港文化想像對全球化的中國性的啓示之前，我們有需要先分析上述三套電影中的「不純正」本土想像。首先，在《玻璃之城》中，張婉婷和羅啓銳的組合企圖再現從六十年代至一九九七的香港歷史，並以此爲背景引出黎明和舒淇的愛情故事。正如張婉婷所言：「我忽然醒覺，有很多美好的事物，我一直以爲是理所當然，長存不滅的事物，其實都會轉瞬消逝、流失、破滅。我們原來處身於一個閃爍燦爛的玻璃之城，一切的耀眼光輝和幻象，都會刹那間在你的眼前灰飛煙滅……」。❸用編劇羅啓銳的話來說：「……所以想寫一個故事，把這個玻璃倒影中的城市，以及它的港灣、樓房、旗幟、風景、人群、信念與悲哀，一一凝聚下來」。❹假使我們考慮到編劇和導演捕捉香港歷史的意願，我們對選角的安排只會感到意外。男女主角黎明和舒淇都不是土生的，黎明固然可算是在香港長大，也被廣泛接納爲本土演員和歌手，但他在與《玻璃之城》題材相似的《甜蜜蜜》中，卻是扮演中國大陸的新移民。換言之，在《甜蜜蜜》中，他並非眞正土生土長的，而在

---

❸　張婉婷、羅啓銳：〈專訪〉，《電影雙周刊》第 510 期（1998 年 10 月），頁 38。

❹　張婉婷、羅啓銳：〈專訪〉，頁 38。

《玻璃之城》中他則是地道的香港人。舒淇的情況就更加有趣，作為六十年代的香港大學學生，她絕不純正的廣東話不時提醒觀眾她其實來自臺灣。（男配角吳彥祖在片中的廣東話也不純正，但他卻是扮演黎明在英國長大的兒子，故還可算切合他的身分。）在一套如此希望再現香港歷史，將香港故事「一一凝聚下來」的電影中，選角的問題難免變得更為尖銳。

相對之下，《千言萬語》比《玻璃之城》還更重視歷史，正如導演許鞍華所言，「本片許多事件因而皆以八十年代史實為據，大部分主要角色來自真實人物，或是由真實人物組合而成」。❺她又在另一場合提到，這套電影是「半紀錄片」。❻戲中甚至有演員是演回真實的自己。然而，其中兩位男主角（黃秋生和李康生）卻與電影強調真實感的原則背道而馳。以中英混血兒黃秋生扮演意大利神父甘浩望還可說是權宜之計，因為要找演技好又像外國人又會說廣東話（甘神父會說廣東話）的演員並不容易。可是，李康生在戲中卻顯得頗為突兀。正如上述，他的對白要找人配音（其他角色毋須配音），那與導演強調真實性的「半紀錄片」性質幾乎是南轅北轍，但在片中他卻又與其他角色（如李麗珍）同樣是地道的香港人。（同期香港還有其他電影有類似情況，比方，馬楚成的《星願》是以任賢齊為男主角，片中對白也要找人配音，《千言萬語》並不算是例外。）

《心動》的情況稍有不同。要是我們考慮電影的情節，可能會

---

❺ 香港市政局編：《第二十三屆香港國際電影節特刊》（香港：市政局，1999），頁 15。

❻ 廓保戚編：《許鞍華說許鞍華》（香港：廓保戚出版，1998），頁 95。

同意金城武算是適當人選，電影中的男主角浩君後來離開香港到日本生活，金城武的流利日語是十分有利的條件。然而，雖然張艾嘉並不如張婉婷或許鞍華般希望以史詩式的香港歷史爲主調，她仍希望用「眞實」的香港歷史爲背景，從而襯托出金城武和梁詠琪的愛情故事的不同階段。張艾嘉嘗言，電影中除了三個主要角色外（金城武、梁詠琪和莫文蔚），還有第四個主要角色：由美術指導文念中和攝影指導李屏賓所創造的「氣氛」。據張艾嘉自己的說法：「他們成功地塑造了電影中的不同時間和不同地方的『眞實』場景」。

❼易言之，張艾嘉也認爲「眞實」時空在電影中有著十分重要的地位。既然導演如斯重視歷史眞實，金城武所飾演在七十年代成長的本土香港人所講的廣東話一定會使觀眾更加感到不自然。（他的日語和國語遠比廣東話純正。）《玻璃之城》和《千言萬語》中的「混雜」本土文化想像也同時出現於《心動》，呈現出不太眞實的本土香港。❽在第十九屆香港電影金像獎中，李麗珍、梁詠琪和張柏芝（《千言萬語》、《心動》和《星願》的女主角）都被提名最佳女主角，相對之下，男主角則只有黃秋生被提名。再者，許鞍華和張艾嘉都獲提名最佳導演而《千言萬語》和《心動》則獲提名最佳電影。顯然《千言萬語》和《心動》都獲影評人青睞，但李康生、金城武和任賢齊卻未受重視，可見他們在這些「本土」電影中的位置相當尷

---

❼　引自「導演的話」，電影《心動》的網頁 http://wanita.net/temptingheart/.

❽　其實這種「混雜」並不限於電影，近日在香港的電視也有不少類似情況。比方，《創世紀》中的王敏德、吳奇隆和陳慧珊等都是明顯的例子。再者，如《還珠格格》、《方世玉》等入口片集其實也是跨地區製作，這些例子都說明了「混雜」本地文化想像在後九七香港不同媒體中都有出現。

尬。

香港演員進軍好萊塢電影工業時，往往要扮演外來者的角色（例如新移民、或到美國辦案的中國公安），因此英語發音並不是太大問題。就算在《安娜與國王》（*Anna and the King*）中，周潤發的英語爲人讚許，但他也只是扮演暹邏國王，英語口音是否準確根本不成問題。相對之下，舒淇、李康生和金城武便沒有以「外來」身分來掩飾他們毫不純正的廣東話。在上述電影中，三位導演都十分重視歷史眞實感，欲借香港的歷史再現來在戲中達致不同的效果，但「不太本土」的舒淇、李康生和金城武卻是扮演純正的本土香港人。從此可見，這些電影中的「本土」並不純淨，而是一種從開始已經混雜的文化想像。

# 後現代文化邏輯與／或後殖民身分政治

以上的分析仿似使人覺得本文想要提倡一種「眞純」的本土身分認同，而對那些「不太本土」（not quite local）的混雜角色有必要作出批評，又或最多是引出如此結論：本土香港早已變得全球化了。固然本文部分認同後者的立場，但卻希望將課題推進一步，指出假如我們從稍爲不同的角度理解這個問題，可能會達致一個不同的結論，並對全球資本主義中的本土性和中國性有截然不同的省思。如上所述，從七十年代後期到九十年代初，香港電影一直爲「中國」陰影所籠罩。對中國的「恐懼」可說是由典型化的「阿燦」、「表姐」和「大圈仔」形象來紓解。前者可說是對九七以後中共政權的憂慮，而後者則是一種「戲謔」式的「妖魔化」，藉嘲

笑和醜化大陸人來掩飾自己的憂慮。從九十年代初開始，香港電影
的情況出現了一個重要的轉變。「香港爲家」和「新樂觀主義」
（香港與中國的關係最好乃以其蓬勃發展的經濟來維持）成了主調。按張
建德的說法，後者又將香港電影帶進「後現代」階段。❾（這裡的
「後現代」顯然專指後現代消費主義的文化邏輯，與這個名詞所可能牽涉的
「開拓空間的姿態」無多大關係。）要是九十年代香港電影眞的是進入
了「後現代」，那麼我們可以說後九七香港電影已進入了後現代消
費文化邏輯與後殖民身分政治產生微妙糾結的年代。

　　爲了將有關（不）眞實的本土性的討論置於朗晰的脈絡，在此
有必要簡略重溫一下香港電影的本土意識的嬗變。按田邁修
（Matthew Turner）的看法，香港在 1967 年暴動以後，由於香港政
府的刻意推動，本土意識才逐漸萌芽。❿繼後「本土」意識經歷了
七十年代香港經濟起飛的歲月，又出現了不少轉變。李焯桃指出七
十年代的香港電影嘗試讓本土語言和文化重生，使「本土」意識落
地生根。⓫至八十年代，在中英聯合聲明之後，中國因素主宰了香
港的文化和政治想像，而此又直接建延伸到九十年代。當九十年代
全球化飛快發展之時，全球／本土辯證又使「本土」意識出現了根

---

❾　Stephen Teo, *Hong Kong Cinema: The Extra Dimensions* (London: British
　　Film Institute, 1997), pp.207-218.

❿　Matthew Turner, "Hong Kong Sixties/Nineties: Dissolving the People," in
　　Matthew Turner and Irene Ngan eds., *Hong Kong Sixties: Designing Identities*
　　(Hong Kong: Hong Kong Art Center, 1994), pp.13-19.

⓫　李焯桃：〈「七十年代香港電影研究」後記〉，香港市政局編：《第十四
　　屆香港國際電影節：七十年代香港電影研究》（香港：市政局，1984），
　　頁 125。

本的轉變。從以上的簡略回顧可見，在過去二三十年，香港文化想像一直在政經陰影下起舞，香港「本土」意識從來不是屬於香港人的自發意識，而是由政府、經濟引動的一種「負面」存在，它的存在條件正是它的匱缺。及至後九七的全球化年代，經濟主義和身分認同更是相互滲透，孕育出一種奇特的本土想像。（比方，如《我是誰》般的作品便與後殖民香港身分認同有密切關係，更呈現出一種與後現代消費主義混而爲一的身分認同政治。）從這個角度看，舒淇、李康生和金城武的例子，至少部分與後現代消費主義的市場導向有關。它們各自可以保證不同的市場（臺灣和日本）。易言之，上文所述的混雜不純的本土性的首要目標可能只是簡單的市場考慮，即上述「後現代」作爲消費主義的原因。當然，電影工業必然商業化，但若以市場因素爲上述電影中的「混雜」本土性的唯一解釋，就肯定是過分簡化的想法。在這個全球資本主義的年代，「本土」已被全球資本主義挪用爲全球化大業一部分的現象幾乎已是人所共知的。比方，在大型的購物商場，我們很容易看到售賣不同「本土」商品的店舖。以食物廣場爲例，中國、美國、歐陸、越南、泰國、意大利等不同國家的食物共冶一爐。在中國大陸，愈來愈多主題公園興建，大量販賣地方文化（如民俗文化村），本土空間被轉化爲全球化旅遊業的工具。那種「多重本土」的外表其實仍是以全球資本主義的邏輯運作的。我從香港電影談到商場，目的在於帶出以下的重要問題：當消費主義也不遺餘力的以「本土」、「地方」作爲包裝，希望以虛擬的本土性作爲招徠，爲何上述那些想再現香港歷史的電影在選角時竟然毫不考慮導演們所強調的「眞實」性？上文已曾指出，當香港明星進軍好萊塢之時，他們往往要扮演「中國人」（如

《血仍未冷》*The Replacement Killers* 中的周潤發、《鐵金剛之明日帝國》
*Tomorrow Never Dies* 中的楊紫瓊和電視劇集《過江龍》*Martial Law* 中的洪金
寶等）或其他國籍的亞洲人（如《安娜與國王》中的周潤發）。在這些
例子中，所有關乎不純正的本土性的問題都可以避免了。然而，爲
何在類似情況下，舒淇、李康生和金城武又毋須以如此「外來」身
分出現？爲何他們可以在如此強調香港歷史眞實性的電影中「合法
地」作爲眞純的本土香港人？

　　許鞍華曾提及她爲何選擇李康生作爲《千言萬語》的男主角之
一，原因是她想找一個「似外來者的人來演李紹東」。❷在戲中，
李紹東的角色乃據眞實人物改編而成的。本來的人物是在香港出生
的本土人，但據許鞍華說，他有一種不太似香港人的特質。這種
「外來」特質主要是由於他在中國大陸受教育，後來又參加了香港
的民主運動。雖然許鞍華沒有詳細論述何謂「外來者」，她以上的
解釋爲我們探析不眞純的本土性的問題提供了一些線索。她所要挑
選的李紹東既是本土人又不似本土人，而「不似本土人」的原因大
概是其在大陸受教育和參與民運的背景。要言之，「外來」乃相對
於典型的「本土」香港人的政治冷感而言的。七十年代的火紅歲月
在九十年代的全球資本主義洪流中早已一去不返，而全球資本成功
建構了商業掛帥的神話。許鞍華看來對此九十年代全球經濟中的典
型本土香港感到不安，而那些「不太香港」的香港人在戲中正是那
些如英文片名所指的「平常英雄」（ordinary heroes）。綜而論
之，李康生之演出《千言萬語》可說是混合了市場因素、獎項考慮

---

❷　許鞍華：〈專訪〉，《電影雙周刊》第 521 期（1999 年 4 月），頁 29。

（許鞍華以此片獲得金馬獎最佳導演）和那種不太本土的「外來」感覺。上文所述的混雜本土性可說是一種全球（市場和商業考慮）和本土（不太香港的特質）的混成辯證。

# 混雜・懷舊・本土

在上述電影中，香港的歷史現實是很重要的內容，而在其中的「混雜」本土文化想像可說是可以突破全球作為經濟（周潤發和成龍商業上的成功）和本土作為文化（如陳果三部曲的本地反思）的二元思維，帶出了有關本土香港文化想像的另一向度。「混雜」是跨國脈絡中的後殖民論述的中心議題，而文化混雜因為視文化的本質為不斷流動變化而突破了國族限制，因此常被視為可以帶來一種新的世界主義。表面看來，混雜的大都會文化十分適用於香港的獨特情況，因為那可以拋開國族的必然性，將混雜視作可以帶出文化主動性的不同可能。然而，「新殖民文化的意義和象徵不平衡的全球秩序的政經體制結構中的物質化是混雜理論所不能翻譯，重新書寫和解讀的」，❸因此「後殖民國族觀念必須被視作全球資本的『幽靈』（既是客體也是主體的雙重屬性）」。❹國族那種揮之不去的幽靈（specter）特質正可以用來闡釋香港的本土文化想像。跟其他後殖

---

❸ Pheng Cheah, "Given Culture: Rethinking Cosmopolitical Freedom in Transnationalism," *Boundary 2* 24 (Summer 1997), p.173.

❹ Pheng Cheah, "Spectral Nationality: The Living On [*sur-vie*] of the Postcolonial Nation in Neocolonial Globalization," *Boundary 2* 26 (Fall 1999), p.252.

民國族想像相似，香港也是無法擺脫「中國」的國家觀念。雖然香港想像一直嘗試發展本土特色，但以八十年代以降的香港電影的本土意識來看，國族觀念不斷如影隨形，有如「幽靈」般在香港那種所謂「自主」的文化想像中陰魂不散。就算在後九七的香港電影工業中，最爲人關注的課題仍是香港進軍好萊塢時是否正在出口一種商品化的中國性來供西方觀眾消費，並同時促進了好萊塢電影在亞洲地區的全球化大業。同時，香港卻又不能像其他後殖民國家般獨立，而爲了延續「自主」的神話，其文化想像更要減少國族的成分。面對如此困境，香港爲了發展自主的本土認同，少不免要將重點置於過去的本土時空：彷彿在那些美好歲月中，香港未受全球資本和後殖民的國族觀念所影響。因此，香港一方面要以混雜來作爲其文化想像的中心座標（如是文化翻譯 translation 而非傳統 tradition），另一方面又要矛盾地追尋一種眞純的本土性。如是觀之，香港的本土文化想像既要嘗試喚起混雜的大都會意識，又要同時重新書寫一種正正會顛覆那種大都會主義的本土敘事。其實這裡所謂「本土」早已轉化爲複雜的文化空間，混雜並不限於全球之中，也是本土的一部分。❺

　　再者，藉回首過去來建構本土性的做法自然會引出一種懷舊的情感，而「回憶及其再現與身分認同、國族主義、權力和權威等問

---

❺　湯林信（John Tomlinson）嘗言，全球化年代的解除疆界並不會抹除本土性，因爲「文化與地方的連繫永不會完全解除，本土性繼續會對我們生活的世界的現實發生影響」，參見 John Tomlinson, *Globalization and Culture* (Cambridge: Polity, 1999), p.149。因此，香港文化想像不能只指向全球，然而，我們也得明白，本土性已變成了更爲複雜的文化空間。

題有很重要的關連」。⓰《玻璃之城》便呈現出一種對六十年代的
老好日子的浪漫化懷舊（詳參〈全球化城市的本土神話：《玻璃之城》的
香港圖象〉一章），這種懷舊其實也有在《千言萬語》和《心動》中
以不同形式出現。一言以蔽之，老好日子的所有事物都彷彿更加美
好。在《玻璃之城》中，黎明和舒淇的婚外情可說是一種對已經逝
去不返的浪漫歲月的象徵性添補（supplement）。這種對理想過去
的懷緬本質上是浪漫主義的，而在香港電影也十分常見。比方，過
去作為浪漫泉源的主題在電影人公司的一系列作品中都有出現（如
《新難兄難弟》、《嫲嫲帆帆》等）。可是，在《玻璃之城》、《千言
萬語》和《心動》一類混合了本土與全球想像的作品中，懷舊的向
度便有所不同。以下將會集中討論《千言萬語》，藉此論證懷舊如
何影響了本土想像的身分認同的形構。首先，懷舊通常會指向一種
已經過去的完美狀況，但如此狀況並沒有很明顯的在《千言萬語》
出現。在《千言萬語》中，觀眾卻很容易可以感受到導演以重新書
寫香港的本土歷史來補足如此理想狀態的匱缺的努力。從其英文片
名便可一眼看出，戲中認為在這個時代，只有「平常的英雄」才是
真英雄。謝君豪的區議員角色在戲中便因參與了政治而變質了：當
「平常」事變得不平常，那便不再有英雄的崇高特質。許鞍華藉著
再現香港的過去，暗示一種回到最初源頭的渴望。周蕾在分析王家
衛的《春光乍洩》時指出，懷舊會指向「一種永遠不能得到，但又

---

⓰　Edward Said, "Invention, Memory, and Place," *Critical Inquiry* 26 (Winter 2000), p.176.

因而時常都會渴求和追尋」的狀況。❼這個極富啓發性的論點同時
也引發了以下的問題：對理想過去的渴求其實是建基於「永不能得
到」的狀況之上。正如周蕾所言，回到最初源頭的表述會爲自己的
內在欺騙成分所縈繞，即重新開始卻必然是想重新經歷已嘗經歷的
事物。因此，我們也可以說《千言萬語》中的「平常」其實已包含
了「不再平常」；易言之，「平常」其實必然是一種再經歷從平常
到不平常的懷舊欲望。除此之外，我們也可在電影的三個副題中看
到一些端倪。「忘記」、「革命十年」和「不能忘記」的三個章節
暗示理想只能在「不能忘記」的懷舊過程中實現。循此，「本土」
的過去其實必須建基於全球化脈絡中，因而變得「永不能得到」，
而因此也必然在本土自己的固有欺騙性質中表述了全球的觀念。正
是這種吊詭的辯證使我認定「全球作爲經濟」和「本土作爲文化」
的二分在上述那些電影的混雜懷舊中變得不再成立，而一種跨越大
中華地區的混雜想像可以突破二元框架，作爲跨國年代的身分認同
的靈活想像的新思維方式。

---

❼　Rey Chow, "Nostalgia of the New Wave: Structure in Wong Kar-wai's Happy
　　Together," *Camera Obscura* 42 (Sept.,1999), p.36. 周蕾對《春光乍洩》的分
　　析隱含了一個有關後殖民香港文化想像的重點。她用後結構主義的「認識
　　論斷裂」（epistemological rupture）的論點，指出「1＝1＋」的觀點可以
　　用來解釋《春光乍洩》的特別懷舊形式。她認爲在「1＝1＋」的公式中，
　　「1 經常已經是重述，只有在 1＋的添補性中才有意思」，而「重新開始
　　的願望常常會變成了一種重複某些已經被經歷過的事物的願望，[一種]由
　　源頭開始的欲望」。因此，「重新開始」的懷舊想像的表述有著一種固有
　　的欺騙性質（p.34）。「1＝1＋」的公式可以剖開懷舊的內在特質，而在
　　此則可稍被扭曲，用來作爲《千言萬語》的特殊懷舊形式的理論視點。

# 後　話

　　從以上的分析來看，跨國年代的香港電影中的「本土」必須先
被疑問化，才可能帶出有關身分認同的形成的有建設性辯論。除了
那看似眞純的本土身分（如陳果的作品）和跨國想像（如周潤發、成
龍）之外，我們還要兼顧另一種對香港身分認同有所啓示的向度：
香港身分的全球本土混成辯證。當周潤發、成龍及吳宇森被批評爲
將「中國性」出口到好萊塢來讓西方觀眾消費，也許我們也要記住
香港電影也有從大中華地區「入口」中國性。當我們爭論周潤發等
人已不再香港，也許也同時要記住香港本土的想像其實也可以「不
太香港」。兩者的並列可以告訴我們一件重要的事：要超越香港的
（不）眞實性到「不是不是香港」（_not not_ Hong Kong）的層次，
突破眞實／不眞實的二元框架。一言以蔽之，「本土」的觀念必須
被疑問化。在近年許多文化論述中，「本土」常被視爲抗衡全球化
機器的據點，但同時也有不少批評家懷疑「本土」本身已不是純淨
的。戴力克便嘗揭示本土主義的內在缺點，即本土並非不涉權力關
係、沒有體制霸權的空間。⓳同樣地，散居文化也被視作另一有可
能作爲顚覆霸權論述的據點。可是，正如王愛華和朗連尼（Aihwa
Ong & Donald Nonini）所指出的，「人們不應假設所有散居、流

---

⓳　Arif Dirlik, _The Postcolonial Aura: Third World Criticism in the Age of Global Capitalism_ (Boulder: Westview, 1997), pp.96-102.

動、跨越邊界或混雜的東西都可以從內顛覆權力結構」。❶王氏更
強調就算是「當地人」對自己文化的說法也有被疑問化的必要，因
爲「所有權和再現都是植根於佔位、支配及利用策略中的實踐」，
因而她提出一種靈活認同的觀念。❷香港身分認同在後殖民香港電
影中也呈現出上述的靈活認同，而這也許可以說爲未來的中國人身
分認同帶出了具預示性的想像模式。

　　綜而論之，本文目的不在提倡一種眞純的本土身分認同，而是
嘗試提出後九七的跨國中國電影中的本土身分認同與全球的糾結，
即「後殖民國族身分認同的形成有部分是對新殖民經濟全球化的回
應」，❸希望藉此暗示一種對穩定的香港身分認同自覺批判。上述
電影中建構的想像式身分認同證實了這一點。在論述生產全球化的
年代，「中國性」常被認爲是複數的，❹「香港性」其實也自我示
範了身分認同的形成必然只可爲複數的。在本文的文脈裡，身分認
同並不是穩定的存在，而「中國性」應被視作「形成過程」和「開

❶　Aihwa Ong and Donald M. Nonini eds., *Ungrounded Empires: The Cultural Politics of Modern Chinese Transnationalism* (New York and London: Routledge, 1997), p.326.

❷　Aihwa Ong, *Flexible Citizenship: The Cultural Logics of Transnationality* (Durham and London: Duke University Press, 1999), pp.24, 243.

❸　Cheah, "Given Culture," p.181.

❹　Rey Chow, "Introduction: On Chineseness as a Theoretical Problem," *Boundary 2* 25 (Fall 1998), pp.1-24.

放的意符」。㉓再者，當我們同意「諸中國性」（Chinesenesses）之時，也同時要提醒自己構成「諸中國性」的各個組成部分（如臺灣、香港、新加坡等）也必須同樣是複數的，這正是我想在此強調的那種全球資本主義年代的身分認同的意涵的靈活多重性重要之處。八十年代香港電影尋找本土身分認同的過程已在九十年代後期變成了跨國中國電影年代的全球本土混合體，眞純的香港本土想像矛盾地是來自其不眞純的本土性。日後如何發展則有待歷史去見證。

---

㉓　Stuart Hall. "Cultural Identity and Cinematic Representation," *Framework* 36 (1989), pp.68-81; Ien Ang, "On Not Speaking Chinese," *New Formations* 24 (Winter 1994), pp.1-18, Ien Ang, "Can One Say No to Chineseness? Pushing the Limits of the Diasporic Paradigm," *Boundary 2* 25 (Fall 1998), pp.223-242.

# 誰的「中國性」？
# 九十年代兩岸三地的後殖民研究

## 前　言

　　後殖民研究於七、八十年代在西方學院迅速勃興，及至八十年代末，這股批評潮流開始席捲亞洲。中國大陸、臺灣和香港三地都由於不同原因而對後殖民研究產生興趣，使「後殖民」在九十年代成為兩岸三地的文化研究的寵兒。中國大陸在 1989 年以後，進一步落實改革開放政策以淡化政治上的衝擊，在文化上的所謂「後新時期」正式開始大量引入與晚期資本主義文化邏輯息息相關的後現代理論，而在開放市場之餘，政治上仍然相當封閉，對西方的民主論述十分抗拒，而「後學」的另一主張「後殖民」遂乘時而興，變成了反霸權、反帝國主義的尖兵。在海峽對岸，臺灣隨著 1988 年李登輝上臺，本土主義的問題甚囂塵上，再加上臺灣經歷了不同形式的殖民，對後殖民論述自然很關心。原住民、臺灣本土主義、抗日反美新殖民主義的呼聲都彷彿可以在後殖民論述中找到迴響，因此後殖民研究在九十年代臺灣迅速發展亦是不難理解的。香港的情況就更加明顯，經歷了過百年殖民歲月的香港在 1997 年脫離英國的殖民統治，在回歸的後過渡期中，後殖民論述正是香港人尋找本

土身分認同的名正言順的理論工具。

後殖民研究九十年代在兩岸三地都是文化批評中的熱門課題，在理論上有長足發展，但又因時空不同而各有特色，對後殖民論述的理解、挪用以至「誤衍」（catachresis）亦各有不同。本文希望藉著探析九十年代兩岸三地的後殖民研究，帶出後殖民論述在文化邊陲的認受和轉化，並深察後殖民研究所引起有關「中國性」的討論，爲「中國性」在全球化論述生產的新格局重新定位。因爲篇幅所限，本文無法盡覽兩岸三地的不同後殖民研究，也無意全面細述這些研究的內容，以下的分析將選擇以九十年代兩岸三地圍繞後殖民論述產生的論爭作爲範例，以之作爲瞄準後殖民研究與相關的「中國性」問題的焦點。

# 中國大陸：闡釋「中國」的焦慮

自七十年代後期中國大陸實施開放政策開始，中國文化進入了所謂「新時期」，八十年代一股文化熱帶出了人文精神的探討，而據王寧、張頤武等學者的說法，中國文化在九十年代又踏入了「後新時期」。在 1992 年的《文藝爭鳴》中，王寧和張頤武有文章討論何謂「後新時期」，兩者都傾向將「後新時期」與「後學」（尤以後現代、後殖民）放在一起理解。借張頤武的話來說，「後新時期」有「某種第三世界後現代性的『多元混雜』的特點。」❶張頤

---

❶　張頤武：〈後新時期文學：新的文化空間〉，《文藝爭鳴》（1992 年第 6 期），頁 9-10。同時可參王寧的〈繼承與斷裂：走向後新時期文學〉，

武後來更在與謝冕合著的《大轉型——後新時期文化研究》中視「後新時期」爲中國文化的一種重要轉型，而其主要特徵爲「社會的市場化」、「審美的泛俗化」和「文化價值多元化」。❷「後新時期」的文化研究常用「先鋒」、「批判」、「挑戰」等字眼，顯然有著「後現代」的影子。後殖民作爲後現代的親密戰友，亦自然變成了中國文化研究的另一重要課題。除了王寧、張頤武、王岳川、王一川等學者的引介散見不同的期刊雜誌（如《讀書》、《文藝理論研究》、《鐘山》等）和專書外，九十年代後期中國大陸更開始大量翻譯與後殖民論述有關的理論，如《後殖民理論與文化批評》和《後殖民主義文化理論》便收錄了著名後殖民批評家的文章。❸這些翻譯和論著證明了後殖民研究在九十年代中國大陸廣受重視，但在性質上仍是以引介西方理論爲主。有關後殖民研究在中國大陸所產生的影響則最能體現於有關「後學」與中國新保守主義的爭論。

　　簡扼來說，西方後殖民研究的重點在於反霸權和讓本土他者發聲，而在「後新時期」的文化研究中，這種精神集中體現於對西方

---

收於同期《文藝爭鳴》，頁 11-12。

❷　謝冕、張頤武：《大轉型：後新時期文化研究》（哈爾濱：黑龍江教育出版社，1995），頁 11-18。

❸　例子有張京媛主編：《後殖民理論與文化批評》（北京：北京大學出版社，1999）和羅鋼、劉象愚主編：《後殖民主義文化理論》（北京：中國社會科學出版社，1999）。有關後殖民理論的引介可參王寧：《後現代主義之後》（北京：中國文學出版社，1998）、徐賁：《走向後現代與後殖民》（北京：中國社會科學出版社，1996）、王岳川：《後現代主義文化研究》（北京：北京大學出版社，1992）等。

「帝國主義」話語（如民主、人權）的抗拒和對大眾文化作為人民聲音的重視。這個研究重點引起了海外華人學者趙毅衡的不滿，在1995 年的《二十一世紀》發表了題為〈「後學」與中國新保守主義〉的文章，直接批判「後學」在中國大陸引發了抗拒現代性（如民主、法治）的基因，更因擁抱無價值的大眾文化而桎梏了文化的進展，儼如一種新保守主義。❹在同一期《二十一世紀》中，徐賁的〈「第三世界批評」在當今中國的處境〉亦持類似看法，指摘中國式的「第三世界批評」以重建本土歷史意識、釋放被壓抑的「潛歷史」為主要任務，卻只集中批判西方壓迫，毋視中國官方對「人民記憶」的支配，因此只是一種「捨近求遠，避實就虛」的「低風險和無風險」的批判。❺以張頤武為首的中國大陸批評家並不認同這些論點，在《二十一世紀》及其他場合發炮還擊，繼之而來的是兩大陣營的舌劍唇槍。張頤武〈闡釋「中國」的焦慮〉便指斥這些海外華人批評家「居高臨下的俯視」，建構了「海外乃是一個超然的自由空間，而本土則是充滿壓抑性」的二元對立，處於「觀看者」位置企圖「馴服『他者』」，延續了源遠流長的東方主義式迷思。❻張頤武後來在〈面對全球化的挑戰〉一文中，對整場論爭的

---

❹ 趙毅衡：〈「後學」與中國新保守主義〉，原刊於《二十一世紀》第 27 期（1995 年 2 月），後收入汪暉、余國良編：《90 年代的「後學」論爭》（香港：中文大學出版社，1998），頁 137-156。

❺ 徐賁：〈「第三世界」在當今中國的處境〉，《二十一世紀》第 27 期（1995 年 2 月），後收入《90 年代的「後學」論爭》，頁 89-107。

❻ 張頤武：〈闡釋「中國」的焦慮〉，《二十一世紀》第 28 期（1995 年 4 月），後收入《90 年代的「後學」論爭》，頁 43-55；同時可參張頤武：〈再說「闡釋中國」的焦慮〉，《90 年代的「後學」論爭》，頁 57-66。

主要分歧有很清晰的整理：

> ……一是如何認知西方「現代性」對中國的作用，也就是這
> 一話語是否具有絕對的價值而無需進行反思和追問？它是否
> 天然具有「普遍性」？二是如何理解「全球化」的挑戰，也
> 就是說「全球化」是否就一定要按西方的話語改造中國？
> 「全球化」是否就是「西方化」……❼

後殖民論述可說是論爭雙方在思考以上問題時的共有論述工具，一
方面說對方沒有全面的「反壓迫」，另一方面則說那是馴服「他
者」的卓越努力。❽這場論爭一方面匯合了劉康和漢學家林培瑞
（Perry Link）等人在《近代中國》（*Modern China*）的爭論（劉康
的文章指摘美國學界有關中國現代文學的研究「受冷戰和反共意識形態影響太
深，而且至今仍缺乏自省和自我批評精神」，這個說法引來了「中國通」林培
瑞等人的圍剿，猛烈批評中國批評家無論在批評〔如夏志清〕或讚美〔如劉
康〕中國大陸時都離不開狹隘的國族意識；劉康在《妖魔化中國的背後》對此
有詳細交代和回應❾），使爭論的層面更大，另一方面也牽起了如

---

❼ 張頤武：〈面對全球化的挑戰〉，《二十一世紀》第 38 期（1996 年 12
　月），後收入《90 年代的「後學」論爭》，頁 68。

❽ 徐賁：〈「第三世界」在當今中國的處境〉，頁 91；張頤武：〈闡釋
　「中國」的焦慮〉，頁 45。

❾ 有關劉康與林培瑞、杜邁可（Michael Duke）和張隆溪的辯論始於《近代
　中國》（*Modern China*）（1993）。劉康的論文題爲 "Politics, Critical
　Paradigms: Reflections on Modern Chinese Literature Studies"，而林培瑞的
　評論題爲 "Ideology and Theory in the Study of Modern Chinese Literature:

〈警惕人爲的「洋涇浜學風」〉那種視海外華人批評家爲出賣學術良心的狹隘民族主義式批判。❿張頤武所言非虛，其實爭拗的主因正正在於闡釋「中國」的焦慮，但這種焦慮並不限於海外華人批評家，中國大陸本土批評家也如是。甘陽〈誰是中國研究中的「我們」？〉便嚴厲的批判了如〈警惕人爲的「洋涇浜學風」〉的排他手段（將不屬「中國」大陸本土的人排除在外），認爲這種以「根源性認同」爲「中國」研究的合法條件的看法幼稚得可笑。⓫

這場論爭的另一癥結在於西方現代性是否具「普遍性」，中國文化又是否應有其「特殊性」，但置在後殖民研究的語境中，這些議題未有全面展開，反而「反霸權」變成了雙方的共有批判工具，一時間「中國性」的爭奪主宰了整場辯論。第三世界知識分子在世界學術體制中身處邊緣，在利用後殖民論述發聲之時卻諷刺的變成以後殖民論述來攫取論述權力的工具，後殖民研究也就變成闡釋「中國」的權力場域。其實，爭論雙方的「中國性」又各自與自己的位勢有關，即各有自己的合法性條件。海外批評家的發聲很大程

---

An Introduction", 同刊於 *Modern China* 19:1 (1993)。劉康論文批評夏志清的現代小說研究仍有冷戰時期心態，爲林培瑞等人大力抨擊，劉康的回應可參李希光、劉康等著：《妖魔化中國的背後》（北京：中國社會科學出版社，1996），頁 142-173。同時可參劉康：〈中國現代文學研究在西方的轉型〉，《90年代的「後學」論爭》，頁 3-17；相關評論可參第二章。

❿ 劉東：〈「洋涇浜學風」還是「認識論特權」？警惕人爲的「洋涇浜學風」〉，《二十一世紀》第 32 期（1995 年 12 月），頁 4-13。

⓫ 甘陽：〈誰是中國研究中的「我們」？〉，《二十一世紀》第 32 期（1995 年 12 月），頁 21-25。

度繫於他們在西方論述機制的位置，而在如此機制中，「中國」素
被視爲是一個區域研究的課題，固然有其應有的固有形象，論述生
產亦因而受機制所限。❶另一方面，本土大陸批評家又身處官方主
導的論述機制中，要配合主導論述才能發聲。❸奚密後來以跨國文
化的角度反思這場論爭，帶出了以下的洞見：

> 假如當代理論對我們有任何啓示，那是在於說明了中國並非
> 不變的同質統一體。中國性也是一個自我組構的持續過程。
> 闡釋中國經常已經是論述地建構中國……〔《二十一世紀》
> 的論爭〕揭示了如何確定了中國性的長久焦慮，而此焦慮在
> 多元文化主義年代的急速全球化世界中亦日漸加重。❹

按上引奚密的說法而言，在日漸全球化的論述生產中，「中國」不
再如從前的限於某時某地某國家某民族，即「中國」的闡釋權亦已
經全球化了。然而，這場論爭中最重要的是有關「中國」闡釋權的
爭逐，從另一角度看，則可見「中國」批評家的合法性仍繫於有中

---

❶ 可參 Rey Chow, "Introduction: On Chineseness as a Theoretical Problem,"
*Boundary 2* 25 (Fall 1998), pp.1-24. 有關全球化年代的區域研究的問題，
同時可參 Arjun Appadurai, "Grassroots Globalization and the Research
Imagination," *Public Culture* 12:1 (2000), pp.6-13.

❸ 因篇幅所限，有關這場論爭的詳細分析，詳參朱耀偉：〈全球化年代的知
識生產〉，《中外文化與文論》（1997 年 12 月），頁 66-81，此處不
贅。

❹ Michelle Yeh, "International Theory and the Transnational Critic," *Boundary 2*
25 (Fall 1998), pp.214-215.

國大陸生活經驗的人，其他論者看來無從置喙。在這個急劇變動的局面中，後殖民研究的重點吊詭的由反霸權轉變爲以之爲論述工具去在全球化的論述格局中爲自己重新定位。

# 臺灣：本土的迷思

要是中國大陸的後殖民研究最終演化爲「後學」與新保守主義之論爭，再呈現出闡釋「中國」的焦慮，臺灣的後殖民研究的重心則同樣最明顯見於一場論爭之中，不過題目卻變成了有關臺灣本土與中國大陸之關係。正如上述，「中國性」在中國大陸的論爭中仍是圍繞「中國」批評家的「合法性」，因而闡釋「中國」才是主題，但在臺灣的情況，「中國」卻變成了一個問題。臺灣本身的多重被殖民邊緣身分是構成對後殖民論述的不同挪用的最主要原因。正如廖炳惠所言，到底臺灣何時進入「後殖民」時代還是眾說紛紜，莫衷一是。有人認爲臺灣在日治時代於 1945 年結束後已經進入後殖民時代，有人則認爲日治結束後又到了國民黨另外五十年的「內部殖民」。❶再加上近年美國和日本的文化帝國式新殖民侵略，中國大陸的文攻武嚇，情況就變得更爲複雜。廖炳惠的話正好用來總括九十年代臺灣後殖民研究的重點所在：「臺灣的後殖民研究變成回應本土成分和全球後現代或新殖民力量的論述抗爭位

---

❶　可參 Ping-hui Liao, "Postcolonial Studies in Taiwan: Issues in Critical Debates," *Postcolonial Studies* 2 (1999), pp.199-200.

置」。⓰

　　臺灣的被殖民情況在全球化年代變得更爲微妙，因此它對後殖民研究亦自然大感興趣。九十年代臺灣先後推出不少與後殖民論述有關的著作，如廖炳惠、廖朝陽、廖咸浩、邱貴芬等人都有廣泛運用後殖民理論，《中外文學》、《當代》等重要期刊雜誌都先後有「後殖民」專輯，不少大學亦開設後殖民研究的學科，一時間眾聲喧嘩，好不熱鬧。上文所說最能體現臺灣後殖民研究的重點的論爭正是在《中外文學》引發的。廖炳惠已曾專文論述這場論爭的背景和內容，⓱這裡只想勾勒出這場論爭的幾個基本視域，以之作爲探析九十年代臺灣後殖民研究的基點。首先，在 1992 年邱貴芬和廖朝陽在臺灣比較文學學會年會上展開了有關臺灣本土性的爭論，爭論的要點爲邱貴芬認爲臺灣經歷了日本和國民黨的殖民之後，於九十年代中終於產生了去殖民意識，她相信可以借文化混雜、去中心等後現代觀念重新思考臺灣文化，因而反對重建臺灣本土語言的計畫。廖朝陽對此並不認同，他認爲邱氏的「多元文化論」其實內裡相當保守，以「中文」（即國語）作爲弱勢語言在臺灣來說並不屬實，也未有注意到本土性是批判多元主義的據點。⓲要言之，這是一場有關後現代大都會文化混雜對後殖民本土身分認同的爭辯。廖

---

⓰　Liao, "Postcolonial Studies in Taiwan," p.201.

⓱　Liao, "Postcolonial Studies in Taiwan," pp.199-211.

⓲　邱貴芬論文題爲〈「發現臺灣」：建構臺灣後殖民論述〉，曾刊於《中外文學》第 21 卷第 2 期（1992 年 7 月），頁 151-167。後來收入陳東榮、陳長房合編：《典律與文學教學》（臺北：書林，1995），頁 233-253。廖朝陽對邱氏的批評見此書頁 254-258。邱和廖的回應見頁 259-292。

炳惠在總結這場論爭時嘗言，廖朝陽是從微觀的層次帶出政治道德的問題，對海峽兩岸及臺灣本省以內的權力關係有深切的了解，而邱貴芬則是宏觀的考量臺灣文化，希望在文化差異中肯定混雜的指涉潛能。❿

　　這不過揭開了有關理解臺灣「本土」、「混雜」等後殖民觀念的論爭的序幕，較後時間廖朝陽和廖咸浩在《中外文學》又展開了一場有關後殖民臺灣的全方位筆戰，議題可說進一步深化了邱廖之爭。臺灣的本土性在雙廖的筆戰中又另有一番不同的演繹。雙廖之爭首先由陳昭瑛於 1995 年 2 月號於《中外文學》發表的〈論臺灣的本土化運動：一個文化史的考察〉引起。陳昭瑛在文中引述了臺灣「本土化」論述的嬗變，從第一階段反日到第二階段反西化到第三階段反中國，臺灣意識與中國意識由重疊到分離到「臺灣主體性」的反省，圍繞原住民的論述引出了「反中國」和「親中國」兩條路線。❷陳昭瑛認為臺灣文化是中國文化的一部分，不應獨立研究，但主張臺灣主體性的人（如陳芳明）對此便很不以為然。陳芳明在與陳昭瑛文章刊於同一期《中外文學》的〈百年來的臺灣文學與臺灣風格〉中提出要重寫獨立於中國文學的臺灣文學史。❸在 1995 年五月號的《中外文學》中，陳芳明更直接指摘陳昭瑛把中

❿　Liao, "Postcolonial Studies in Taiwan: Issues in Critical Debates," p.204.

❷　陳昭瑛：〈論臺灣的本土化運動：一個文化史的考察〉，《中外文學》第23 卷第 9 期（1995 年 2 月），頁 6-43。

❸　陳芳明：〈百年來的臺灣文學與臺灣風格──臺灣新文學運動史導論〉，《中外文學》第 23 卷第 9 期（1995 年 2 月），頁 44-45。

國意識、祖國意識和臺灣意識混爲一談。㉒這裡的爭拗重點不同於邱貴芬與廖朝陽的辯論，從後殖民本土性對後現代混雜性的理論探討落實到中國與臺灣的分合關係之上。易言之，那已是臺灣是否中國的問題了。這種基本立場之爭對本文所關心的後殖民課題並無多大啓示，反而繼之而來廖朝陽與廖咸浩因雙陳之爭而引發的另一場筆戰才是最能體現九十年代臺灣後殖民研究的重點。

首先，廖朝陽回應了陳昭瑛的文章，作出了有力的批評，而廖咸浩在當時《中外文學》編輯的邀請下參與了這場辯論，後來又演變爲兩人針鋒相對的局面。簡言之，廖朝陽在〈中國人的悲情〉一文中重申主要問題出於臺灣不能擺脫中國民族主義的絕對道德命令的古老幽靈，認爲有必要解除「血緣」、「本能」、「天經地義」等迷障。㉓相反，廖咸浩主張「文化聯邦主義」，擔心後殖民本土的勝利會變成另一種內部殖民，即所謂後殖民主體會變成了壓抑他人的惡性新中心。㉔兩人有關後殖民本土性與國族認同的討論後來演變爲統獨之爭，比方，廖咸浩指廖朝陽「誤解」他爲對「獨派」恨之入骨的「統派」。㉕其實兩人的分歧並不是粗淺的統獨之爭，而是很大程度在於兩人對「民族」、「血緣」等觀念有不同的理

㉒　陳芳明：〈殖民歷史與臺灣文學研究──讀陳昭瑛〈論臺灣的本土化運動〉〉，《中外文學》第 23 卷第 12 期（1995 年 5 月），頁 113。

㉓　廖朝陽：〈中國人的悲情：回應陳昭瑛並論文化建構與民族認同〉，《中外文學》第 23 卷第 10 期（1995 年 3 月），頁 112-124。

㉔　廖咸浩：〈超越國族：爲什麼要談認同？〉，《中外文學》第 24 卷第 4 期（1995 年 9 月），頁 61-76。

㉕　廖咸浩：〈那麼，請愛你的敵人：與廖朝陽談「情」說「愛」〉，《中外文學》第 24 卷第 7 期（1995 年 12 月），頁 89。

解。廖朝陽似乎認爲本土主義未必與建國獨立有關，廖咸浩則不同意；廖咸浩認爲血緣、認同等觀念有其重要性，廖朝陽則視之爲要被解構的迷障。假如撇開很多細微的理論爭拗和技術性「扭曲」，則正如廖朝陽自己所言，兩人的激烈辯論要到後期兩人要「簽出」時才更爲朗晰。❷兩人由成熟的理論爭辯變成了「中國豬」對「急獨派」的意氣之爭，癥結所在正是如廖朝陽在回顧這場論爭時所指出的：「廖咸浩把政治意見問題說成血緣問題（在統獨、民族認同問題的討論裡插入血緣上的族群考慮），我（廖朝陽）則傻傻的努力想把他拉回來。」❷從此可見，兩人的爭拗主要是出於對本土意識的不同理解，也因此牽進了民族、血緣、認同等問題。兩人的立場在論爭以外的文章反而顯得更爲清晰。比方，廖咸浩在〈合成人羅曼史——當代臺灣文化中後現代主義與民族主義的互動〉一文中，指出在後現代主義與民族主義之間尋索「合成」臺灣文化的可能。這篇文章同時提到一個與中國大陸的「後學」研究相似的問題，即「後現代」被批評爲「保守反動」（即支持中國霸權、輕蔑臺灣文化），而臺灣民族主義才是眞正的「後殖民」和「後現代」大業。❷從此可見，何謂「後現代」和「後殖民」的分歧主要乃出於對臺灣本土／

---

❷　廖朝陽：〈閱讀對方〉，《中外文學》第 25 卷第 1 期（1996 年 6 月），頁 136。

❷　廖朝陽：〈閱讀對方〉，頁 137-138。

❷　廖咸浩：〈合成人羅曼史——當代臺灣文化中後現代主義與民族主義的互動〉，《當代》第 144 期（1999 年 8 月），頁 110-131。廖咸浩引述《島嶼邊緣》借「諧擬式輕浮」來嘲笑以本土主義爲名的臺灣民族主義，認爲那只是「假臺灣人」，參頁 120-122。

民族主義的看法不同，而後者又顯然與「中國性」有關。換句話說，九十年代臺灣後殖民研究主要圍繞「本土」、「民族」、「血緣」等議題，從「中國」與臺灣的關係，民族和本土身分認同的認知到反霸權矛頭所指向的對象的問題，「中國性」始終是核心課題。廖咸浩堅持以後現代混雜、合成來代替後殖民的民族、本土，才可達至一種中國的文化聯邦主義，而廖朝陽則堅持先要認知本土意識和身分認同的「空白性」，才能真正介入後現代論述和臺灣的政治現實。❷

綜上所述，九十年代臺灣後殖民研究兼顧反壓迫和本土意識兩大後殖民課題，體現了一種重要的「本土轉向」，❸但因對「本土」的理解有所不同而產生歧異甚大的論述，使「敵人」變得似是而非。比方，從統獨的對壘、本土與混雜的抉擇到中國和臺灣的離合，後來又弔詭地演化為後現代、後殖民最反對的二元框架。再者，上述兩方的就位直接影響了對個別觀念的詮釋，而戰友敵人又往往因論述情況不同而互易位置。借陳奕麟的說法，這其實可說是「『我們』是誰？」的問題，而所謂「本土」知識分子的觀念其實滿佈疑問，在國際情況和在地環境的不同情勢中可能會幻化出不同

---

❷ Liao Chao-yang, "Borrowed Modernity: History and the Subject in A Borrowed Life," *Boundary 2* 24 (1997), p.245. 此文中譯後來刊於《中外文學》第 27 卷第 3 期（1998 年 8 月），頁 4-30，中文題目為〈現代的替身〉。

❸ 詳參劉紀蕙：〈《中外文學》的本土轉向〉，《中外文學》第 28 卷第 8 期（2000 年 1 月），頁 18-20。

身分，「中國」批評家的「中國」有時又會變成「後現代」。㉛要言之，身分認同是疑問重重的觀念，因為論述環境的不同而會有所改變。從這個角度看，本土性的課題就更富戲劇性。臺灣本土化運動如龔鵬程所述有時會變成了法西思式強權打壓他人的藉口，成為了一種土地迷信。㉜在「後殖民」的反壓迫大業之下，一切變得義無反顧，於是排他變成了本土、邊緣、弱勢的專有權利。這正是後殖民論述的危機所在。

　　廖炳惠在總結上述的論爭時，曾經指出分歧乃出於對「後殖民」的不同理解，而因為臺灣的情況不同於歐洲殖民主義的例子，因此有必要「按形塑日本和中國殖民帝國遺風的權力的連續性和不連續性」來重新定義後殖民地主義。㉝大概因為九十年代臺灣後殖民研究部分陷入了本土、民族、身分以至統獨之爭，變得沒空思考廖炳惠所提出的合理呼籲，廖朝陽「空白主體」的理想也無法實現。因此，諷刺的是廖炳惠早在 1993 年 7 月於《當代》發表的〈在臺灣談後現代與後殖民論述〉便提出要明白後現代理論的局限，後殖民論述未必適合非西方社會，而亞洲區的情況既非這些理論所能掌握，論者應以亞太文化經驗來在後現代和後殖民之間「找出另一條路」。㉞經歷了後殖民論述的蓬勃發展，廖炳惠在四年多

---

㉛　Allen Chun, "Fuck Chineseness: On the Ambiguities of Ethnicity as Culture as Identity," *Boundary 2* 23 (Summer, 1996), pp.131-133.

㉜　龔鵬程：《臺灣文學在臺灣》（板橋：駱駝出版社，1996），頁 174-189。

㉝　Liao, "Postcolonial Studies in Taiwan: Issues in Critical Debates," pp.208-209.

㉞　廖炳惠：〈在臺灣談後現代與後殖民論述〉，《當代》第 87 期（1993 年

後（1997 年 10 月）於《當代》發表的〈後殖民研究的問題與前景——幾個亞太地區的啓示〉一文中卻仍要重申這個建議：

> 如何去具體分析、比較大小符號事件在跨國的各種動媒機制中織出特殊的文化圖象，如何描述這些含混而無以再現的時空落差，但又不致流於空疏難解，這乃是後殖民理論的考驗，亞太地區應有許多經驗可資借鏡。⑮

可惜的是，九十年代臺灣後殖民研究未有全力朝這方面發展，能否成功還要看二十一世紀了。

## 香港：混雜的邊緣

當九十年代海峽兩岸的後殖民研究都圍繞「中國性」（闡釋「中國」和反思「中國性」與臺灣本土性的關係）的時候，香港的後殖民研究又呈現出另一種思考方式。香港的被殖民情況並不比臺灣簡單，在回歸中國以前香港在經濟上已比其殖民者有過之而無不及，故有論者認爲「後殖民性」在殖民香港已經出現。⑯香港在殖民時

---

7 月），頁 106。此文後來收入廖炳惠：《回顧現代：後現代與後殖民論集》（臺北：麥田人文，1994）。

⑮ 廖炳惠：〈後殖民研究的問題與前景——幾個亞太地區的啓示〉（下），《當代》第 122 期（1997 年 10 月），頁 73。

⑯ Ackbar Abbas, "The Last Emporium: Verse and Cultural Space,"原文爲梁秉鈞：《形象香港》（香港：牛津大學出版社，1992）的序。同時可參 Rey

代已經是全球資本主義高度發展的社會，而在殖民結束後又不是獨立，而是回歸中國大陸，故其被殖民者處境也如臺灣一樣非一般後殖民理論所能完全解釋。雖然被殖民處境一樣複雜，但兩者所面對的問題又各有不同。香港人自 1984 年中英聯合聲明以後，已經接受九七之後回歸中國的現實，因而後過渡期的香港文化反思傾向本土文化身分，但這種「本土」卻因香港的殖民前原住民文化處於弱勢而並不蓬勃，故一直以來香港的後殖民思考都少有如臺灣般完全回歸獨立的本土性。九十年代香港的後殖民研究繼承了八十年代香港文化因恐懼回歸而來的「中國陰影」的文化想像，很大程度以身處「中國」和「西方」（殖民者）之間的複雜而又微妙的身分「認同」為主。作為中西文化雜交之地，香港文化素被認為是混雜的，故如巴巴（Homi Bhabba）的「混雜」理論便常被認為可以作為香港身分認同的重要指標。此外，以後殖民的反霸權向度而言，香港的身分一直顯得相當尷尬。香港一方面享受全球（西方）資本主義所帶來的經濟利益，另一方面又抗拒西方殖民，所以一方面急切認同自己的中國人身分，另一方面又擔心九七之後失去自主。職是之故，香港的後殖民反霸權矛頭一直無法認清目標。在這方面來說，周蕾的〈在殖民者與殖民者之間：九十年代香港的後殖民自創〉可說是最重要的理論探討之一。文中指出香港身處兩個殖民者之間（因在九七之後「被迫回歸」），故唯有在「拆解『英國』的同時，也

Chow, "Between Colonizers: Hong Kong's Postcolonial Self-writing in the 1990s," *Ethics after Idealism: Theory-Culture-Ethnicity-Reading* (Bloomington and Indianapolis: Indiana University Press, 1998), pp.149-151，中譯見《寫在家國以外》（香港：牛津大學出版社，1995），頁 91-95。

要質詢『中國』這個觀念」，在夾縫之中尋找自我空間，即第三空間的可能性。**⑰**作為在西方學院最為人熟悉的「香港」批評家，周蕾的論述可說在後殖民研究中為香港尋找發聲機會，但其將香港的「自創」作為抗衡殖民剝削的做法卻惹起一些本土批評家的異議。正如上文所述中國大陸和臺灣的情況一樣，我們也可透過一場論爭來揭櫫九十年代香港後殖民研究的重點。

首先，周蕾的論點（散見《寫在家國以外》和其他英文論著）受到《香港文化研究》的一些年輕論者的批評，當中又涉及了另一些重要香港批評家（如也斯）。周蕾在〈殖民者與殖民者之間〉和其在《婦女與中國現代性》（*Women and Chinese Modernity*）和《寫在家國以外》等作品中的看法被視為頗有問題。《香港文化研究》第一期便刊載了余君偉對 *Writing Disapora*（部分文章中譯收入《寫在家國以外》）的書評便認為周蕾將「邊緣性」轉化為自己的優越身分。**⑱**後來《香港文化研究》第三期又以「北進想像——香港後殖民論述再定位」為主題，其中葉蔭聰的〈邊緣與混雜的幽靈——談文化評論中的香港身分〉一文更全面批評周蕾的「後殖民自創」，指出她在建構香港的「另類本土主義」之時完全漠視了當下的複雜文化互動，抹去了香港的「北進」新殖民侵略。**⑲**除了周蕾以外，

---

⑰　周蕾：《寫在家國以外》，頁 98、102。

⑱　Eric K. W. Yu, "Power, Guilt, and the Claim to Marginality: Rey Chow's Writing Diaspora,"《香港文化研究》第 1 期（1995 年 12 月），頁 24-27。

⑲　葉蔭聰：〈邊緣與混雜的幽靈——談文化評論中的「香港身分」〉，《香港文化研究》第 3 期（1995 年 8 月），頁 16-26；後來收入陳清橋編：

葉氏的文章也批評也斯誤解了「大話」（grand narrative）的含意。
若周蕾是香港文化在北美學院的代言人，也斯則可說是最早努力推
動香港文化研究的少數學者之一。他在香港大學比較文學系排除萬
難開設「後殖民主義與香港文化」的課程，又一直引介後殖民論
述，自己又身體力行創作有關香港的詩、散文和小說。葉氏卻認爲
也斯的「邊緣化」觀念很有問題，比方，也斯主編的《今天》「香
港文化專輯」努力將香港建構爲被殖民的邊緣他者，也如周蕾般忽
略了香港本身的政經脈絡。⓴要言之，一方面刻意凸顯香港塑造混
雜、邊緣的弱勢形象，另一方面則批評那是一種將弱勢轉化爲自己
的優越位置的策略。若我們進一步深究周蕾的理論，自然會知道她
一直反對天眞的本土主義，對邊緣將無權力性（powerlessness）轉
化爲權力的情況有很自覺的批判。然而，葉氏堅持她雖有提及「把
被殖民者完全理解爲『被壓迫者』的論述」，但卻又以之「瞞天過
海」繼續「努力抬舉香港」。⓴其實周蕾和也斯可說代表著邊緣他
者文化的合法化的兩種努力，即在本土建構自己的創作和批評論
述，並在全球學院機制爲邊緣發聲，而葉氏的批評若放在將本土香
港文化研究國際化的《香港文化研究》中來看，則自然不難理解爲
這兩種論述以外的另一種「合法化」對策。

　　在香港，這類的論爭並不如中國大陸和臺灣般激烈和引發出巨
大的迴響，但也可說是形成了兩陣對壘的局面。在也斯主編的《號

---

　　《文化想像與意識形態：當代香港文化政治論評》（香港：牛津大學出版
　　社，1997），頁 31-52。

⓴　葉蔭聰：〈邊緣與混雜的幽靈〉，頁 35-37。

⓴　葉蔭聰：〈邊緣與混雜的幽靈〉，頁 43-45。

外》「香港文化」特集中，馬國明便為文還擊余君偉和葉蔭聰的批評。馬國明先指斥余君偉對周蕾的批評並無根據，繼而又批判《香港文化研究》的後殖民取向所引起對弱勢社群的「關心」（如天臺屋居民）其實站不住腳。比方，馬氏指出有論者「重複又重複地強調自己作為一個在八十年代香港長大、參與基層社會運動的香港青年的身分，好像單是顯露自己的身分便足以說明一切」，同時又有論者胡亂挪用法蘭克福學派理論（誤解這些理論卻又要用，可說是以理論爭取合法性的手段），目的只是要片面的批判「霸權」，而實則「霸權」已被濫用了。❷假如我們將馬國明的文章和葉蔭聰的文章並列，也許可以帶出兩個針鋒相對的觀點。本文當然無意將複雜的後殖民香港文化研究簡化為二分的文化場域的角力遊戲，在此引述這兩個觀點的目的只在於帶出，九十年代香港後殖民研究的爭論的課題主要圍繞「邊緣」、「混雜」——即「香港」的身分的問題。九十年代香港的後殖民研究將「邊緣」、「霸權」等觀念引入香港文化身分的討論中，本來可說是拓展了論述空間，但卻又陷入了這些觀念的爭拗之中而無法突圍。正如上述，香港的後殖民論爭到頭來變成了闡釋「邊緣」的焦慮，演變為重視第三空間批評（相對於論述上的西方霸權和政治上的中國霸權）和強調第四世界文化（本土的弱勢社群）之爭。總的來說，當香港面對中國時，它作為「全球」而中國作為「本土」（以全球資本主義而言）；當香港面對西方時，它又作為「本土」抗衡全球；當香港面對臺灣時，它又變成了海峽兩

---

❷ 馬國明：〈當前香港文化評論與研究（二）〉，也斯主編：《香港文化》特集，《號外》第 226 期（1995 年 7 月），缺頁碼。

岸之間的無身分「中介人」。

香港和臺灣關心的都是「殖民者是誰？」、「何時才算後殖民？」、「本土意識是否必要？」等問題，但因香港人並不會如臺灣人般有統獨之爭，他們所關心的本土身分認同不如臺灣般的重視主體性（或如廖朝陽所言的空白主體），亦未有如臺灣般直接探析「中國性」的問題，而是在「中國性」的大論述之下談「邊緣」、「他者」、「混雜」的觀念。周蕾說得好，我們應該對「中國性」有疑問意識，[43]但在九十年代香港的後殖民研究中，我們看到的主要是「香港」的闡釋問題，可能在以「香港」增補了「中國性」的多元向度之同時已經複製了「中國性」的闡釋焦慮所隱含的暴力，即以香港作為批判中國的時候呈現了闡釋「香港」的焦慮，當中又因而複製了闡釋「中國」的權力關係。[44]換一個角度看，九十年代香港的後殖民研究其實與全球資本主義和全球化論述生產體系掛鉤，對「邊緣」／「本土」的不同詮釋反諷的變成了滿足「邊緣」／「本土」與「中心」／「全球」的論述機制的合法化條件的不同策略。[45]這些不同的策略都可說與「中國性」有微妙的關係，在中國大陸闡釋「中國」、臺灣闡釋「本土」和「中國」與「臺灣」的關係的

---

[43] Chow, "On Chineseness as a Theoretical Problem," pp.22-24.

[44] 詳參朱耀偉：〈全球化論述生產年代的中國圖象〉，《清華學報》新 29 卷第 3 期（1999 年 9 月），頁 248-255。

[45] 有關香港文化作為邊緣文化的不同合法化條件，詳參 Matthew Chew, "An Alternative Metacritique of Postcolonial Cultural Studies from a Cultural Sociological Perspective," *Cultural Studies*, Vol.15, Nos.3/4 (2001), pp.602-620.

向度以外，帶出了後殖民研究在文化邊陲所衍生的另一個重要問題。

# 文化邊陲的後殖民研究場域

從以上有關九十年代兩岸三地的後殖民研究來看，論述的重點大概是循反霸權和本土意識兩條線索推進，而又可以匯合在「中國性」的問題之上。雖然九十年代的後殖民研究不是沒有對「中國性」的根本省思（如陳奕麟、周蕾等），❹但當中大部分都是圍繞／爭奪「中國性」的闡釋權的論爭。這一節將從文化場域、文化合法性和全球化學術分工幾方面申論兩岸三地的後殖民研究的發展和所面對的困局，希望帶出本來作爲邊緣發聲的論述工具的後殖民理論在文化邊陲所產生的微妙變化。

後殖民批評家戴力克（Arif Dirlik）在其名作〈後殖民氛圍：全球資本主義年代的第三世界批評〉（"The Postcolonial Aura: Third World Criticism in the Age of Global Capitalism"）中指出，後殖民論述的勃興不外是配合全球化的發展趨勢，是全球化機器在邊緣地帶疏導抗拒力量，吸納菁英人才的一種論述工具。❹在九十年代的全球化洪流中，兩岸三地的後殖民研究亦可置在戴力克的理論

---

❹　參 Allen Chun, "Fuck Chineseness," Chow, "On Chineseness as a Theoretical Problem," 和 Ien Ang, "Can One Say No to Chineseness? Pushing the Limits of the Disaporic Paradigm," *Boundary 2* 25(Fall 1998), pp.223-242 等。

❹　Arif Dirlik, *The Postcolonial Aura: Third World Criticism in the Age of Global Capitalism* (Boulder: Westview Press, 1997), pp.52-83.

脈絡中探討。這裡將先以著名理論家卡爾斯泰斯（Manuel
Castells）的全球化論述作爲起點。卡氏在論述網絡社會的興起時
指出，近年在全球化的趨勢下出現了一種新的「國際分工」情況：
基於資訊勞動的高產值者、基於低成本勞動的大量生產者、基於自
然贈予的原料生產者和被還原爲無價值勞動的多餘生產者，更重要
的是這些生產者不再按國家來定位，而是按資訊經濟的內在結構網
絡來組織的。⓮按這個角來看，在全球資訊年代（也就是全球化論述
生產年代），中心／邊緣甚至全球／本土的二分框架再不能解析新
的經濟格局，「國家」的觀念也變得很有問題。卡爾斯泰斯進一步
論述資訊年代的「身分認同」時，又提醒我們「本土社群」的身分
認同只能提供「安息所」(havens)，而不是「天堂」(heavens)。⓯
他提出了「合法性身分認同」(legitimizing identity)、「抗衡身分
認同」(resistance identity)和「計畫身分認同」(project identity)的
說法，指出前者乃由主導機制授予，「抗衡身分認同」是在主導機
制的排除原則下所引致，而「計畫身分認同」則是要建立一種新身
分認同來重新定義一己在社會的位置，是要轉化整個社會結構的。
⓰他認爲在資訊年代，「抗衡」是要對抗新支配模式，但在對抗主
導機制時看似自主卻又過分理想化，可能會封閉地縮減爲一個「社
群天堂」。因此，他視「計畫身分認同」爲更重要的模式。⓱卡爾

⓮　Manuel Castells, *The Rise of the Network Society* (London: Blackwell, 1996), p.147.

⓯　Manuel Castells, *The Power of Identity* (London: Blackwell, 1997), p.64.

⓰　Castells, *The Power of Identity*, p.8.

⓱　Castells, *The Power of Identity*, pp.66-67.

斯泰斯的說法其實可以引申來解釋爲何兩岸三地的後殖民研究會變成激進 vs.保守的二元爭辯。在全球化論述生產年代，文化邊陲的抗衡早被納入全球格局中，「國界」再非畫定中心和邊緣的良方妙藥。本來是邊陲論述的「中國性」因此早已跨越邊界，變成全球化論述生產的共有課題。有關「中國性」的討論，卻又因文化邊陲的局限（無法直接參與理論的高產值活動，甚至未能介入低成本的大量生產）變成了中國批評家的「天然資源」。於是不論是「合法性」或「抗衡」身分認同，都以闡釋「中國性」爲最主要課題。「抗衡」變成最有生產價值的「天然資源」。「激進」自然是抗衡的姿態，但因後殖民論述針對的正是反霸權，「霸權」的批判對象一變，激進和保守便互易位置。於是海外中國批評家認爲中國大陸批評家的論述與官方話語配合，抗拒民主人權等現代性，是爲保守，中國批評家又會批評海外華人批評家借西方論述霸權馴服他者，是中國論述進步的反動力量。臺灣本土主義批判中國國民黨的霸權，但其「激進」卻又孕育出排他性的「保守」原住民心態。香港的「邊緣」論述在不同殖民者之間發聲，但其強調「邊緣」的激進批判姿態卻又被批評爲漠視當下香港社會問題的保守心態。卡爾斯泰斯提醒我們不同的抗衡身分認同「並不能連結起來，它們的邏輯互相排斥，並不見得能和諧共存」的說法正好用來形容這場論爭。❺❷在全球化的社會中，卡氏認爲「權力依舊統治社會，它依舊形塑和支配我們。」❺❸同理，在後殖民研究中，權力依舊存在，也形塑和支配了

---

❺❷ Castells, *The Power of Identity*, p.356.

❺❸ Castells, *The Power of Identity*, p.59.

反霸權論述的發聲場景，在「抗衡」中限制了計畫身分認同的靈活性。戴力克一再提醒我們第三世界批評論述和全球資本土義互爲關鎖，不同論者亦點出了第三世界身分變成論述商品的危機，周蕾又發出警告，直指「中國」已經變成了一個被研究的有限場域，❺❹抗衡論述的「解除合法性」（delegitimation）會否吊詭地成爲尋找合法性的一種工具？以下將嘗試按後殖民抗衡論述場域的合法化條件的角度來作進一步討論。

文化邊陲的後殖民研究的「合法化」條件有別於主導論述機制中的抗衡論述（如女性和黑人論述），面對的往往是雙重以至多重邊緣化，而這種邊緣化又往往是跨國的。❺❺以香港爲例，它面對的既是中國國族和西方殖民，也是本土的菁英文化和權力機制。因此，當矛頭指向不同敵人時，便要符合不同合法性條件，因而出現了在解構／建構、多元／整合、全球／本土以至後現代／後殖民之間進退維谷的困境。若以布岱爾（Pierre Bourdieu）的「場域」理論來說，「就位」（position-takings）是在權力場域中獲取合法性的條件，❺❻但因在後殖民論述場域中多重邊緣化形成了重疊而又斷裂的

---

❺❹　詳參 Kwame Anthony Appiah, "Is the Post- in Postmodernism the Post- in Postcolonial?" *Critical Inquiry* 17 (1991), pp.336-357; Gayatri Chakravorty Spivak, "Acting Bits/Identity Talk," *Critical Inquiry* 18 (1992), pp.770-803; Rey Chow, "Introduction: On Chineseness as a Theoretical Problem," pp.1-24.

❺❺　詳參 Chew, "Mapping the Politics of Cultural Studies in a Postcolonial Cultural Field."

❺❻　Pierre Bourdieu, *The Field of Cultural Production* (New York: Columbia University Press, 1993). 有關學術生產場域的狀況可參 *Homo Academicus* (London: Polity Press, 1988), pp.77-84.

權力關係，使抗衡在不同情況變得有不同的「就位」策略，故又呈現出不同問題。比方，強調本土主義會被視爲忽視本土之權力關係，批判文化帝國主義又會被指未有考慮本土的排他策略，強調多元混雜則低估了本土他者認同的重要性，考量文化合法性和嘗試建立自主場域又可能會重新鞏固西方論述的主導機制。正如施碧娃（Gayatri Chakravorty Spivak）在其近著《後殖民理性的批判》（*A Critique of Postcolonial Reason*）所言，後現代後殖民主義者自以爲「混雜」才是解決辦法，卻又其實掩飾了自己與新殖民主義的共謀關係。問題的癥結所在是「後殖民」的發聲與論述機制的「共謀」關係，若不能洞察之，則只會變成參與知識生產機器的「當地通訊員」。⑤這正正是後殖民知識分子所要面對的困局。

廖炳惠提出要超越後殖民，照顧亞太地區的特殊情況，對跨國剝削等不平等情況保持敏銳觸覺的說法是面對這個困局的合理策略。⑧在如廖氏所說的亞太區跨文化多元想像中，「計畫身分認同」有可能得以建立，社會既存的組構模式也有可能更改。可是，從上引九十年代兩岸三地的後殖民研究來看，後殖民研究未能反思自己所處的場域的複雜權力關係，在不自覺或不情願下將權力關係化約爲二元的激進和保守之爭，最後無法突破弱勢論述的窠臼。易言之，不同論述只爭相視自己的身分認同爲最有效的「天然資源」，無法改變國際論述生產分工的等次，自然也無法介入理論的

---

⑤　Gayatri Spivak, *A Critique of Postcolonial Reason* (Cambridge: Harvard University Press, 1999), pp.360-361.
⑧　廖炳惠：〈後殖民研究的問題與前景〉（下），頁73。

高價值生產以至低成本大量生產之中。

　　邊陲論述正因合法性條件所限，往往未能洞察戴力克所言第三世界批評與全球資本主義的共謀，而兩岸三地的後殖民研究亦有變成了一種有利全球化的一種以抗衡爲姿態，實則倒過來淡化抗衡力量的工具的危險。職是之故，後殖民抗衡往往未能超脫現在和想像未來，朝向一種靈活認同。㊾也許在二十一世紀的後殖民研究中，最急切的是要擺脫第一世界和第三世界的二元框架，不再在第三世界批評的有限場域中爭取一己的「中國性」的合法性，而是將戰場轉到「第四世界」——在包括第一和第三世界在內的不同地方都共有的社會排除機制中的弱勢社群。正如周蕾所言，後殖民研究並不只是另一種時髦的流行理論架構：

　　……我心中的〔後殖民研究〕是一種有能力不斷質疑體制化
　　知識和隨之而來的階級和不平等的持續情況（面對種族、族群
　　和文化差異）的學問……㊿

唯有對後殖民研究保持警覺，才能維持這種持續的質疑，而這也正是施碧娃所言「負責任的學術批評」之所以要與自己的參與保持距

㊾　Arif Dirlik, "How the Grinch Hijacked Radicalism: Further Thoughts on the Postcolonial," *Postcolonial Studies* 2:2 (1999), p.162. 有關跨國族年代的「靈活認同」觀念，詳參 Aihwa Ong, *Flexible Citizenship: The Cultural Logic of Transnationality* (Durham and London: Duke University Press, 1999).

㊿　Rey Chow, "The Postcolonial Difference: Lessons in Cultural Legitimation," *Postcolonial Studies* 1:2 (1998), p.168.

離，渴求一種永恆的「超基點」（"parabasis"）的原因。❻唯有如此，抗爭才有望打倒——或至少打到——敵人，而不是一邊高舉抗衡的旗幟，另一邊又甘心變成了敵人的影子。

❻　Spivak, *A Critique of Postcolonial Reason*, p.362.

# 附錄：同途殊歸：
# 八十年代香港的中西比較文學

## 歷史場景

　　自五六十年代香港經濟開始發展至七十年代全面起飛，香港一直被認爲是中西文化交流之地，能夠將世界上不同文化兼收並蓄，且又藉此開拓出具自己特色的混雜文化。以香港的獨特歷史位置而言，本應可爲跨文化研究提供理想的論述場域，可惜在「中西文化交流」的堂皇口號之下，強調跨文化研究的比較文學在香港卻反諷地一直未有充裕的論述空間。香港的論述脈絡其實十分有利於中西比較文學的發展，而在八十年代中西比較文學也的確曾出現過頗爲鼎盛的局面：七十年代後期創辦的香港比較文學學會運作漸趨成熟，研究院課程開始設立，各種刊物專著也紛紛出版。可是，在九十年代的國際新論述秩序中，香港的中西比較文學卻又如江河日下。以下將先從不同方面重溫八十年代香港的中西比較文學的發展，然後再進一步解析當中所隱含的問題。

### 系科

　　作爲一門系科，「比較文學」要到 1989 年 7 月香港大學的比

較文學系成立才算名正言順。可是，直至今時今日，比較文學系還是只正式存在於香港大學。雖然香港中文大學有現代語言及文化系，嶺南大學有文化研究課程，浸會大學有人文學科，科技大學人文學部也有附設比較文學，但比較文學作爲一門系科到現在還顯然未曾找到自己的空間。早至 1965 年，香港大學已經開設比較文學課程，而到 1975 年更成立了「英文研究和比較文學」系，但早期的課程以歐洲文學的比較研究爲主，與本文所著重的中西比較文學有所不同。香港中文大學亦於七十年代設有與比較文學相關的課程，當時任教中文大學的比較文學家如葉維廉、袁鶴翔、李達三、鄭樹森都與臺灣有深厚淵源，於是將在七十年代臺灣發展得十分蓬勃的中西比較文學引入香港，亦使中西比較文學成爲香港比較文學的主流。及至八十年代初，中文大學成立碩士課程，而研究重點正是中西比較文學。雖然如此，中西比較文學在中文大學一直附屬於英文系，要到九十年代後期才正式分家，但比較文學卻又被編入現代語言及文化系之中，只是其中一環。就算到了 1989 年香港大學成立了比較文學系，中西比較文學仍是只居邊緣，中國學者（如黃德偉、梁秉鈞等）只佔少數。故此，比較文學在整個八十年代嚴格而言都要寄人籬下。

　　雖然比較文學作爲一個系科，在八十年代並未正式拓立，但在學院系科之邊緣也可算有長足的發展。正如上述，在七十年代移居香港的臺灣批評家在香港中文大學的英文系大力推動中西比較文學，至八十年代可說是步入了收成期。在 1980 年，香港中文大學初次設立了中西比較文學的碩士課程，在 1983 至 1989 年間，共有十多篇碩士論文完成，而在英文系的本科層次，也有引入「比較文

學導論」、「東西比較詩學」般的比較文學科目，可見中西比較文學的風氣在八十年代的中文大學已是廣泛播散。另一方面，在香港大學，雖然中西比較文學在「英文研究和比較文學系」中的「比較文學」只佔次要地位，但在 1981 至 1988 年間也先後有五篇碩士論文完成。❶此外，當時的香港浸會學院（浸會大學的前身）的英文系也有開設「比較文學」的選修範圍，至 1990 年成立人文學科，中西比較文學也是當時兩大選修範圍之一。除了這些寄居於英文系的中西比較文學外，也有個別學者在中文系作出迴響（如陳炳良、黃維樑和八十年代後期的陳國球等）。中西比較文學在八十年代一直在香港的學術機制的隙縫中不斷發展。

## 出版

　　雖然香港的中西比較文學在學報期刊方面未有系統發展，但在其他相關範疇仍算是有不少成果。香港中文大學出版社便在八十年代先後推出了三本有關中西比較文學的論文集：鄭樹森、周英雄、袁鶴翔合編的《中國與西方：比較文學研究》(*China and the West: Comparative Literature Studies*)(1980)、李達三主編的《中西比較文學：理論與策略》(*Chinese-Western Comparative Literature: Theory and Strategy*)(1980)和周英雄主編的《中國文本：比較文學的研究》(*The Chinese Text: Studies of Comparative Literature*)(1986)。三本論文集都以探析中西比較文學爲主。相對之下，香港

---

❶　有關 80 年代兩間大學的碩士論文題目，詳參 *Chinese/Foreign Comparative Literature Bulletin* 1 (March 1990), pp.13, 15.

大學在 80 年代推出的作品涉獵範圍則較廣。黃德偉與阿巴斯
(Ackbar Abbas)合編的《今日的文學理論》(*Literary Theory Today*)
(1981)和《重寫文學史》(*Rewriting Literary History*)(1984)、賀爾
(Jonathan Hall)和阿巴斯合編的《文學與人類學》(*Literature and
Anthropology*)(1986)都有收錄較廣義的文學理論和比較文學論文，
直接與中西比較文學有關的則有塔特婁(Antony Tatlow)及黃德偉合
編的《布萊希特與東亞劇場》(*Brecht and East Asian Theatre*)
(1982)。除了上述那些論文集之外，較值得一提的還有一些有關翻
譯的作品。比較文學研究偶爾也有出現在中文大學翻譯研究中心出
版的《譯叢》(*Renditions*)(1973 年開始出版)。當然，除了這些在
香港推出的比較文學作品外，香港學者也有在其他地區出版專著論
文（尤以臺灣為主），但那已超越本文範圍，在此只好存而不論。

　　相比起中國大陸和臺灣，香港的中西比較文學的學報期刊出版
顯然有所不如。臺灣早在七十年代已有《淡江評論》（*Tamkang
Review*）和《中外文學》兩個分別刊載英文和中文比較文學文章的
重鎮，而中國大陸在 1984 年也出版了重點期刊《中國比較文
學》，再加上種類繁多的雜誌通信，香港的中西比較文學雖說發展
得較早，但出版可算落後甚遠。這也許正是香港的中西比較文學後
來發展得不如臺灣和中國大陸的原因之一。

## 淵源

　　正如上述，八十年代香港的中西比較文學主要以香港中文大學
和香港大學為核心，而其中又以前者更專注於中西比較文學的發
展。在當時任教於香港中文大學的比較文學學者中，絕大部分都與

臺灣有或多或少的淵源。袁鶴翔、李達三、周英雄、王建元都曾在臺灣任教及／或長期居住，而香港大學的黃德偉以至較早期的鍾玲也與臺灣關係密切。誠如周英雄所言，「就人才而言，說香港比較文學爲此地（臺灣）的支流其實亦不算過分，因爲目前（指 1988 年）在香港的比較文學學者，若非來自臺北，便是與臺北有不解之緣，這是無可否認的。」❷再者，當時旳中西比較文學學者幾乎全都是在美國學院受訓的，除了以上諸位以外，香港中文大學的陸潤棠、譚國根、陳清僑，香港大學的梁秉鈞，以至浸會學院的葉少嫻，都是負笈美國後回港任教的中西比較文學學者，其中陳、梁兩位更是與鄭樹森、周英雄、王建元都是在葉維廉任教的加州大學聖迭戈分校（University of California at San Diego）作博士研究的。要言之，八十年代香港的中西比較文學研究與臺灣有不解之緣，而也直接或間接又受到美國學院的理論訓練的深遠影響。香港本土的中西比較文學尚未建立，而香港中西比較文學當時的發展也很大程度追隨臺灣的中西比較文學（也深受美國影響），與香港大學深受歐洲學院影響的比較文學不同。在香港大學的比較文學系只佔少數的中西比較文學學者則與其他院校的學者一樣，都來自美國學院，而這對當時中西比較文學的研究重點有著微妙的影響（詳下文）。

## 學會

除了以上各種與學院有關的因素外，對八十年代香港中西比較

---

❷　周英雄：〈香港之比較文學〉，載李達三、劉介民主編：《中外比較文學研究》第一冊（臺北：學生，1990），頁 194。

文學的發展有著舉足輕重的地位的還有香港比較文學學會。香港比
較文學學會於 1978 年 1 月正式成立，早期主要由香港大學和香港
中文大學的比較文學學者合作而成。該會的目的主要如下：

1. 發掘中國文學之特點，並予宏揚，俾爲世界文學增華。
2. 提倡西方區域以外之比較文學研究〔如中、日、韓文學之比
   較〕，俾對文學理論及批評之發展有所貢獻。
3. 闡明東方文學之比較研究，應與西方文學之比較研究同受重
   視，俾使比較文學研究之範圍眞正遍及全球。
4. 促進東西文學觀之融會貫通，以期國際間能有共通的認識，
   蓋此觀點雖以國家爲單位，亦能於闡釋東西文學之際不爲國
   界所限。❸

香港比較文學學會先後舉辦了不少研討會和座談會，對推動香港的
中西比較文學曾出了不少力，可惜在九十年代卻因事停止運作了。
我在此無意細論該會舉辦過的講座，❹反而希望借上引的創會目的
作爲探析八十年代香港中西比較文學的發展的基點。從以上四項目
標可見，香港比較文學學會的發展方向爲突破西方中心的東西比較
文學，除了帶動有關中國的比較研究外，也申明東方文學之相互比
較之重要性，並早在七十年代末期便高瞻遠矚的提出全球化的重要
性。可是，歷史證明了八十年代香港的比較文學發展偏重第 1 和第
4 點，對中外（歐美之外其他非英語世界）和東方國家（如日韓）之比較

---

❸ 轉引自李達三：《比較文學研究之新方向》（臺北：聯經，1986 年增訂
   版），頁 282。
❹ 有關香港比較文學學會所曾舉辦的研討會和座談會可參李達三：《比較文
   學研究之新方向》，頁 282-284。

研究之發展可說是乏善足陳，再一次證明八十年代香港比較文學還是以中西比較文學為最重要的一環。

# 研究重點

正如上述，香港的比較文學研究深受臺灣影響，重點主要置放在中西比較文學上。由於臺灣又深受美國學院影響，在中西比較文學之方法上早期大致遵循美國學派的平行研究，較少法國學派式之影響研究，而香港之中西比較文學亦呈現出類似的特點。❺在上節所提及在香港出版的中西比較文學專著中，便佔大部分是此類作品。再者，這些作者又多與臺灣有緊密關係，故亦呈現出如李達三所言的「中國特質」：「大部分的臺灣比較文學家認為強烈的傳統感是必需的，是至為重要的。」❻若以李達三自己主編的《中西比較文學：理論與策略》為例，除了袁鶴翔和李達三的中西比較文學概論、韋思靈（Donald Wesling）和佛克瑪（Doure Fokenma）兩位外籍學者外，張漢良、周英雄、鄭樹森和葉維廉諸位的作品都可以說是在不同程度上借外國理論和作品凸顯中國文學的特色。❼除張漢良外，其他三位都曾在香港任教，而張漢良的比較文學論著亦在香港產生了深遠的影響。他們的理論探索可說是主宰了 80 年代香

---

❺　可參徐志嘯：《中國比較文學簡史》（漢口：湖北教育出版社，1996），頁 220。

❻　李達三：《比較文學研究之新方向》，頁 281。

❼　詳參 John J. Deeney ed., *China-Western Comparative Literature: Theory and Strategy* (Hong Kong: Chinese University Press, 1980)。

港中西比較文學的發展。回首 80 年代香港中文大學和香港大學的
中西比較文學研究生論文，全數都用西方理論來整理中國文學，從
文類、主題、結構、原型等方向探析中國文學的特質。❽要到 1990
年，香港大學才有羅貴祥的論文是以五十年代到八十年代的香港小
說為研究對象。要言之，雖然中西比較文學在八十年代的香港有不
錯的發展，但研究重點卻一直以中西為主，「香港」其實未曾真正
發聲。

　　當然，期間李達三大力鼓吹的「中國學派」也可說是香港比較
文學的特色之一。「中國學派」的「中國」在李達三的不同著作都
是由中港臺鼎足而成的。可是，當時中國大陸的中西比較文學才剛
發展不久，對香港的影響不大，而香港雖經歷了六七十年代的初
階，但在八十年代仍是沒法拓建自己的論述走向，故當時可說是以
臺灣的中西比較文學為根基。在所謂「中國學派」的堂皇口號之
下，相對於法國學派、美國學派的中國學派彷彿可以破解西方中心
的比較文學，發揚中國文學的特色。在這個大口號之下，中港臺論
者表面上可以一致槍口對外，但實際上卻又不能不借用西方理論，
但這些理論是否具有普遍性或有效性，當中有否隱含文化論述霸
權，又或臺灣的比較文學是否完全適用於香港等問題完全未有被提
出。當八十年代的西方學院全面關注後殖民和東方主義等有關他者
的批評論述之際，香港的中西比較文學的回應卻是零星得很，這個
情況背後又有甚麼原因呢？

---

❽　有關 80 年代兩間大學的碩士論文題目，詳參 *Chinese/Foreign Comparative
　　Literature Bulletin* 1 (March 1990), pp.13, 15.

　　上文已曾提出，八十年代是香港的中西比較文學正式系科化之始（如大量研究生、穩定的出版和研究、香港比較文學學會的成立），大家都在埋頭苦幹，生產大量有關中西比較文學的論述來穩定這個系科，借鏡西方理論的實際批評、平行研究等研究方法，對中西比較文學的系科本身的有效性完全沒有質疑，自然更有利於其發展。如「中國學派」這種口號更彷彿可以團結人心，將內裏實質路向十分不同、研究理論旨趣迥異的論述同質化，製造一種大合唱的局面。當然，無人能夠否定八十年代香港的中西比較文學有著不少理論精深，批評也不乏洞見的作品，但難免給人有不夠全面和互相呼應之感。比方，周英雄便曾卓見地指出，香港的中西比較文學研究呈現出一種二分的局面：「一派致力於中國文學特質的追緒」，「另一派著眼於中國文學的整理，目標是要向海內外人士作個交代，證明中國文學並未脫離生活或世界文化」，而此二分的最大問題是欠缺理論層面的比較和探討。❾周氏本身在七十年代臺灣已經大力推動結構主義研究，在八十年代臺灣本身也有現象學、後結構主義等尖端理論先後登陸，❿更有不少比較文學家從這些理論反思中西比較文學本身的有效性及局限性，但在八十年代的香港卻似乎欠缺足夠的回應。究其原因，大概正如周英雄所言，八十年代香港的中西比較文學局限於上述的二分，且又正值建立系科的階級，將矛頭指向生產從內鞏固系科之論述，而少有從外質疑比較文學本身的問題

---

❾　周英雄：〈香港之比較文學〉，頁 195。

❿　如鄭樹森編：《現象學與文學批評》（臺北：東大，1984）、王建元：《現象詮釋學與中西雄渾觀》（臺北：東大，1988）、廖炳惠：《解構批評論集》（臺北：東大，1985）. 等。

（但這卻是八十年代歐美比較文學的大趨勢）。

　　當研究重點偏向實證研究、實際批評和西方理論之運用，而理論層面之探索又較爲貧乏之時，對中西比較文學所可能發展之其他課題，如跨文化論述、知識生產的合法性政治、文化之間的互動與隙縫，便自然欠缺足夠的理論基礎去支撐。若以八十年代美國比較文學界爲例，我們便可見出批評理論的探討使比較文學創獲甚多。七十年代（以格連 Tom Greene 1975 年的比較文學研究報告爲準⓫）比較文學強調文本分析／比較和對外國語言文化之掌握，而到八十年代末期，比較文學已開始考量其他批評範疇（如後殖民、第三世界、女性批評），嘗試將之納入比較文學的新論述架構之中，使比較文學愈來愈多元化。⓬從此可見，八十年代香港比較文學比歐美比較文學的發展可說滯後了一個年代。⓭這種情況使香港比較文學面對八十年代急劇轉變的跨國資本主義發展、族群流徒、全球化以至臨近 1997 所引起的後殖民問題未有足夠準備去作出回應。隨著這些理

---

⓫　此報告收於 Charles Bernheimer ed., *Comparative Literature in the Age of Multiculturalism* (Baltimore: Johns Hopkins University Press, 1995).

⓬　可參 Carnelia Moore and Raymond Moody eds., *Comparative Literature East and West: Traditions and Trends* (Honolulu: University of Hawaii Press, 1989), Clayton Koelb and Susan Nookes eds., *The Comparative Perspective on Literature: Approaches to Theory and Practice* (Ithaca: Cornell University Press, 1988), Claudio Guillen ed., *The Challenge of Comparative Literature* (Cambridge: Harvard University Press, 1993).

⓭　試看李達三、羅鋼主編，1997 年底出版的《中外比較文學的里程碑》便可見中西比較文學在九十年代的發展十分有限，書中所收文章全爲七八十年代的作品；參李達三、羅鋼主編：《中外比較文學的里程碑》（北京：人民文學，1997）。

論脈絡的不停轉化，香港之比較文學難以固本應變，因而面臨解體分化之危機。本來 1989 年應是香港比較文學發展之重要里程碑，這一年香港大學的比較文學系正式成立，香港中文大學正式成立比較文學博士班，香港浸會大學於翌年成立有中西批評專業的人文學科，而香港科技大學（人文學部有比較文學的研究院課程）也正在積極籌辦之中，比較文學之發展形勢彷似一片美好。可惜，歷史往往是反諷的，踏入了九十年代，香港的中西比較文學反而變得分化，失去了八十年代的凝聚力。以下將嘗試從香港比較文學的「邊緣性」和知識生產場域的角度探析箇中問題。

## 邊緣他者：文化邊陲的知識生產場域

李達三在不同場合反覆強調，香港在發展中西比較文學之上有很多優厚條件，如位居國際十字路口的香港可讓東西學者自由的交換意見，而作爲中西文化交流之地的香港中英文都普及，可以作爲理論和文化的溝通的「自由港」。[14]然而，這種一直以來被加諸香港身上的堂皇外衣卻從來都只像皇帝的新衣。以上的說法使香港一向變成只能在經濟上發展的政治文化失聲者多於利用其獨特的學術「自由港」。一向以跨文化溝通爲己任的比較文學的發展可說是一大明證。正如上述，中西比較文學一直都只能在系科的夾縫生存，

---

[14] 參李達三：《比較文學研究之新方向》，頁 287。同時可參 John J. Deeney, *Comparative Literature from Chinese Perspectives* (Shenyang: Liaoning University Press, 1990). 以及其他散見《中外文學》、*Tamkang Review* 等期刊的文章。

要至 1989 年才算真正有比較文學系的成立，而中西比較文學在系中仍非正統。在八十年代，除了在如中文系的系科有零星的回應之外，中西比較文學主要靠在英文系的邊緣生存（早期的香港大學如是，香港中文大學和香港浸會學院也如是）。易言之，中西比較文學在香港的生存之道很大程度繫於「英文性」（Englishness）。梁秉鈞便曾指出，香港大學的比較文學無論在語文和認識問題的方法上都完全以西方語文文化（尤以英文文化）爲主，校外評審也「一直由不懂東方語文和文化的西方學者擔任」。❺若以香港中文大學爲例，比較文學與英文性在八十年代的英文系在袁鶴翔、周英雄等學者的領導下，尚算是相安無事，甚至可以互動互補。然而，當中所隱藏的衝突在表面的平衡之下其實從無消失。在 1984 中英草簽之後，香港正式踏入後過渡期，「英文性」在 1997 這個課題之下更要面臨一種危機。在鞏固「英文性」的大前提下，不能與之「合法地」拉上關係的都會被視爲異類。最大問題卻是八十年代歐美的比較文學卻正正是以主導論述的霸權位置及其合法性政治爲主要課題。香港比較文學的發展因此暗地陷入了一種兩難的局面：抑是毋視比較文學之最新發展而在「英文性」所圈定的「合法」範圍下繼續生存，或是面對這些新變化而被邊緣化爲異類。衝突因此變得無可避免，1989 年香港大學的比較文學系遂要從英文研究和比較文學系中獨立出來，香港中文大學的「恐怖的平衡」在周英雄等學者先後離開中大英文系之後亦無法再維持下去。1997 年底中文大學英文

---

❺ 詳參梁秉鈞：〈雅俗文化之間的文化評論〉，黃淑嫻編：《香港文化多面睇》（香港：香港藝術中心，1997），頁 7-8。

系爆發有關學術自由的爭論，因為英文系要圈定與「英文性」有
「合法」關係的研究才算是英文系的「正當」研究，任何其他有關
跨文化的研究（如從跨文化的角度分析香港文化）便被視為他者。這種
「英文文本」的政策在陳清僑等比較文學學者的眼中自然是難以接
受。⑯實際上，「英文文本」的政策在英文系存在已久，而到了
1997 香港回歸之後，「英文性」受到威脅（其實只是自己感受到威
脅，現實並不如此，「英文性」仍然處於主導），故要借助馴服或排除他
者來鞏固自身的合法地位。這場論爭可說將八十年代隱含在香港中
西比較文學發展的隱憂赤裸的暴露出來。

　　在大學的既存系科區分中，英文系自然可以名正言順的以發展
英文研究為主，於是任何有關比較文學的研究必需或多或少與英文
研究拉上關係。這種權力上的關係很容易會建構了一種「英文文
本」的謬論，認為比較文學必需以「英文文本」為主。於是合法的
中西比較文學研究必須以西方（專指英語世界）之理論分析中國或香
港文本，又或以英國文學和中國文學作平行研究，表面上發現中國
文學之特質，實際上強化了英文論述的主導地位。這種以英文性為
合法條件的內在結構局限使香港八十年代的中西比較文學主要集中
於以上的研究課題，無法（起碼在建制內無法）處理歐美比較文學在
八十年代的最新發展：如後殖民、女性、第三世界、權力論述等會
直接質疑到英文性的權威的課題。在如此情勢下，香港的中西比較
文學學者只能在建制的邊緣各自處理理論的課題，各自的研究之間

---

⑯　詳參李行德、陳清僑：〈中大英文系的學術自由爭論〉，《信報》（1997
　　年 11 月 3 日），第 7 版。

未能廣泛溝通互動。因此，雖有如周英雄、王建元、梁秉鈞等學者在理論層面分別探討西方理論以至香港文化的問題，不同論述都各自身處邊緣，無法在既存建制之下多作交流，故難以形成一個實踐平面（plane of praxis）。在欠缺足夠的理論溝通和互動之下，當九十年代面臨上文所述的跨國資本、多元文化等課題，香港的中西比較文學便無法固本應變，最後唯有各走各路。

正如不少後殖民學者所一再強調的，邊緣他者在學術機器中所要面對的問題是建制的壓力、合法性條件和系科權力區分等因素。⑰基於英文性的主導地位，香港的中西比較文學受制於建制壓力和以英文性為主的合法性條件，未能有系統地發展有關邊緣他者在學術機器中的位置的反思，只靠有心人士在不同範疇零敲碎打，自然難以建立有介入力量的抗衡論述。在香港這種文化邊陲發展學術知識已必然會遇到困難，而要在系科之邊緣發展就更是要面對一種雙重邊緣化的困難。這即是說，學術知識生產本身已經有它的成規，而處於文化邊陲的知識體系既要面對這些成規，又要面對本身身處邊緣，如何才能迎合主流的另一些遊戲規則。香港的中西比較文學正是在這種雙重邊緣化的情況下，被不同的合法化條件圈定在有限的論述空間之中。

以下我會嘗試將八十年代香港的中西比較文學置放在布爾迪瓦（Pierre Bourdieu）的「場域」（field）理論的脈絡來作進一步分

---

⑰　比方，可參 Rajeswari Sunder Rajan, "The Third World Academic in Other Places; or, the Postcolonial Intellectual Revisited," *Critical Inquiry* 23 (Spring 1997), p.596.

疏。布爾迪瓦的「場域」主要是指一個由不同社會位置組構而成，有著自己的運作模式和權力關係的場所。⑱雖然不同場域有著各自不同的性質，但大學體制的知識生產場域與其他場域亦有共通的地方：「大學場域跟其他場域一樣，都是一個爭取去決定合法成員身分和合法等次的條件和準則的地方。」⑲易言之，知識生產場域本身也必然是一個權力場，知識生產必然牽涉「就位」（position-takings）的問題。⑳整個場域的流動關係乃取決於不同人所佔不同位置之間的複雜關係。比方，在《學術圈》（*Homo Academicus*）一書中，布氏便將法國學術圈子的論爭視爲「正統」（orthodox）與「異端」（heresy）之爭（並非個人之爭）。若按此「場域」的觀念，香港的中西比較文學乃一直處於學術場域的被支配一端。因爲八十年代香港的中西比較文學要附屬於英文系，可說爲「英文性」的「合法」地位所支配，因而其作爲「異端」的發展必然受制於「正統」的「英文性」。故此，中西比較文學當時的發展都以能兼容「英文性」的比較研究爲主。因爲中西比較文學一直無法佔據中心的位置，其發展無法配合比較文學在主導機制中的新突破，變成一個邊緣封閉的地帶。再者，香港的學術圈子本來又處於世界以至中國的知識生產的邊緣，以文學研究來說，一直都受制於西方學術

---

⑱　可參 Pierre Bourdieu, *The Field of Cultural Production* (New York: Columbia University Press, 1993), pp.37-41，同時可參此書之編者導言，pp.6-7.

⑲　Pierre Bourdieu, *Homo Academicus* (Cambrigde: Polity, 1988), p.11.

⑳　有關法國學術圈子的場域結構如何影響知識分子的文化產品，可參 *Homo Academicus* 一書；有關「就位」一詞之詳細討論，參見 Bourdieu, *The Field of Cultural Production*, pp.131-138.

機制和中國傳統的知識生產。文化邊陲要發展知識體系，必然要在整個知識生產場域中佔位，獲取「文化合法性」（cultural legitimacy）。㉑可是，在主導機制的「合法」論述生產條件的牽絆下，文化邊陲的知識集團無法按自己的自主原則發展，故未能發展出健全的知識生產機制。換言之，八十年代香港的中西比較文學一方面不能擺脫「英文性」的陰影，另一方面又被由西方所主導的「比較文學」的學術生產機制所主宰，無法開拓完全脫離主導論述眼中的「比較文學」以外的向度，故此變得如周英雄所言的「二分」和封閉。再者，這亦可能會使中西比較文學在八十年代的香港又未能組織爲健全的知識集團，難以發動如布爾迪瓦所言的「正統」與「異端」的位置爭奪戰。

反之，這種位置爭奪反而在九十年代在中西比較文學本身中出現，變成堅守八十年代以前的比較文學傳統和鼓吹以九十年代式比較文學改革來突破「英文性」的局限的兩個陣營之分。八十年代的「正統」與「異端」就似來了一個換位，從前一直與「正統」英文性抗爭的比較文學「異端」內部分裂，變成了維護英文性的比較文學「正統」和鼓吹跨文化科際研究的「異端」之爭。「英文性」和「比較文學」的「就位」的戰場轉移到「比較文學」的系科的本身，最後引發出上文所曾提及的比較文學論爭。可惜的是，本來同在途上作邊緣戰鬥的比較文學家，在九十年代反而因學科的發展，

---

㉑ 文化知識生產的合法化過程牽涉複雜的論述實踐，詳參 Pricilla Ferguson, "A Cultural Field in the Making: Gastronomy in the 19th Century France," *American Journal of Sociology* 104:3 (1998), pp.597-641.

知識生產場域的遊戲規則（香港開始「重視」人文教育、文化研究）改變之下，竟然變得分崩離析。這個現象說明了在全球化的論述局勢下，正如紀登斯（Anthony Giddens）所言，「後傳統社會世界的眞理是無人有激進思想和行爲的專利」，即是說「保守」、「激進」會隨時換位，昔日的激進主義很容易會變成今日的新保守主義。㉒回首觀之，這乃與八十年代中西比較文學未能發展爲自足的場域，未能充分回應當時的他者論述，因此在面對多元文化的新局面時無法固本應變，反而要退守自己的邊緣場域，部分擁護「英文性」並寄生於英文系之中，部分則要跨出門檻，在不同系科繼續自己的遊擊戰。總而言之，八十年代乃香港中西比較文學的奠基期，但反諷的是在根基未曾紮穩以前，卻已因系科的合法化條件限制而未能兼容國際比較文學的最新發展，至九十年代更是幾近瓦解（刊物停辦、學會解散等）。

# 後　話

　　因爲八十年代香港的中西比較文學擺脫不了「英文性」，在高舉「中國學派」的旗幟以凸顯「中西」之時，「香港」只能變成邊緣的點綴。正如上述，叫人難以想像的是整個八十年代竟然沒有一篇比較文學的論文乃直接處理香港本身的跨文化問題。（「香港」

---

㉒　Anthony Giddens, *Beyond Left and Right: The Future of Radical Politics* (Cambridge: Polity, 1994), p.250. 有關紀登斯對保守主義、激進主義、新保守主義之間的複雜關係的分析，詳參頁 22-50。

完全失聲的情況要到梁秉鈞在香港大學比較文學系開設有關香港的課程才有改善。）職是之故，本文所談的「八十年代香港的中西比較文學」題目充其量只能說是「中西比較文學在八十年代香港」。筆者沿用前者為題目的用意是希望強調發展真正「香港的比較文學」的重要性。不少在八十年代開始從事研究的香港比較文學家今日已學有所成，卻仍然要身處香港這個所謂重視中西文化交流的自由港的封閉學院制度的邊緣。香港大學比較文學系仍然以歐美文學之比較為主，再輔以跨媒體（尤以電影）研究，中西比較文學和香港依舊只是他者。香港中文大學剛成立了現代語言及文化系，比較文學又要跟歐洲研究和語言學共存，發展空間尚待開拓。香港科技大學仍未成立人文學部的本科生部，香港浸會大學的人文學科經歷多年仍未能獨立成系（中西文學批評專業更已在 1998 年取消），中西比較文學的氛圍難以普及。香港嶺南大學剛成立的文化研究課程以香港為本，但主要已是大部的文化研究，比較文學及文學再非主要組件。當年的中西比較文學今日可說是同途殊歸，各自遊離在不同的新系科組構中，繼續適應不同的場域變化。這種情況使人不禁再問，「中西文化交流」的堂皇口號和與之息息相關的中西比較文學何時才能不再作為皇帝的新衣？中西比較文學的變化又會否叫我們想到，八十年代與九十年代香港的「中西文化交流」只是由「雖然皇帝沒穿衣，人們卻看到了衣服」變成「正因皇帝沒穿衣，人們便爭相以自己的視點填補那個匱缺」？㉓

---

㉓ 此說法借自周蕾，參見 Rey Chow, "The Facist Longing in Our Midst," *Ethics after Idealism: Theory-Culture-Ethnicity-Reading* (Bloomington and Indianapolis: Indiana University Press, 1998), p.29.

# 附錄：回應

拙文的不見引來了講評的精彩洞見，教我重新反思文中提出的問題，現就其中一些重要論點作出以下的回應，希望能延續洞見與不見的活潑互動過程。

有關比較文學應否獨立爲系科的問題，我至今仍相信是必要，也是可行的。全球很多大學都已設有比較文學系，也已經拓立成爲健全的的系科。「之間」固然是比較文學的性質，但那並不等於比較文學不能設立爲獨立之系科，問題是如何在其僵化並失去批評活力時保持「之間」的特性。文中不考慮有關系科之辯論，乃因有見於這些抑／或的爭論一直纏繞比較文學，但在過程中比較文學卻始終仍然停留在邊緣，無法自在的發展，所以寧願直接切入比較文學的場域，探析當中的問題。

此外，中文系治比較文學者之所以不能擺脫「英文性」，乃因知識生產體系的中心一直在西方，所謂「理論」往往專指西方理論，一旦用理論分析文本，或多或少都牽涉了英文性的問題。若不能進入主導理論，便會被視爲不夠「國際化」，不能與世界知識生產體系展開有建設性的對話，只會進一步鞏固中文系不能與世界批評論述接軌的迷思。平行研究雖有強調「跨國界」和抗拒地方主義，但正如 Arif Dirlik 在論及後殖民混雜性時所言，所謂「混雜」必然是第一世界與第三世界的混雜，從無第三世界之間的混雜，平行研究也往往專指以西方爲中心的「跨國界」。簡言之，西方論述生產始終爲主導，而在近年全球化無孔不入的洪流下，邊緣更是難覓抗衡的據點。我承認他者論述既是英文文本，也會形成建制壓力

和具有新正統性。我也同時認為這些從內顛覆多於從外批判，又具
自我解構意識的論述可以「矛盾地」提供「內爆」的機會。因此，
我相信有必要如「打著紅旗反紅旗」（借龔鵬程校長的說法），也即
是後殖民論述所強調的「戲仿」、「寄生式介入」等以毒攻毒的論
述對策，這也正是文中未有明確提出來的有關比較文學論述姿態的
思考。

　　龔校長提出的「中國性」可以說是晚近的比較文學其中一個最
重要課題，能夠補充拙文最大不足之處。首先，我同意龔校長的說
法，在英文系研究中西比較文學是一種意義的追求，我甚至認為中
國人唸外文文學便必然有比較文學的向度。可是，中國人作英文文
學研究始終不能名正言順，在世界學術體制中只有極少數能進入中
心，如夏志清便是唸英國文學出身而要在東亞文化系任教的例子。
（這又與「中國」被圈定在有限的獨特「地區研究」的範圍之中，不能處理普
遍性的課題有關。）在如此情勢下，「中國性」的確十分重要，變成
在英文系又或在海外和香港這種素被視為不中不西的地方的中國批
評家所要追求的合法身分。據我看來，這種「中國性」（起碼在香
港）卻又與英文性有微妙的關係；即是說，英文性仍是首要的合法
條件，「中國性」往往只是一種身分的添補，而那又與後殖民和全
球化論述所關注的身分作為論述商品的問題有關。龔校長提出比較
文學內部分化的問題可能是由於對「中國性」的不同看法，這一點
我十分同意，也正是文中沒有仔細分析的一個重點，但我認為這也
同時可以放在文中的場域理論中解釋。有些人堅持維護真純的「中
國性」，有些從多元角度思考「中國性」，有些提出混雜性，有些
則反思它可能牽涉的論述生產的合法性問題（如商品化、與主導論述

的共謀等），因此出現了不同的聲音，以不同姿態符合或抗衡英文
性和中國性的雙重合法性條件。回到最初的系科問題之上，我認為
假如香港的比較文學能發展出健全的系科，眾聲喧嘩或可並存。我
並不認為系科化便是萬應靈藥（這想法天真得近乎無知），因為系科
化必然又會引出建制壓力和新正統性的問題，但在既存的論述機制
中，那卻是十分重要的合法性條件。在有限的系科隙縫中，整個場
域的權力關係變成了一場音樂椅般的佔位遊戲，這又自然會使香港
比較文學出現更大程度的分化。然而，這些辯論主要是九十年代的
現象，因此在本文的範圍無法細論（詳參〈九十年代兩岸三地的後殖民
研究〉一章）。

# 代　跋

## 讀〈九十年代兩岸三地文藝文化互動〉有感[*]

　　拜讀龔鵬程校長大作〈九十年代兩岸三地文藝文化互動〉，對文中有關平凡乏味的九十年代的批評很有感同身受之嘆。互動不良、漠不關心、平庸卑俗，對學術生涯在九十年代起步的我來說眞是字字有如喪鐘，敲出難以承受的沉重感。以我自己的專研範圍爲例，文化研究最初以跨科際姿態在八、九十年代急速興起，號稱可以溝通不同學科，打破日漸僵化的系科區分，跨越系科專業語言不能對話的鴻溝，主旨堂皇動人，使隱身不同系科邊緣的他者紛紛揭竿起義，脫去本來的外衣，一時間同讎敵愾。轉眼十多年過去，溝通並不見得成功，反而正如龔校長所言造成更多語言分裂，文化研究的疇畛內部分裂，相互不尊重，大家不是聽不懂對方的話，便是聽不入耳，幾乎要視對方爲最大敵人。究其原因，或因九十年代人文學科急速發展，卻又未能完全系科化，有限的場域爭奪儼如音樂

---

[*]　〈九十年代兩岸三地文藝文化互動〉一文乃龔鵬程校長於香港大學亞洲研究中心和香港光華新聞文化中心主辦的「九十年代兩岸三地文學現象國際學術研討會」（2000 年 6 月）的主題演講。

椅遊戲，於是出現如龔校長所言的「打倒」意識，不能再對事論理，更遑論偉大的溝通理性。

龔校長提出的認同也正是問題的癥結所在。九十年代兩岸三地各自按不同脈絡大談認同，殊不知認同本身已是很有疑問的課題，往往內含排他性。認同在後殖民和全球化論述中變成他者發聲的理論工具，本身就相當微妙，甚至有論者聲稱那是全球資本主義的工具，而此正是由於龔校長文中所言的「非國家行為」的興起。成龍在問「我是誰？」後便進軍荷里活，身分認同的全球化素質已是不言而喻。全球化本身正是一個表面和諧一體化，內裡則分崩離析的現象。正如卡爾斯泰斯（Manuel Castells）所言，在全球化的網絡年代將會出現更多「超級城市」（megacities）（如香港、深圳、廣東、珠江三角洲、澳門和珠海等地所將會形成的網絡），而他構想中的「超級城市」的特點是有全球化連繫，但本土則內部斷裂（指社會不同階層之間的分化）。❶全球化年代的交流的特點正是表面對話，內裡斷裂。在如此情勢下，多元化不但不是進步的保證，更可能是全球資本主義之下的另一種種族主義式壓迫。❷

回顧九十年代兩岸三地的文化互動，也許就是全球化洪流中的小漩渦，最後自然消失得無影無蹤。龔校長以哈巴馬斯（Jürgen Habermas）的溝通理論的純稚理想作結，當中不無慨嘆與反諷。我自己的後殖民論述訓練一再提醒我，「交流」的重點可能在於無意

---

❶ Manuel Castells, *The Rise of the Network Society* (Cambridge and Oxford: Blackwell, 1996), pp.403-410.

❷ Slavoj Žižek, "Multiculturalism, or, the Cultural Logic of Multinational Capitalism," *New Left Review* (September/October 1997), p.44.

義、回聲、暴力、誤解。❸公共領域當中畛域橫梗、爾爭我奪，表面上一起明修棧道，實則各自暗渡陳倉，溝通理論反而可能變成了全球化的堂皇藉口。全球化溝通的底下是跨國企業管理思維的壟斷，以香港為例，大學體制也日漸企業化，學者變成學術經紀，勾心鬥角爭逐生意，研究計畫只重花錢不重成果。正如三好將夫所言，「在大學體制的脈絡來說，認同政治必然會引致派系和分裂，但如今派系和分裂卻以差異哲學之名而得到正式認可。」❹全球化引致「差異的哲學」（the philosophy of difference）的興起，卻反諷地將派系鬥爭和內部分裂合理化，但這對管理層來說卻又未必是壞事，因為可以利用弱肉強食的森林原則來提高效率。於是大學不重就事論理和啟發思維，而只看成本效益和投資回報。當大學也不能作為溝通行為的據點，我實在無法想像溝通行為如何可能。回首九十年代，一個缺乏靈感的時代，也許「多元化」、「認同」只是替罪羔羊，全球化年代的學術政治因平庸的人而在平庸的時代大領風騷，甚至跨越下一千禧……

---

❸　廖炳惠：〈後殖民與後現代：Homi K. Bhabha 的訪談〉，《當代》第 71 期（1992 年 3 月），頁 25。

❹　Masao Miyoshi, "Ivory Tower in Escrow," *Boundary 2* (Spring 2000), p.46.

# 引用書目

## 中文資料

也斯：《記憶的城市・虛構的城市》。香港：牛津大學出版社，
　　1993。

——：《香港文化》。香港：香港藝術中心，1995。

心猿：《狂城亂馬》。香港：青文書屋，1996。

王一：《音樂在世紀末的中國》。北京：中國社會出版社，1994。

王岳川：《後現代主義文化研究》。北京：北京大學出版社，
　　1992。

王建元：《現象詮釋學與中西雄渾觀》。臺北：東大出版社，
　　1988。

王寧：〈繼承與斷裂：走向後新時期文學〉，《文藝爭鳴》（1992
　　年第 6 期），頁 11-12。

——：《後現代主義之後》。北京：中國文學出版社，1998。

王寧、薛曉源編：《全球化與後殖民批評》。北京：中央編譯出版
　　社，1998。

王德威：《如何現代・怎樣文學》。臺北：麥田出版社，1998。

———：《小說中國——晚清到當代的中文小說》。臺北：麥田出
　　版社，1993。

丘靜美：〈跨越邊界：香港電影的中國顯影〉，鄭樹森編：《文化
　　批評與華語電影》。臺北：麥田出版社，1995，頁 185-

214。

甘陽：〈誰是中國研究中的「我們」？〉《二十一世紀》第 32 期
　　　（1995 年 12 月），頁 21-25。

石琪：〈《古惑仔》定位差誤〉《明報》（1998 年 6 月 13 日）
　　　C11 版。

朱耀偉：《當代西方批評論述的中國圖象》。板橋：駱駝出版社，
　　　1996。

———：《香港流行歌詞研究：七十年代中期至九十年代中期》。
　　　香港：三聯書店，1998。

———：《他性機器？後殖民香港文化論集》。香港：青文書屋，
　　　1998。

———：《光輝歲月：香港流行樂隊組合中文歌詞的文化研究》。
　　　香港：匯智出版社，2000。

———：〈假大空的頒獎文化〉，《明報》（1998 年 2 月 1 日）
　　　D6 版。

———：〈是王菲還是林夕？〉，《仙人掌》第 1 期（1999 年 4
　　　月），頁 5-6。

西西：《我城》。臺北：允晨出版社，1990。

——：《手卷》。臺北：洪範出版社，1988。

李丁讚：〈邊緣帝國：香港、好萊塢和（殖民）日本三地電影對臺
　　　灣擴張之比較研究〉，《臺灣社會研究季刊》第 21 期
　　　（1996 年 1 月），頁 141-170。

李行德、陳清僑：〈中大英文系的學術自由爭論〉，《信報》
　　　（1997 年 11 月 3 日）第 7 版。

李希光、劉康等著：《妖魔化中國的背後》。北京：中國社會科學
　　　出版社，1996。

李焯桃：〈「七十年代香港電影研究」後記〉，香港市政局編：
　　《第十四屆香港國際電影節：七十年代香港電影研究》。香
　　港：市政局，1984，頁 123-126。

———：〈父親的陰影：八十年代香港新電影的中國脈絡〉，香港
　　市政局編：《第十四屆香港國際電影節：香港電影的中國脈
　　絡》。香港：市政局，1990，頁 77-85。

李達三：《比較文學研究之新方向》。臺北：聯經出版社，1986
　　年增訂版。

李達三、羅鋼主編：《中外比較文學的里程碑》。北京：人民文學
　　出版社，1997。

祁述裕：《市場經濟下的中國文學藝術》。北京：北京大學出版
　　社，1998。

何春蕤：〈臺灣的麥當奴化：跨國服務業資本的文化邏輯〉，陳清
　　僑編：《身份認同與公共文化》。香港：牛津大學出版社，
　　1997，頁 141-160。

宋強等著：《中國可以說不》。香港：明報出版社，1996。

宋強等著：《中國還是能說不》。香港：明報出版社，1996。

汪暉、余國良編：《90 年代的「後學」論爭》。香港：香港中文
　　大學出版社，1998。

作者不詳：〈Rock 友叫本地樂隊散 Band〉，《音樂通信》第 43
　　期（1987 年 4 月 17 日），頁 10-11。

———：〈要奔向商業大道嗎？〉，《音樂通信》第 21 期（1986
　　年 10 月 20 日），頁 9。

———：〈Beyond 談 Beyond〉，《唱片騎師》第 2 期（1990 年
　　12 月），頁 37-39。

冼玉儀編：《香港文化與社會》。香港：香港大學亞洲研究中心，

1995。

周英雄：〈香港之比較文學〉，載李達三、劉介民主編：《中外比較文學研究》第一冊。臺北：學生書局，1990。

周蕾：《寫在家國以外》。香港：牛津大學出版社，1995。

吳俊雄：〈尋找香港本土意識〉，《明報月刊》，1998 年 3 月，頁 23-29。

林怡伶：〈複製或原眞？主流與非主流流行音樂之事實與迷思〉，《中外文學》第 25 卷第 2 期（1996 年 7 月），頁 10-31。

林崇傑等：《市民的城市：城市設計與地方重建的經驗》。臺北：創興出版社，1996。

林童：〈我們上一代，究竟塑造了一個怎樣的《玻璃之城》？〉，《電影雙周刊》第 510 期（1998 年 10 月 28 日），頁 41。

林燿德：《敏感地帶——探索小說的意識眞象》。板橋：駱駝出版社，1996。

邱貴芬：〈「發現臺灣」：建構臺灣後殖民論述〉，曾刊於《中外文學》第 21 卷第 2 期（1992 年 7 月），頁 151-167。

洛楓：《世紀末城市：香港的流行文化》。香港：牛津大學出版社，1995。

范海燕、胡泳譯，William Mitchell 著：《比特之城：空間·場所·信息高速公路》。北京：三聯書店，1999。

香港市政局編：《第二十三屆香港國際電影節特刊》。香港：市政局，1999。

香港嶺南學院翻譯系文化／社會研究譯叢編委會編：《解殖與民族主義》。香港：牛津大學出版社，1998。

風信子：〈李敏的音樂世界〉，《中大學生報》第 110 期（1998 年 9 月），頁 26-28。

馬國明：〈當前香港文化評論與研究（二）〉，也斯主編：《香港
　　文化》特集，《號外》第 226 期（1995 年 7 月），缺頁
　　碼。

徐志嘯：《中國比較文學簡史》。漢口：湖北教育出版社，1996。

徐賁：〈「第三世界」在當今中國的處境〉，《二十一世紀》第
　　27 期（1995 年 2 月），後收入《90 年代的「後學」論
　　爭》，頁 89-107。

──：《走向後現代與後殖民》。北京：中國社會科學出版社，
　　1996。

夏鑄九：《空間、歷史與社會論文選 1987-1992》。臺北：臺灣社
　　會研究叢刊，1993。

浦安迪（Andrew Plaks）：《中國敘事學》。北京：北京大學出版
　　社，1996。

陳光興：〈去殖民的文化研究〉，《臺灣社會研究季刊》第 21 期
　　（1996 年 1 月），頁 73-139。

陳芳明：〈百年來的臺灣文學與臺灣風格──臺灣新文學運動史導
　　論〉，《中外文學》第 23 卷第 9 期（1995 年 2 月），頁
　　44-55。

───：〈殖民歷史與臺灣文學研究──讀陳昭瑛〈論臺灣的本土
　　化運動〉〉，《中外文學》第 23 卷第 12 期（1995 年 5
　　月），頁 110-119。

陳昭瑛：〈論臺灣的本土化運動：一個文化史的考察〉，《中外文
　　學》第 23 卷第 9 期（1995 年 2 月），頁 6-43。

───：〈發現臺灣眞正的殖民史：敬答陳芳明先生〉，《中外文
　　學》第 24 卷第 4 期（1995 年 9 月），頁 77-93。

陳建華：〈曖昧與隨機：對中國「新民族主義」論和「後現代」話

語的文學讀解策略〉，《當代》第 121 期（1997 年 9
月），頁 36-47。

陳清僑：〈否想未來〉，王宏志、李小良、陳清僑：《否想香港：
歷史文化未來》。臺北：麥田出版社，1997，頁 265-280。

陳清僑編：《情感的實踐；香港流行歌詞研究》香港：牛津大學出
版社，1997。

郭恩慈編著：《影象啓示錄》。香港：奔向明日工作室，1996。

───：《發現設計・期盼設計》。香港：奔向明日工作室，
1997。

───：《香港空間製造》。香港：Crabs Company Limited，
1998。

許鞍華：〈專訪〉，《電影雙周刊》第 521 期（1999 年 4 月），
頁 29。

張京媛主編：《後殖民理論與文化批評》。北京：北京大學出版
社，1999。

張頤武：〈後新時期文學：新的文化空間〉，《文藝爭鳴》（1992
年第 6 期），頁 9-10。

───：〈闡釋中國的焦慮〉，《二十一世紀》第 28 期（1995 年
4 月），後收入《90 年代的「後學」論爭》，頁 43-55。

───：〈面對全球化的挑戰〉，《二十一世紀》第 38 期（1996
年 12 月），後收入《90 年代的「後學」論爭》，頁 67-
75。

張婉婷、羅啓銳：〈專訪〉，《電影雙周刊》第 510 期（1998 年
10 月），頁 38。

黃志華：〈一種文化的偏好？論粵語流行曲中的諷刺寫實作品的社
會意義與藝術價值〉，載冼玉儀編：《香港文化與社會》。

香港：香港大學亞洲研究中心，1995，頁 169-229。

———：《正視音樂》。香港：無印良本，1996。

———：〈難爲「主流」「另類」定分界〉，《突破》（1996 年 2 月），頁 45。

———：〈「豆腐塊樂評」隨想曲〉，*CASH Flow* 26（1998 年 7 月），頁 5-6。

黃霑：〈流行曲與香港文化〉，載冼玉儀編：《香港文化與社會》。香港：香港大學亞洲研究中心，1994。

黃成榮：〈正視樂壇衰落之原因〉，《明報》（1997 年 12 月 29 日）C9 版。

賀淑瑋：〈拼貼後現代：小說〉，《中外文學》第 23 卷第 11 期（1995 年 4 月），頁 56-72。

崔曉：〈香港歌星「移民」成風〉，《明報》（1999 年 9 月 14 日）C6 版。

梁秉鈞：《形象香港》。香港：牛津大學出版社，1992。

———：〈雅俗文化之間的文化評論〉，載黃淑嫻編：《香港文化多面睇》。香港：香港藝術中心，1997，頁 1-21。

梁款：《文化拉扯》。香港：人文科學出版社，1996。

———：《文化再拉扯》。香港：人文科學出版社，1997。

梁穎詩：〈飛逝的烏托邦〉，陳清僑編：《情感的實踐：香港流行歌詞研究》。香港：牛津大學出版社，1997。

趙毅衡：〈「後學」與中國新保守主義〉，原刊於《二十一世紀》第 27 期（1995 年 2 月），後收入汪暉、余國良編：《90 年代的「後學」論爭》，頁 137-156。

葉念琛：〈令人無話可說的王菲〉，《星島日報》（1999 年 9 月 14 日）A27 版。

葉蔭：〈非主流：順流？逆流？〉，《東方日報》（1996 年 6 月 2 日）「東方星期日」版，頁 10。

葉維廉：《解讀現代‧後現代》。臺北：東大出版社，1992。

葉蔭聰：〈邊緣與混雜的幽靈──談文化評論中的「香港身分」〉，《香港文化研究》第 3 期（1995 年 8 月），頁 16-26；後收入陳清僑編：《文化想像與意識形態：當代香港文化政治論評》，香港：牛津大學出版社，1997，頁 31-52。

葉蔭聰、施鵬翔統籌：《迪士尼不是樂園》。香港：進一步多媒體，1999。

馮禮慈：〈小路上──香港另類音樂的腳步〉，夾附於唱片《自主音樂圖鑑》。香港：音樂傳訊唱片公司，1996。

董啓章：《地圖集》。臺北：聯經出版社，1997。

───：《V 城繁勝錄》。香港：香港藝術中心，1998。

劉青峰、關小春編：《轉化中的香港：身分與秩序的再尋求》。香港：中文大學出版社，1998。

劉東：〈「洋涇浜學風」還是「認識論特權」？警惕人爲的「洋涇浜學風」〉，《二十一世紀》第 32 期（1995 年 12 月），頁 4-13。

劉紀蕙：〈《中外文學》的本土轉向〉，《中外文學》第 28 卷第 8 期（2000 年 1 月），頁 17-21。

劉康：〈中國現代文學研究在西方的轉型〉，《90 年代的「後學」論爭》，頁 3-17。

廖炳惠：《解構批評論集》。臺北：東大出版社，1985。

───：《回顧現代：後現代與後殖民論集》。臺北：麥田出版社，1994。

───：〈後殖民研究的問題及前景：幾個亞太地區的啓示〉

（上、下篇），《當代》第 121 期（1997 年 9 月），頁 48-61 及第 122 期（1997 年 10 月），頁 66-77。

廖咸浩：〈超越國族：為什麼要談認同？〉，《中外文學》第 24 卷第 4 期（1995 年 9 月），頁 61-76。

———：〈那麼，請愛你的敵人：與廖朝陽談「情」說「愛」〉，《中外文學》第 24 卷第 7 期（1995 年 12 月），頁 89-108。

———：〈合成人羅曼史——當代臺灣文化中後現代主義與民族主義的互動〉，《當代》第 144 期（1999 年 8 月），頁 110-131。

廖朝陽：〈中國人的悲情：回應陳昭瑛並論文化建構與民族認同〉，《中外文學》第 23 卷第 10 期（1995 年 3 月），頁 102-126。

———：〈關於臺灣的族群問題：回應廖咸浩〉，《中外文學》第 24 卷第 5 期（1995 年 10 月），頁 117-124。

———：〈面對民族，安頓感情：尋找廖咸浩的敵人〉，《中外文學》第 24 卷第 9 期（1996 年 2 月），頁 96-106。

———：〈閱讀對方〉，《中外文學》第 25 卷第 1 期（1996 年 6 月），頁 136-139。

鄭樹森編：《現象學與文學批評》。臺北：東大出版社，1984。

賈慶國著：《中國不僅僅說不》。北京：中華工商聯合出版社，1996。

潮流文化研究剖析中文金曲的內容及意識工作小組：《霸權主義下的流行文化：剖析中文金曲的內容及意義研究》。香港：香港政策透視，1994。

撕拼：〈後「豁達」的不豁達：本地非主流樂圈與商業電臺的「豁

達」〉，《過渡》試刊之一（1995 年 3 月），頁 47-51。

潘國靈：〈非主流音樂慘遭滑鐵盧〉，《明報》（1996 年 6 月 16 日）D9 版。

鄺保威編：《許鞍華說許鞍華》。香港：鄺保威出版，1998。

鍾怡泰：〈玻璃之城〉，《電影雙周刊》第 511 期（1998 年 11 月 12 日），頁 62。

顏忠賢：《不在場：顏忠賢空間學論文集》。臺北：田園城市出版社，1998。

謝冕、張頤武：《大轉型：後新時期文化研究》。哈爾濱：黑龍江大學出版社，1995。

羅啓銳：《玻璃之城：劇本與圖集》。香港：文林社，1998。

羅鋼、劉象愚主編：《後殖民主義文化理論》。北京：中國社會科學出版社，1999。

龔鵬程：《臺灣文學在臺灣》。板橋：駱駝出版社，1996。

Cinnie：〈張婉婷 羅啓銳：重拾昔日情懷〉，《電影雙周刊》第 510 期（1998 年 10 月 28 日），頁 38-39。

Ien Ang 著、施以明譯：〈不會說中國話：論散居族裔之身分認同與後現代之種族性〉，《中外文學》第 21 卷第 7 期（1992 年 12 月），頁 48-69。

## 英文資料

Abbas, Ackbar. *Hong Kong: Culture and the Politics of Disappearance.* Hong Kong: Hong Kong University Press, 1997.

———. "Hong Kong: Other Histories, Other Politics," *Public Culture* 9 (1997): 293-313.

Abe, Stanley K. "No Questions, No Answers: China and *A Book from the Sky*," *Boundary 2* 25 (1998): 169-192.

Adorno, Theodor. *The Culture Industry: Selected Essays on Mass Culture.* Edited by J.M. Bernstein. London: Routledge, 1991.

Adorno, Theodor and Horkeimer, Max. *Dialectic of Enlightenment.* London: Verso, 1979.

Ahmad, Aijaz. "Jameson's Rhetoric of Otherness and 'the National Allegory'," *Social Text* 17 (1987): 3-25.

———. "The Politics of Literary Postcoloniality," *Race and Class* 36 (1995): 1-20.

Anderson, Benedict. *Imagined Communities: Reflections on the Origin and Spread of Nationalism.* London: Verso, 1983.

Ang, Ien. "On Not Speaking Chinese," *New Formations* 24 (1994): 1-18.

———. "Can One Say No to Chineseness? Pushing the Limits of the Diasporic Paradigm," *Boundary 2* 25 (1998): 223-242.

Appadurai, Arjun. *Modernity at Large: Cultural Dimensions of Globalization.* Minneapolis and London: University of Minnesota Press, 1996.

———. "Putting Hierarchy in Its Place," *Cultural Anthropology* 3:1 (1998): 37-50.

———. "Grassroots Globalization and the Research Imagination," *Public Culture* 12 (2000): 1-19.

Appiah, Kwame Anthony. "Is the Post- in Postmodernism the Post- in Postcolonial?" in *Critical Inquiry* 17 (1991): 336-357.

———. "Cosmopolitan Patriots," in *Critical Inquiry* 23 (1997): 618-639.

Appiah, Kwame Anthony and Henry Louis Gates Jr., "Editors' Introduction: Multiplying Identities," *Critical Inquiry* 18 (1992): 625-629.

Arac, Jonathan. "Chinese Postmodernism: Toward a Global Context," *Boundary 2* 24 (1997): 261-275.

———. "Postmodernism and Postmodernity in China: An Agenda for Inquiry," *New Literary History* 28 (1997): 135-145.

Attali, Jacques. *Noise: The Political Economy of Music.* Minneapolis: University of Minnesota Press, 1985.

Balibar, Etienne. "Racism and Nationalism," in Etienne Balibar and Immanuel Wallerstein eds., *Race, Nation, Class: Ambiguous Identities*, Chris Turner trans. London and New York: Verso, 1991, 37-67.

Barthes, Roland. "Semiology and the Urban," in Mark Gottdiener and Alexandros Lagepoulous eds., *The City and the Sign.* New York: Columbia University Press, 1986, 87-98.

Baudrillard, Jean. *Simulations*. New York: Semiotext(e), 1983.

———. "The Ecstasy of Communication," in Hal Foster ed. *The Anti-Aesthetic.* Seattle: Bay Press, 1983, 126-134.

Benjamin, Walter. "The Storyteller," *Illuminations.* New York: Schocken Books, 1969.

Bennett, Tony et. al. eds. *Popular Culture and Social Relations.* Philadelphia: Open University Press, 1986.

———. *Rock and Popular Music: Politics, Policies, Institutions.* London and New York: Routledge, 1993.

Bernheimer, Charles ed. *Comparative Literature in the Age of*

*Multiculturalism.* Baltimore: Johns Hopkins University Press, 1995.

Berry, Chirs. "If China Can Say No, Can China Make Movies? Or, Do Movies Make China? Rethinking National Cinema and National Agency," *Boundary 2* 25 (1998): 129-150.

Bhabha, Homi ed. *Nation and Narration.* London and New York: Routledge, 1990.

Bhabha, Homi. *The Location of Culture.* London and New York: Routledge, 1994.

———. "Editor's Introduction: Minority Maneuvers and Unsettled Negotiations," *Critical Inquiry* 23 (1997): 431-459.

Bourdieu, Pierre. *Distinction: A Social Critique of the Judgement of Taste.* Cambridge: Harvard University Press, 1984.

———. *Homo Academicus.* Cambridge: Polity, 1988.

———. *In Other Words: Essays toward a Reflexive Sociology.* Stanford: Stanford University Press, 1990.

———. *The Field of Cultural Production.* New York: Columbia University Press, 1993.

Bové, Paul. *Mastering Discourse: The Politics of Intellectual Culture.* Durham and London: Duke University Press, 1992.

Calhoun, Craig ed. *Habermas and the Public Sphere.* Cambridge: The M.I.T. Press, 1992.

Canclini, Néstor García. *Hybrid Cultures: Strategies for Entering and Leaving Modernity.* Minneapolis and London: University of Minnesota Press, 1995.

———. "From National Capital to Global Capital: Urban Change in

Mexico City," *Public Culture* 12 (2000): 207-213.

Castells, Manuel. *Information Age Vol.1: The Rise of the Network Society.* Cambridge: Blackwell Publishers, 1996.

———. *The Power of Identity.* London: Blackwell, 1997.

———. *End of Millennium.* London: Blackwell, 1998.

Chakrabarty, Dipesh. *Provincializing Europe: Postcolonial Thought and Historical Difference.* Princeton: Princeton University Press, 2000.

———. "Universalism and Belonging in the Logic of Capital," *Public Culture* 12 (2000): 653-678.

Chambers, Iain. *Urban Rhythms: Pop Music and Popular Culture.* London: Macmillan, 1985.

———. *Migrancy, Culture, Identity.* New York and London: Routledge, 1994.

Chatterjee, Partha. *Nationalist Thought and the Colonial World: A Deriative Discourse.* London: Zed Books, 1993.

———. *The Nation and Its Fragments: Colonial and Postcolonial Histories.* Princeton: Princeton University Press, 1993.

Cheah, Pheng. "Given Culture: Rethinking Cosmopolitical Freedom in Transnationalism," *Boundary 2* 24 (1997): 157-197.

———. "Spectral Nationality: The Living On [*sur-vie*] of the Postcolonial Nation in Neocolonial Globalization," *Boundary 2* 26 (1999): 225-252.

Cheah, Pheng & Robbins, Bruce eds. *Cosmopolitics: Thinking and Feeling Beyond the Nation.* Minneapolis and London: University of Minnesota Press, 1998.

Chen Kuan-hsing, "Voices from the Outside: Towards a New Internationalist Localism," *Cultural Studies* 6 (1992): 476-484.

Chicago Cultural Studies Group. "Critical Multiculturalism," *Critical Inquiry* 18 (1992): 530-555.

Chou, Ying-hsiung ed. *The Chinese Text: Studies of Comparative Literature.* Hong Kong: Chinese University Press, 1986.

Chow, Rey. *Writing Diaspora: Tactics of Intervention in Contemporary Cultural Studies.* Indianapolis and Bloomington: Indiana University Press, 1993.

———. *Primitive Passions: Visuality, Sexuality, Ethnography, and Contemporary Chinese Cinema.* New York: Columbia University Press, 1995.

———. "Can One Say No to China?" *New Literary History* 28 (1997): 147-151.

———. *Ethics after Idealism: Theory-Culture-Ethnicity-Reading.* Bloomington and Indianapolis: Indiana University Press, 1998.

———. "On Chineseness as a Theoretical Problem," *Boundary 2* 25 (1998): 1-24.

———. "King Kong in Hong Kong: Watching the 'Handover' from the U.S.A.," *Social Text* 55 (1998): 93-108.

———. "The Postcolonial Difference: Lessons in Cultural Legitimation," *Postcolonial Studies* 1:2 (1998): 161-169.

———. "Nostalgia of the New Wave: Structure in Wong Kar-wai's *Happy Together*," *Camera Obscura* 42 (1999): 31-48.

Chun, Allen. "Fuck Chineseness: On the Ambiguities of Ethnicity as Culture as Identity," *Boundary 2* 23 (1996): 111-138.

————. "The Institutional Unconscious; or, The Prison House of Academia," *Boundary 2* 27 (2000): 51-74.

Clarke, David. "Varieties of Cultural Hybridity: Hong Kong Art in the Late Colonial Era," *Public Culture* 9 (1997): 95-415.

Clarke, Gary. "Defending Ski Jumpers: A Critique of Theories of Youth and Subcultures," in Frith and Goodwin 1990.

Council of Europe ed. *Music Industries and Creativity*. Strasbourg: Council of Europe Publications Section, 1983.

Culler, Jonathan. "Towards a Theory of Non-genre Literature," in Raymond Federman ed., *Surfiction: Fiction Now and Tomorrow*. Chicago: Swallow Press, 1975, 255-262.

De Certeau, Michel. *The Practice of Everyday Life*. Berkeley, Los Angeles and London: University of California Press, 1984.

Debord, Guy. *The Society of Spectacle*. Michigan: Black and Red, 1983.

Deeney, John J. ed. *China-Western Comparative Literature: Theory and Strategy*. Hong Kong: Chinese University Press, 1980.

Deeney, John J. *Comparative Literature from Chinese Perspectives*. Shenyang: Liaoning University Press, 1990.

Deleuze, Gilles and Felix Guattari. *Anti-Oedipus: Capitalism and Schizophrenia*. Minneapolis: University of Minnesota Press, 1983.

Derrida, Jacques. *Given Time: I, Counterfeit, Money*. Chicago: University of Chicago Press, 1992.

————. "Structure, Sign and Play in the Discourse of Human Sciences," in *Writing and Difference*. Chicago: The University of Chicago Press, 1978, 278-293.

————.*Of Grammatology*. Baltimore: Johns Hopkins University Press, 1974.

Ding, Ersu. "Philosophical Discourse of Postmodernity in the Chinese Context," *New Literary History* 28 (1997): 21-29.

Dirlik, Arif. *After the Revolution: Waking to Global Capitalism*. Hanover and London: Welesyan University Press, 1994.

————.*The Postcolonial Aura: Third World Criticism in the Age of Global Capitalism*. Boulder: Westview Press, 1997.

————. "How the Grinch Hijacked Radicalism: Further Thoughts on the Postcolonial," *Postcolonial Studies* 2:2 (1999): 149-163.

————. "Is There History After Eurocentrism? Globalism, Postcolonialism, and the Disavowal of History," *Cultural Critique* 42 (1999): 1-34.

Dittmer, Lowell & Samuel S. Kim eds. *China's Quest of National Identity*. Ithaca and London: Cornell University Press, 1993.

During, Simon. "Postcolonialism and Globalisation: A Dialectical Relation After All?" *Postcolonial Studies* 1 (1998): 31-47.

Fanon, Frantz. *The Wretched of the Earth*. Harmondsworth: Penguin, 1967.

Featherstone, Mike. "Localism, Globalism, and Cultural Identity," in Rob Wilson and Wimal Dissanayake eds., *Global/Local: Cultural Production and the Transnational Imaginary*. Durham and London: Duke University Press, 1996.

Featherstone, Mike, Scott Lash and Roland Robertson eds. *Global Modernities*. London: Sage, 1995.

Ferguson, Pricilla. "A Cultural Field in the Making: Gastronomy in the

19th Century France," *American Journal of Sociology* 104:3(1998): 597-641.

Fish, Stanley. "Boutique Multiculturalism, or Why Liberals Are Incapable of Thinking about Hate Speech," *Critical Inquiry* 23 (1997): 378-395.

Fiske, John. *Understanding Popular Culture*. London and New York: Routledge, 1991.

Foucault, Michel. "What is an Author?" in Josue Havari ed., *Textual Strategies*. Ithaca: Cornell University Press, 1979.

Frith, Simon. *Sound Effects: Youth, Leisure and the Politics of Rock n'Roll*. New York: Pantheon, 1981.

———. "The Good, the Bad, and the Indifferent: Defending Popular Culture from the Populists," *Diacritics* 21:4 (1991): 102-115.

———. (1992) "The Industrialization of Popular Music," in Lull 1992.

Frith, Simon and Goodwin, Andrew eds. *On Record: Rock, Pop and the Written Word*. London: Routledge, 1990.

Gan Yang. "A Critique of Chinese Conservatism in the 1990s," *Social Text* 55 (1998): 45-66.

Gates Jr., Henry Louis. "Critical Fanonism," *Critical Inquiry* 17 (1991): 457-470.

George, Rosemary Marangoly. *The Politics of Home: Postcolonial Relocations and Twentieth-century Fiction*. Cambridge: Cambridge University Press, 1996.

Giddens, Anthony. *Beyond Left and Right: The Future of Radical Politics*. Cambridge: Polity, 1994.

Goodwin, Andrew. "Popular Music and Postmodern Theory," *Cultural*

*Studies* 5 (1991): 174-190.

Graham, Stephen and Simon Marvin. *Telecommunications and the City: Electronic Spaces, Urban Places.* London and New York: Routledge, 1996.

Gramsci, Antonio. *Selections from Cultural Writings.* London: Lawrence and Wishart, 1985.

Grossberg, Lawrence. *We Gotta Get out of this Place: Popular Conservatism and Postmodern Culture.* New York: Routledge, 1992.

Guillen, Claudio ed. *The Challenge of Comparative Literature.* Cambridge: Harvard University Press, 1993.

Habermas, Jürgen. *The New Conservation: Cultural Criticism and the Historians' Debate.* Cambridge: Polity Press, 1989.

————. *Between Facts and Norms: Contributions to a Discourse Theory of Law and Democracy.* Cambridge : Polity Press, 1996.

Haila, Anne. "The Neglected Builder of Global Cities," in O. Kalltorp et al. eds., *Cities in Transformation – Transformation in Cities: Social and Symbolic Change of Urban Space.* Aldershot, Brookfield, Singapore and Sydney: Ashgate, 1997, 51-64.

Hall, Jonathan & Ackbar Abbas eds. *Literature and Anthropology.* Hong Kong: Hong Kong University Press, 1986.

Hall, Stuart. "Encoding/Decoding," in *Culture, Media, Language: Working Papers in Cultural Studies 1972-1979.* London: Hutchinson, 1980.

————. "Cultural Identity and Cinematic Representation," *Framework* 36 (1989): 68-81.

———. "The Local and the Global: Globalization and Ethnicity," Anthony King ed. *Culture, Globalization and the World-System.* Minneapolis: University of Minnesota Press, 1991,19-39.

———. "When Was the 'The Post-Colonial'? Thinking at the Limit," Iain Chambers and Linda Curtis eds., *The Post-colonial Question: Common Skies, Divided Horizons.* London and New York: Routledge, 1996, 242-260.

Hall, Stuart and Paddy Whannel. *The Popular Arts.* London: Hutchinson, 1964.

Hall, Stuart and Paul du Gay eds., *Questions of Cultural Identity.* London, Thousand Oaks, New Delhi: Sage, 1996.

Hall, Stuart and Tony Jefferson. *Resistance through Rituals: Youth Subculture in Postwar Britain.* London: Hutchinson, 1976.

Harvey, David. *The Urban Experience.* Cambridge and Oxford: Blackwell, 1989.

———. "From Place to Space and Back Again: Reflections on the Condition of Postmodernity," in Jon Bird et al.eds., *Mapping the Futures: Local Cultures, Global Change.* London and New York: Routledge, 1993, 3-29.

———. *Justice, Nature, and the Geography of Difference.* Cambridge and Oxford: Blackwell, 1996.

———. "Cosmopolitanism and the Banality of Geographical Evil," *Public Culture* 12 (2000): 529-564.

Hebdige, Dick. *Subculture: The Meaning of Style.* London: Methuen, 1979.

Hoogvelt, Ankie. *Globalisation and the Postcolonial World: The New*

*Political Economy of Development.* London: Macmillan, 1997.

hooks, bell. *Yearning: Race, Gender and Cultural Politics.* London: Turnaround, 1991.

Hutcheon, Linda. "The Post Always Rings Twice: The Postmodern and the Postcolonial," *Textual Practice* 8 (1994): 205-238.

Jacobs, Jane. *Edge of Empire: Postcolonialism and the City.* London and New York: Routledge, 1996.

Jameson, Fredric. "Third World Literature in the Era of Multinational Capitalism," *Social Text* 17 (1986): 65-88.

————. "Conversations on the New World Order," in Robin Blackburn ed., *The Failure of Communism and the Future of Socialism.* New York: Verso, 1990.

————. *Postmodernism, or, the Cultural Logic of Late Capitalism.* Durham: Duke University Press, 1991.

————. *The Geopolitical Aesthetics.* Indianapolis and Bloomington: Indiana University Press, 1992.

————. *The Seeds of Time.* New York: Columbia University Press, 1994.

————. "Globalization and Political Strategy," *New Left Review* 4 (2000): 49-68.

Jameson, Fredric and Masao Miyoshi eds. *The Cultures of Globalization.* Durham and London: Duke University Press, 1998.

Jones, Steve. "Who Fought the Law? The American Music Industry and the Global Popular Music Market," in Bennett el eds. 1993.

Koelb, Calyton and Susan Nookes eds. *The Comparative Perspective on Literature: Approaches to Theory and Practice.* Ithaca: Cornell

University Press, 1988.

Lai, Linda Chiu-han. 'Nostalgia and Nonsense: Two Instances of Commemorative Practices in Hong Kong Cinema in the Early 1990s,' in *Hong Kong Cinema Retrospective: Fifty Years of Electric Shadows.* Hong Kong: Urban Council, 1997, 95-99.

Larson, Wendy. "Women and the Discourse of Desire in Postrevolutionary China: The Awkward Postmodernism of Chen Ran," *Boundary 2* 24 (1997): 201-223.

Lash, Scott and John Urry, *Economies of Signs and Space.* London and Thousand Oaks: Sage, 1994.

Laughlin, Charles A. "Narrative Subjectivity and the Production of Social Space in Chinese Reportage," *Boundary 2* 25 (1998): 5-46.

Ledrut, Raymond. "Speech and the Silence of a City," in Mark Gottdiener and Alexandros Lagepoulous eds., *The City and the Sign.* New York: Columbia University Press, 1986, 114-134.

Lee, Benjamin. "Toward an International and Cultural Multiculturalism," *New Perspectives: A Comparative Literature Yearbook*, vol.1 1995): 100 - 131.

Lefebvre, Henri. *The Production of Space.* Cambridge and Oxford: Blackwell, 1991.

———. *Writing on Cities.* Oxford and Cambridge: Blackwell, 1996.

Leung, Ping-kwan. "Two Discourses on Colonialism: Huang Guliu and Eileen Cheung on Hong Kong of the Forties," *Boundary 2* 25 (1998): 77-96.

Liao Chao-yang, "Borrowed Modernity: History and the Subject in *A*

*Borrowed Life*," *Boundary 2* 24(1997): 225-246.

Liao Ping-hui. "Postmodern Literary Discourse and Contemporary Public Culture in Taiwan," *Boundary 2* 24 (1997): 41-63.

———. "Postcolonial Studies in Taiwan: Issues in Critical Debates," *Postcolonial Studies* 2:2 (1999): 199-211.

Liu Kang. "Is There an Alternative to (Capitalist) Globalization? The Debate about Modernity in China," *Boundary 2* 23 (1996): 193-218; later collected in Jameson and Miyoshi eds, *The Cultures of Globalization*, 164-188.

———. "Hegemony and Cultural Revolution," *New Literary History* 28 (1997): 69-86.

———. "Popular Culture and the Culture of the Masses in Contemporary China," *Boundary 2* 24 (1997): 99-122.

Lo, Kwai-cheung. "Look Who's Talking: The Politics of Orality in Transitional Hong Kong Mass Culture," *Boundary 2* 25 (1998): 151-168.

Lu, Sheldon Hsiao-peng. "Postmoderntiy, Popular Culture, and the Intellectual: A Report on Post-Tiananmen China," *Boundary 2* 23 (1996): 139-169.

———. "Art, Culture, and Criticism in Post-new China," *New Literary History* 28 (1997): 111-133.

———. "Global POSTmodernIZATION: The Intellectual, the Artist, and China's Condition," *Boundary 2* 24 (1997): 65-97.

Lull, James ed. *Popular Music and Communication.* Newbury Park, London and New Delhi: Sage, 1992.

Lull, James. *Media, Communication, Culture: A Global Approach.* New

York: Columbia University Press, 1995.

Lupke, Christopher. "Wang Wenxing and the "Loss" of China," *Boundary 2* 25 (1998): 97-128.

Lyotard, Jean-François. *The Postmodern Condition: A Report on Knowledge*. Minneapolis: University of Minnesota Press, 1982.

Mackerras, Colin. *Western Images of China*. Hong Kong: Oxford University Press, 1989.

Marcus, George. "Past, Present and Emergent Identities: Requirements for Ethnographies of Late Twentieth-Century Modernity Worldwide," in Scott Lash and Jonathan Friedman eds., *Modernity and Identity*. Oxford: Blackwell, 1992, 309-330.

Martin, Biddy, and Chandra Mohanty. "Feminist Politics: What's Home Got to Do with It?" in Theresa de Lauretis ed., *Feminist Studies/Critical Studies*. Bloomington: Indiana University Press, 1986, 191-212.

Martin, Peter. *Sounds and Society*. Manchester and New York: Manchester University Press, 1995.

Massey, Doreen. "Politics and Space/Time," in *New Left Review* 196 (1992): 65-84.

———. "Power Geometry and a Progressive Sense of Place," in Jon Bird et al.eds., *Mapping the Futures: Local Cultures, Global Change*. London and New York: Routledge, 1993, 59-69.

McHale, Brian. *Postmodernist Fiction*. New York and London: Methuen, 1987.

Middleton, Richard. *Studying Popular Music*. Philadelphia: Open University Press, 1990.

Mitchell, Tony. *Popular Music and Local Identity*. London and New York: Leicester University Press, 1996.

Mitchell, William J. *City of Bits: Space, Place, and the Infobahn*. Cambridge: The M.I.T. Press, 1995.

Miyoshi, Masao. "A Borderless World? From Colonialism to Transnationalism and the Decline of the Nation-State," *Critical Inquiry* 19 (1993): 726-751.

——. "Sites of Resistance in the Global Economy," *Boundary 2* 22 (1995): 61-84.

——. "'Globalization,' Culture, and the University," in Fredric Jameson and Masao Miyoshi eds., *The Cultures of Globalization*. Durham and London: Duke University Press, 1998, 247-270.

——. "Ivory Tower in Escrow," *Boundary 2* 27:1 (2000): 7-50.

Moore, Carnelia and Raymond Moody eds., *Comparative Literature East and West: Traditions and Trends*. Honolulu: University of Hawaii Press, 1989.

Moore-Gilbert, Bart. "Postcolonialism: Between Nationalitarianism and Globalisation? A Response to Simon During," *Postcolonial Studies* 1 (1998): 49-65.

Morley, David. "Active Audience Theory: Pendulums and Pitfalls," *Journal of Communication* 43:4(1993): 13-19.

Nairn, Tom. *The Break-up of Britain: Crisis and Neo-Nationalism*. London: New Left Books, 1977.

Nandy, Ashis. *The Intimate Enemy: Loss and Recovery of Self under Colonialism*. Delhi: Oxford University Press, 1983.

——. "Oppression and Human Liberation: Toward a Post-Gandhian

Utopia," in Thomas Pantham & Kenneth Deutsch eds., *Political Thought in Modern India.* New Delhi: Sage, 1986, 347-359.

Negus, Keith. *Popular Music in Theory.* Hanover and London: Wesleyan University Press, 1996.

Newman, Judie. *The Ballistic Bard: Postcolonial Fictions.* London, New York, Sydney, Auckland: Arnold, 1995.

Ong, Aihwa. *Flexible Citizenship: The Cultural Logics of Transnationality.* Durham and London: Duke University Press, 1999.

Ong, Aihwa and Donald M. Nonini eds., *Ungrounded Empires: The Cultural Politics of Modern Chinese Transnationalism.* New York and London: Routledge, 1997.

Parry, Benita. "The Contradictions of Cultural Studies," *Transition* 53 (1991): 37-45.

————. "Resistance Theory/Theorizing Resistance, or Two Cheers for Nativism," in Francis Barker et al eds., *Colonial Discourse/ Postcolonial Theory.* Manchester and New York: Manchester University Press, 1994, 172-196.

Probyn, Elspeth. "Travels in the Postmodern: Making Sense of the Local," in Linda Nicholson ed., *Feminism/Postmodernism.* London and New York: Routledge, 1990, 176-189.

Radhakrishnan, R. "Adjudicating Hybridity, Co-ordinating Betweenness," *Jouvert* (on-line journal) 5.1(2000).

Rajan, Rajeswari Sunder. "The Third World Academic in Other Places; or, the Postcolonial Intellectual Revisited," *Critical Inquiry* 23 (1997): 596-616.

Robertson, Roland. *Globalization: Social Theory and Global Culture.* London: Sage, 1992.

Robinson, Deanna et. al. *Music at the Margins: Popular Music and Global Cultural Diversity.* Newbury Park, London and Delhi: Sage, 1991.

Ryan, John. *The Production of Culture in the Music Industry.* Lanham, New York and London: University Press of America, 1985.

Said, Edward. *Orientalism.* New York: Vintage Books, 1978.

―――. "Orientalism Reconsidered," in Francis Barker et. al. eds., *Literature, Politics and Theory.* New York: Menthuen, 1986.

―――. *Culture and Imperialism.* New York: Alfred Knopf, 1993.

―――. "Afterword to the 1995 printing," *Orientalism.* London: Penguin, 1995.

Sandercock, Leonie. *Towards Cosmopolis: Planning for Multicultural Cities.* New York: John Wiley, 1997.

Sassen, Saskia. *The Global City: New York, London, Tokyo.* Princeton: Princeton University Press, 1991.

―――. *Globalization and Its Discontents.* New York: The New Press, 1998.

―――. "Spatialities and Temporalities of the Global: Elements for a Theorization," *Public Culture* 12:1 (2000): 215-232.

Seth, Senjay et al.. "Postcolonial Studies: A Beginning," *Postcolonial Studies* 1:1 (1998): 7-11.

Seton-Watson, Hugh. *Nations and States: An Enquiry into the Origins of Nations and the Politics of Nationalism.* Boulder: Westview, 1977.

Shek Kei, 'Hong Kong Cinema from June 4 to 1997,' in *Hong Kong Cinema Retrospective: Fifty Years of Electric Shadows*. Hong Kong: Urban Council, 1997, 120-125.

Shohat, Ella. "Notes on the Postcolonial," *Social Text* 31/32 (1992): 99-113.

Shuker, Roy. *Understanding Popular Music*. London and New York: Routledge, 1994.

Smart, Barry ed., *Resisting McDonaldization*. London: Sage, 1999.

Smith, Neil, and Cindi Katz, "Grounding Metaphor: Towards a Spatilaized Politics," in Michael Keith and Steve Pile eds. *Place and the Politics of Identity*. London and New York: Routledge, 1993, 67-83.

Soja, Edward. *Postmodern Geographies*. London: Verso, 1989.

————. *Thirdspace: Journeys to Los Angeles and Other Real-and-Imagined Places*. Cambridge and Oxford: Blackwell, 1996.

————. *Postmetropolis: Critical Studies of Cities and Regions*. Oxford and Malden: Blackwell, 2000.

Spivak, Gayatri. *In Other Worlds: Essays on Cultural Politics*. New York and London: Routledge, 1988.

————. *The Post-colonial Critic: Interview, Strategies, Dialogues*, Sarah Harasym ed. London: Routledge, 1990.

————. "Neocolonialism and the Secret Agent of Knowledge," *The Oxford Literary Review* 13 (1991): 220-251.

————. "Acting Bits/Identity Talk," *Critical Inquiry* 18 (1992): 770-803.

————. *Outside in the Teaching Machine*. New York and London:

Routledge, 1993.

────. *Critique of Postcolonial Reason: Toward a History of the Vanishing Present.* Cambridge: Harvard University Press, 1999.

Swiss, Thomas et. al. eds. *Mapping the Beat: Popular Music and Contemporary Theory.* London: Blackwell, 1998.

Tambling, Jeremy. "The History Man: The Last Governor of Hong Kong, "*Public Culture* 9 (1997): 355-375.

Tatlow, Anthony & Wong Tak Wai eds. *Brecht and East Asian Theatre.* Hong Kong: Hong Kong University Press, 1982.

Tay, William et. al. eds. *China and the West: Comparative Literature Studies.* Hong Kong: Chinese University Press, 1980.

Trinh, T. Minh-ha. *When the Moon Waxes Red: Representation, Gender and Cultural Politics.* London: Routledge, 1991.

────. Trinh T. Minh-ha, "The Undone Interval," Iain Chambers and Lidia Curti eds., *The Post-Colonial Question; Common Skies, Divided Horizons.* London and New York: Routledge, 1996.

Tu Wei ming, "Cultural China: The Periphery as the Center, " *Daedalus* (1991): 1-32.

Turner, Matthew. "Hong Kong Sixties/Nineties : Dissolving the People," in Matthew Turner and Irene Ngan eds., *Hong Kong Sixties: Designing Identity.* Hong Kong: Arts Centre, 1994, 13-34.

Vidler, Anthony. *The Architectural Uncanny: Essays in the Modern Unhomely.* Cambridge: MIT Press, 1992.

Wallerstein, Immanuel, and Etienne Balibar. *Race, Nation, Class: Ambiguous Identities.* London: Verso, 1991.

Wang, David Der-wei. "Three Hungry Women," *Boundary 2* 25 (1998): 47-76.

Wang Fengzhen. "Third-World Writers in the Era of Postmodernism," *New Literary History* 28 (1997): 45-55.

Wang Hui. "Contemporary Chinese Thought and the Question of Modernity," *Social Text* 55 (1998): 9-44.

Wang Ning. "Orientalism versus Occidentalism," *New Literary History* 28 (1997): 57-67.

Widmer, Ellen, and David Der-wei Wang eds. *From May Fourth to June Fourth: Fiction and Film in Twentieth-Century China.* Cambridge and London: Harvard University Press, 1993.

Wilson, Rob, and Wimal Dissanayake eds. *Global/Local: Cultural Production and the Transnational Imaginary.* Durham and London: Duke University Press, 1996.

———. "The Mapping of Chinese Postmodernity," *Boundary 2* 24 (1997): 19-40.

Wong, Tak Wai & Ackbar Abbas eds. *Literary Theory Today.* Hong Kong: Hong Kong University Press, 1981.

———. *Rewriting Literary History.* Hong Kong: Hong Kong University Press, 1984.

Wu Hung. "The Hong Kong Clock: Public Time-Telling and Political Time/Space," *Public Culture* 9 (1997): 329-354.

Xie Shaobo. "Rethinking the Problem of Postcolonialism," *New Literary History* 28 (1997): 7-19.

Yeh, Michelle. "International Theory and the Transnational Critic: China in the Age of Multiculturalism," *Boundary 2* 25 (1998):

193-222.

Yoshimoto, Mitsuhiro. "Real Virtuality," in Wilson and Dissanayake eds., *Global/Local*, 107-118.

Young, Robert. *Colonial Desire: Hybridity in Theory, Culture and Race.* London and New York: Routledge, 1995.

————. "Academic Activism and Knowledge Formation in Postcolonial Critique," *Postcolonial Studies* 2:1 (1999): 29-34.

Yu, Eric K. W. "Power, Guilt, and the Claim to Marginality: Rey Chow's *Writing Diaspora*," *Hong Kong Cultural Studies Bulletin* 1(12/1995): 24-27.

Zhang Longxi, "Western Theory and Chinese Reality," *Critical Inquiry* 19 (1992): 105-130.

Zhang Xudong. "Nationalism, Mass Culture, and Intellectual Strategies in Post-Tiananmen China," *Social Text* 55 (1998): 109-140.

Zhao, Henry Y. H. "Post-isms and Chinese New Conservatism," *New Literary History* 28 (1997): 31-44.

Žižek, Slovaj. "A Leftist Plea for 'Eurocentrism'," *Critical Inquiry* 24 (1998): 989-1009.

————. "Multiculturalism, or, the Cultural Logic of Multinational Capitalism," *New Left Review* (1997): 28-51.

國家圖書館出版品預行編目資料

本土神話：全球化年代的論述生產

朱耀偉著. － 初版. － 臺北市：臺灣學生，
2002[民 91]
面；公分
參考書目：面

ISBN 957-15-1129-3 (精裝)
ISBN 957-15-1130-7 (平裝)

1. 文化 － 論文，講詞等

541.207                                            91006883

**本土神話：全球化年代的論述生產（全一冊）**

著　作　者：朱　　　耀　　　偉
出　版　者：臺　灣　學　生　書　局
發　行　人：孫　　　善　　　治
發　行　所：臺　灣　學　生　書　局
　　　　　　臺北市和平東路一段一九八號
　　　　　　郵 政 劃 撥 帳 號：00024668
　　　　　　電　話：（02）23634156
　　　　　　傳　眞：（02）23636334
　　　　　　E-mail：student.book@msa.hinet.net
　　　　　　http：//studentbook.web66.com.tw

本書局登
記證字號：行政院新聞局局版北市業字第玖捌壹號

印　刷　所：宏　輝　彩　色　印　刷　公　司
　　　　　　中和市永和路三六三巷四二號
　　　　　　電　話：（02）22268853

　　　　　精裝新臺幣四一○元
定價：平裝新臺幣三四○元

西　元　二　○　○　二　年　五　月　初　版

54128　　　有著作權・侵害必究
　　　　　ISBN 957-15-1129-3 (精裝)
　　　　　ISBN 957-15-1130-7 (平裝)